COURS
D'EXPLOITATION DES MINES

DU BATIMENT ET DE L'INDUSTRIE

M. Léon EYROLLES, C. ✳ (§ 1), Ingénieur Directeur

COURS

D'EXPLOITATION DES MINES

LIVRE IV

TRANSPORTS SOUTERRAINS. — EXTRACTION

Professeur : M. L.-E. GRUNER

Ingénieur civil des Mines

PARIS

ÉCOLE SPÉCIALE DES TRAVAUX PUBLICS

Rue Du Sommerard, Rue Thénard et Boulevard Saint-Germain

—

1922

COURS D'EXPLOITATION DES MINES
LIVRE IV

SEPTIÈME PARTIE
TRANSPORTS SOUTERRAINS

CHAPITRE I
TRANSPORTS DANS LES CHANTIERS

SOMMAIRE

§ 1ᵉʳ. — MOYENS ORDINAIRES DE TRANSPORT.

1. Transports le long du front de taille. — Nous avons indiqué, en décrivant les procédés *d'abatage* et les *méthodes d'exploitation*, comment se faisait l'évacuation des produits abattus. Nous avons vu que ces derniers, après un trajet plus ou moins long, parallèlement au front de taille ou dans des voies de desserte étroites, étaient presque toujours chargés en berlines pour être transportés hors de la mine.

Cette première opération se présente sous des formes différentes suivant la disposition de la taille d'abatage et ses dimensions, la puissance et l'inclinaison du gisement.

Dans les couches épaisses, le minerai est fréquemment chargé directement dans les berlines, qui arrivent jusqu'au chantier. Dans les couches minces, le trajet à parcourir jusqu'aux voies de roulage est plus considérable. Si le front de taille est très incliné, les produits glissent sur le mur jusqu'au bas du chantier ou descendent par des cheminées jusqu'à la galerie de desserte ; dans les gisements en plateures, pris par tailles montantes, on doit *bouter* le minerai ou le charbon jusqu'à l'entrée de la voie de desserte, parfois même les transporter le long de celle-ci jusqu'au point où arrivent les berlines.

Ce *boutage* ou *reculage* se fait souvent par jets de pelle, ce qui entraîne des fatigues et des frais notables dès que la distance dépasse 3 ou 4 m. On a donc été amené à chercher des moyens moins rudimentaires pour la desserte des chantiers.

2. Couloirs fixes. — Lorsque le transport des produits abattus ou des remblais doit se faire en descendant, avec une pente de 10 ou 15° au moins, on installe parfois des couloirs en tôle demi-cylindriques, d'un diamètre de 50 cm. ou davantage, formés de tronçons successifs de 1 ou 2 m. de longueur, épais de $1^m/_m$ 1/2 ou $2^m/_m$, dont la pose et le transport sont faciles.

Avec une pente inférieure à 20 ou 25°, la descente des produits ne se fait pas toute seule, et les mineurs doivent la provoquer en les poussant soit à la pelle, soit avec les pieds ; au delà de 20 à 25°, les produits glissent d'eux-mêmes, à condition toutefois que le couloir ne soit pas trop long ; au delà de 25 ou 30 m. (davantage si la pente est plus forte), on risque des engorgements et des arrêts.

On dispose les couloirs sur le mur, ou à une certaine hauteur le long de la paroi de la galerie de desserte et on s'arrange pour qu'ils se terminent, à la base, à une hauteur telle que les produits tombent dans les berlines.

Nous verrons plus loin que, pour faciliter le transport, on utilise fréquemment, depuis un certain nombre d'années, des couloirs oscillants ou même des toiles transporteuses.

3. Traînage. — On a souvent employé autrefois, dans les galeries de faible section, le traînage dans des bennes ou des paniers montés sur patins. Un ouvrier, généralement un gamin, traînait ainsi une charge de 50 à 100 kgs. en palier ; le travail devenait rapidement très pénible lorsque le sol était irrégulier ou boueux.

L'effet utile ne dépassait qu'exceptionnellement 1 tonne-kilométrique par jour, c'est-à-dire le transport de dix charges de 100 kg. sur 1 kilomètre de longueur ou de 50 kg. sur 2 klm. ; avec des gamins, on ne comptait guère que 1/5 ou 1/4 de tonne-kilométrique.

On a quelquefois appliqué le système dans des galeries assez hautes pour pouvoir atteler un cheval au traîneau. Ce dernier traînait alors quelques centaines de kilogrammes, et le rendement dépassait 2 tonnes-kilométriques, ce qui est encore très faible, comparativement aux chiffres atteints actuellement sur voie ferrée.

4. Brouettage. — Si le chantier ou la galerie sont assez hauts pour permettre la circulation d'un homme, on peut transporter les produits par *brouettes*. La charge est encore peu considérable : 100 à 150 kg., mais on a parfois avantage à supprimer ainsi la pose d'une voie ferrée. En disposant un chemin de planches, on diminue sensiblement la résistance au roulement. Malgré tout, le rendement ne dépasse guère 1 tonne kilométrique, et l'emploi de brouettes reste exceptionnel.

5. Portage. — Signalons enfin le moyen le plus simple, qui ne se rencontre plus à l'heure actuelle, au moins en Europe, et qui consiste à transporter les produits à dos d'homme, dans des sacs ou des hottes.

Il supprime entièrement toute installation spéciale, et permet par conséquent de limiter au minimum la largeur des galeries, en même temps qu'il n'oblige plus à leur donner une pente régulière.

Le *portage* était encore appliqué dans les houillères, en Europe, au début du XIXe siècle, non seulement pour les transports dans la mine, mais même pour l'extraction dans les puits.

La charge utile pouvait atteindre 60 à 70 kg., pour un parcours de 5 ou 6 km. par jour (1), ce qui ne correspond qu'à un rendement journalier de 1/3 de tonne kilométrique environ.

On citait des mines métalliques où ces chiffres étaient notablement dépassés. Mais de tels procédés de transport sont absolument rudimentaires et leur prix de revient est très élevé, même avec des salaires très réduits.

6. Roulage. — Tous ces moyens sont actuellement abandonnés, ou ne subsistent que dans des installations provisoires, telles que des travaux de recherche en pays étranger, où l'on ne peut songer à apporter un matériel lourd et encombrant, tel qu'un stock de rails et de berlines.

Dès qu'il s'agit d'organiser le transport d'un tonnage important de produits, on a soin d'installer des voies ferrées, sur lesquelles circulent des berlines.

Mais avant d'aborder l'étude du *roulage* sur rails, nous terminerons l'étude des transports dans les chantiers par la description des *couloirs oscillants* et des *transporteurs*, auxquels nous avons fait allusion plus haut.

(1) Haton de la Goupillière et Bès de Berc : *Cours d'Exploitation des Mines.*

§ 2. — COULOIRS OSCILLANTS ET TRANSPORTEURS.

7. Couloirs oscillants. — Si l'on imprime à un élément de couloir un mouvement en avant assez lent pour amener l'entraînement du charbon (ou de tout autre minerai) qu'il contient, et qu'on fait suivre ce mouvement d'un brusque retour en arrière, ou simplement d'un arrêt subit, la masse de charbon continue sa progression, sous l'influence de l'inertie. A chaque secousse, elle avancera ainsi d'une certaine longueur, et au bout d'un certain temps, elle arrivera à l'extrémité du couloir. On peut calculer à priori le débit d'un tel système.

Si la section remplie mesure 0^{m^2},05, que le nombre de secousses par minute est de 60 et que chacune provoque un avancement de 0^m,15, le débit par minute sera de 0^{m^2},05 $\times$ 60 $\times$ 0^m,15 $= 0^{m^3}$,45.

Au bout d'une heure, on aura ainsi évacué 27^{m^3}, c'est-à-dire environ 25 tonnes de charbon.

Le débit d'une installation de ce genre est donc considérable ; il est évident que, si la ligne de couloirs est disposée sur une pente de 10 ou 20°, l'avancement obtenu à chaque secousse est plus grand que si le trajet est horizontal ; il suffira d'un choc moindre, ou encore d'un moins grand nombre de secousses pour atteindre le même débit horaire.

Bien entendu, lorsqu'on arrive à une pente de 25 ou 30°, le glissement se fait de lui-même, et il devient inutile de faire les frais d'un appareil oscillant, à moins qu'on ne veuille augmenter considérablement le débit.

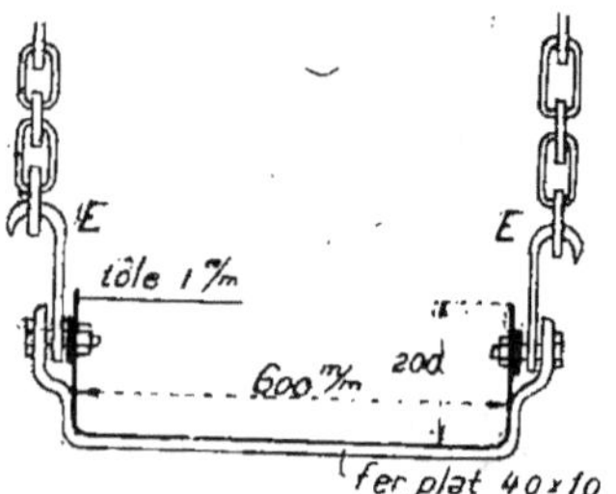

Fig. 1. — Couloir oscillant.

8. Construction des couloirs. — Les couloirs sont formés d'éléments en tôle, assemblés bout à bout, de forme semi-circulaire ou mieux rectangulaire, ce dernier profil procurant une section plus grande pour une même hauteur.

On peut, par exemple (*fig. 1*), leur donner une largeur de 60 cm. pour une hauteur de 20 cm.

La tôle, épaisse de 1 ou 2 $^m/_m$ est renforcée de distance en distance par des fers plats de $40 \times 10^{\,m}/_m$, rivés sur la paroi et servant en outre à fixer des étriers de support. Ces derniers s'engagent dans les maillons des chaînes de suspension attachées, à l'aide de crampons, aux traverses du boisage, ou à des fers spéciaux engagés au-dessus des flandres. Le premier système s'applique aux tailles montantes, le second aux tailles chassantes.

Les divers éléments, longs de 2 m. environ, sont assemblés au moyen de goupilles. On a soin de donner un recouvrement de quelques centimètres à chaque élément par rapport à celui qui le suit dans le sens de la progression du charbon.

A son extrémité inférieure, le couloir débouche dans la galerie de roulage au-dessus de la berline à remplir.

9. Mise en mouvement. — Le couloir étant ainsi installé, il faut l'animer du mouvement d'oscillation, avec secousses, nécessaire pour provoquer le déplacement du charbon.

Le procédé le plus simple est de le munir, à la base, d'un levier manœuvré par un ouvrier ; à chaque oscillation, un ergot, fixé à la dernière tôle, vient heurter un butoir.

Avec un couloir construit comme il est indiqué ci-dessus, et pesant une vingtaine de kilogrammes par mètre courant, contenant une quarantaine de kilogrammes de charbon par mètre courant, et une longueur de chaîne de 60 cm., le déplacement à chaque oscillation est de 15 cm. environ ; le temps nécessaire pour remplir une berline (475 kg. de charbon) est approximativement le suivant :

Longueur du couloir	Pente de 15°	20°	25°
10ᵐ	1ᵐⁱⁿ.,1/2	50″	18′
20ᵐ	3′	1′50″	28′
30ᵐ	5′	3′	1′

Cette mise en mouvement à la main est généralement remplacée par l'emploi d'un petit moteur à air comprimé, attelé au couloir par l'intermédiaire d'une corde enroulée sur un tambour. Le mouvement alternativement lent (à la montée) et brusque (à la descente) est obtenu, par exemple, au moyen d'un engrenage elliptique commandant la bielle du tambour. On peut également atteler directement le moteur à la ligne de couloirs.

La suspension par chaînes reliées au boisage a l'inconvénient de diminuer la solidité de ce dernier, qui est ébranlé par les secousses répétées ; d'autre part, les chaînes s'allongent irrégulièrement et risquent de se briser.

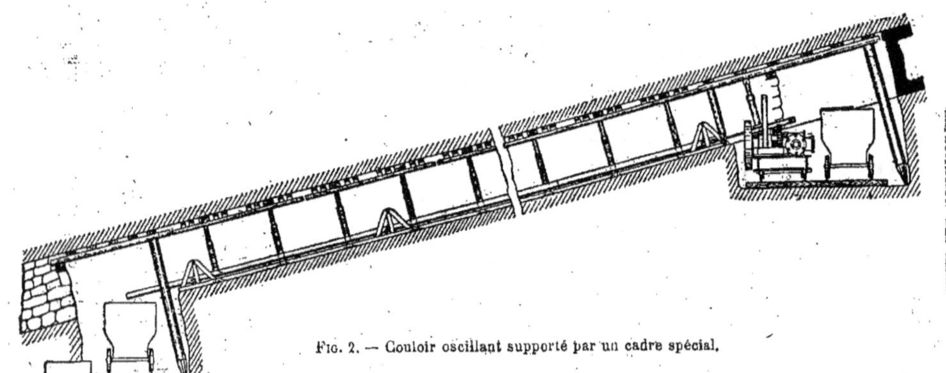

Fig. 2. — Couloir oscillant supporté par un cadre spécial.

On préfère donc actuellement supporter les couloirs par un châssis fixe, indépendant du boisage, posé sur le mur du chantier, formé de grands étriers placés de distance en distance et dont le démontage est facile.

La rigidité du couloir est bien mieux assurée.

La fig. 2 représente une installation de ce type (couloir *Hinselmann* à suspension par en dessus).

La fig. 3 représente un système un peu différent, dans lequel

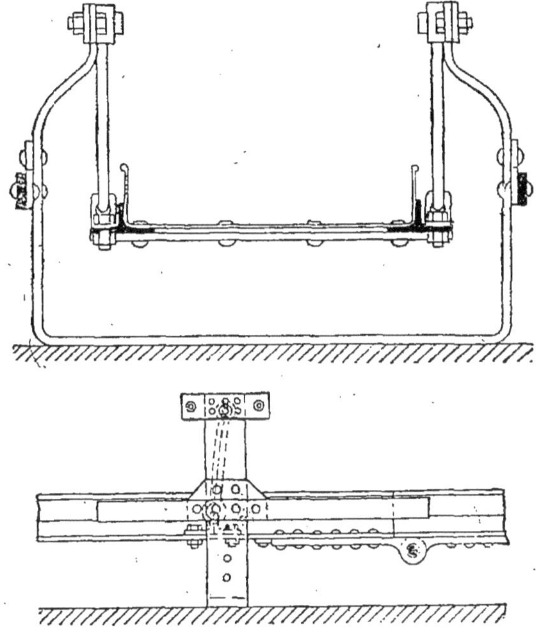

Fig. 3. — Autre type de couloirs oscillants.

les liaisons du bâti et des couloirs sont articulées en vue des variations de pente. La hauteur du bâti est de 50 à 55 cm., les couloirs sont à 10 ou 15 cm. au-dessus du mur, et mesurent 50 cm. de largeur sur 10 à 15 cm. de profondeur.

10. Couloirs sur galets. — On peut enfin supporter les couloirs par en-dessous, ce qui permet de supprimer les cadres spéciaux, et de diminuer l'encombrement en hauteur. Dans ce but, les plaques qui servent à fixer l'un à l'autre deux éléments couloirs reposent, par leurs bords recourbés, sur des galets ronds, qui roulent sur de petits plans inclinés.

Lorsque le moteur fait reculer le couloir, ces galets remontent le long des plans inclinés ; pendant le mouvement de descente, les galets prennent une vitesse croissante, puis sont brusquement arrêtés, en arrivant au bas des plans inclinés, par le changement de sens du moteur. La distribution d'air comprimé de ce dernier est disposée de façon que l'arrivée d'air soit plus large pendant le mouvement de remontée que pendant la descente, à moins qu'on ne préfère avoir un piston différentiel. Un perfectionnement de ce système à galets consiste à placer les couloirs sur rouleaux, excentrés, les chemins de roulement n'étant pas dans le même plan (*fig. 4*).

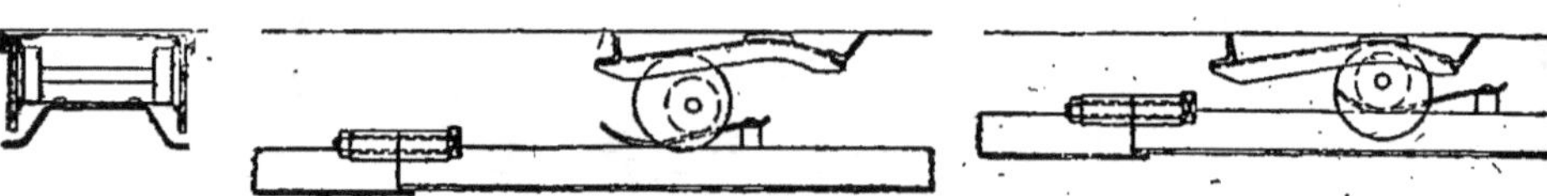

Fɪɢ. 4. — Couloirs sur rouleaux excentrés et chemins de roulement
dans des plans différents.

Avec cette disposition, on peut lever le couloir de 15 centimètres. Lors du mouvement inverse, on obtient une forte secousse, suffisante pour faire avancer la masse de charbon de 20 à 30 cm. pour un couloir horizontal.

Les couloirs montés sur galets ont l'avantage d'être moins encombrants et moins bruyants, mais il arrive parfois que les petits plans inclinés sur lesquels circulent les galets ne suffisent pas pour obtenir une chute assez brusque du couloir à sa position de repos avant une nouvelle attaque de la machine. On a remédié à cet inconvénient, à la mine *Rheinpreussen* (Westphalie) en plaçant à l'extrémité inférieure du couloir un cylindre communiquant avec la conduite d'air comprimé ; l'action de ce dernier accélère la course descendante et ralentit la course montante.

11. Couloirs à double effet. — Les couloirs placés le long d'une taille chassante peuvent servir, à la partie supérieure, à la descente des remblais et, à la partie inférieure, à celle du charbon. On place alors dans le couloir une sorte d'auge-déversoir qui fait passer le remblai par-dessus une des parois, ou bien on ouvre latéralement la paroi, en barrant le couloir par une tôle placée en biais.

Dans certains cas, on préfère employer des couloirs séparés sur toute leur longueur par une cloison verticale, l'une des moitiés étant réservée au service des remblais, l'autre au service du charbon.

12. Commande de deux couloirs par un même moteur. — Il peut être avantageux de disposer deux couloirs distincts, soit qu'on veuille transporter le charbon d'abord parallèlement à un front de taille presque horizontal, et ensuite le long de la voie de desserte tracée suivant la pente à l'extrémité du chantier, soit que, dans un dépilage par taille montante, les deux voies d'arrivée du remblai

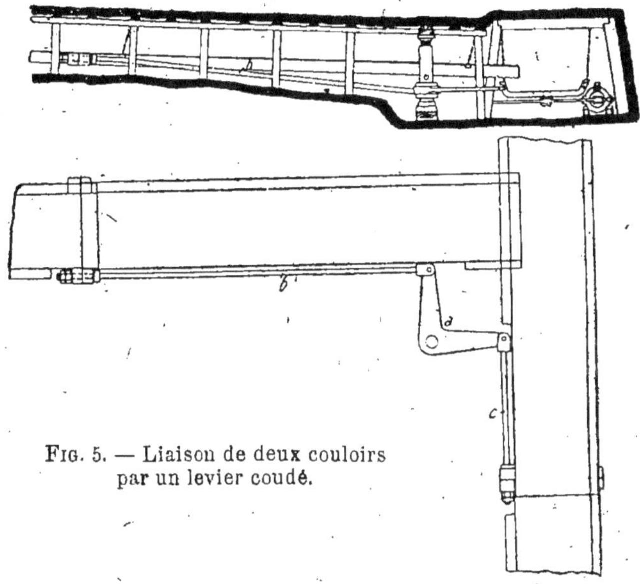

Fig. 5. — Liaison de deux couloirs
par un levier coudé.

et d'évacuation des charbons ne soient pas dans le prolongement l'une de l'autre.

Il est plus économique de n'avoir qu'un seul moteur, mais le mouvement de l'un des couloirs doit alors être transmis à l'autre par un levier coudé relié aux deux couloirs par des tiges, ou par une tige et un câble.

La fig. 5 montre une liaison de ce genre, entre un couloir placé le long d'une taille montante et un autre placé dans la voie de desserte.

Le mouvement est transmis du second au premier par une équerre a et deux tiges b et c.

Dans cet exemple le front de taille ne mesurait que 8 à 10 m. Si l'on veut élargir la taille, il faut allonger le couloir, et il peut alors être préférable d'atteler plutôt le moteur à ce couloir supérieur et de transmettre le mouvement au couloir inférieur.

13. Transporteurs et toiles sans fin. — A côté des couloirs oscillants il existe divers modes de transport, dans lesquels le mouvement est continu : transporteurs sur chariots (*Gibb*), couloirs avec entraînement par palettes (convoyeur *Blackett* et dérivés), toiles sans fin.

Le *transporteur Gibb* se compose d'un chariot monté sur roues, déplacé mécaniquement le long du front de taille, et se vidant automatiquement, en fin de course, au moyen de râclettes portées par deux chaînes sans fin mues par la même transmission qui produit le déplacement du chariot.

Ce dernier est formé de plusieurs sections, sept par exemple, larges de 60 ou 80 cm, longues chacune de $1^m,80$, montées sur quatre roues plates roulant sans rails sur le sol du chantier.

A l'une des extrémités de cet ensemble est la section portant le mécanisme d'entraînement des raclettes ; à l'autre extrémité est la poulie de renvoi des chaînes des raclettes.

Le câble sans fin qui met le transporteur en mouvement s'enroule sur une poulie à chaque extrémité, poulie qui commande par engrenage les roues et qui est munie d'un rochet tel que, dans le mouvement du câble dans un sens, ce sont les roues du côté du déchargement qui sont motrices et entraînent le reste de l'appareil, tandis que dans le mouvement inverse du câble, c'est l'autre extrémité qui sert de tracteur.

Quand le chariot arrive à sa position de déchargement, l'appareil de manœuvre des raclettes, commandé par une poulie sur laquelle s'enroule le câble moteur, se met en marche automatiquement. Le déchargement terminé, on inverse le sens du moteur et le chariot est ramené vers sa position de chargement dans le chantier.

La vitesse de translation dans la taille est d'environ 50 m. à la minute. Le chariot est guidé par des pièces en fer placées entre les deux rangées de bois de soutènement, qui doivent être en droite ligne.

Le moteur est installé en arrière du point de chargement et le câble sans fin passe d'abord sur une poulie servant de tendeur, dans la voie en traçage en avant du front de taille, puis revient en arrière et passe sur une poulie de renvoi qui le guide parallèlement au front de taille.

Pour avancer le chariot au fur et à mesure que le front de taille progresse, on change simplement de place la poulie de retour du câble, on déplace momentanément quelques bois et on fait passer le chariot d'une travée dans la suivante.

Cet appareil convient bien aux tailles longues et peu inclinées des houillères anglaises, où le boisage n'a pas besoin d'être trop serré, mais il n'est applicable que si le mur est régulier et se prête bien au roulage du chariot.

Le *convoyeur Blackett* se compose d'une série de couloirs fixes dans lesquels le charbon est entraîné par une chaîne sans fin ;

Les éléments de couloirs ont, par exemple, 2 m. de longueur, et une section trapézoïdale de 51 et 31 cm. de base, avec une hauteur de 15 cm. (*fig. 6*).

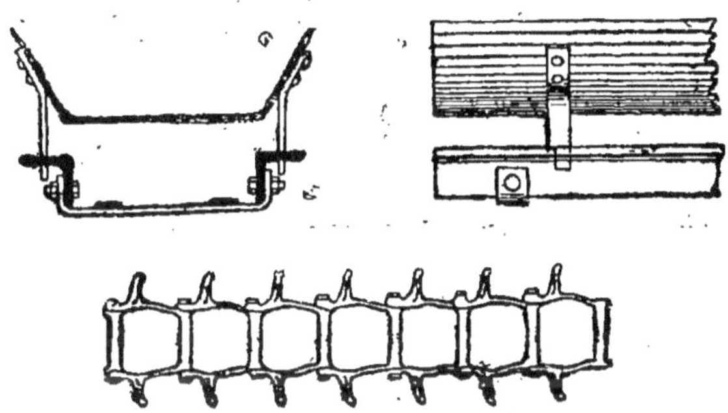

Fig. 6. — Convoyeur Blackett.

La tôle a 3 $^m/_m$ d'épaisseur. La chaîne a 30 cm. de largeur ; elle est commandée par un moteur à engrenage électrique ou à air comprimé, de 7 HP. La liaison entre le moteur et l'engrenage se fait par une chaîne Galle avec bouton de sûreté se cisaillant sous un effort trop grand. On ne peut employer une courroie, qui glisserait. Les appareils de ce type atteignent parfois une longueur de plus de 100 m. mais ils ne peuvent s'employer pour le transport du remblai.

En Westphalie, on rencontre des transporteurs analogues (*Würfel et Neuhaus*) formés de couloirs à section rectangulaire, peu profonde et assez large, dans lesquels circulent des palettes d'entraînement fixées à une chaîne ou un câble sans fin. Les produits jetés dans le couloir sont poussés par les palettes et tombent à l'extrémité de l'appareil dans les berlines. Le câble passe sur deux poulies, l'une motrice, l'autre de renvoi. En avant de celles-ci sont disposés des étriers-guides qui obligent les palettes à se placer verticalement pendant qu'elles tournent autour des poulies.

On peut placer un seul couloir pour le charbon, ou deux cou-

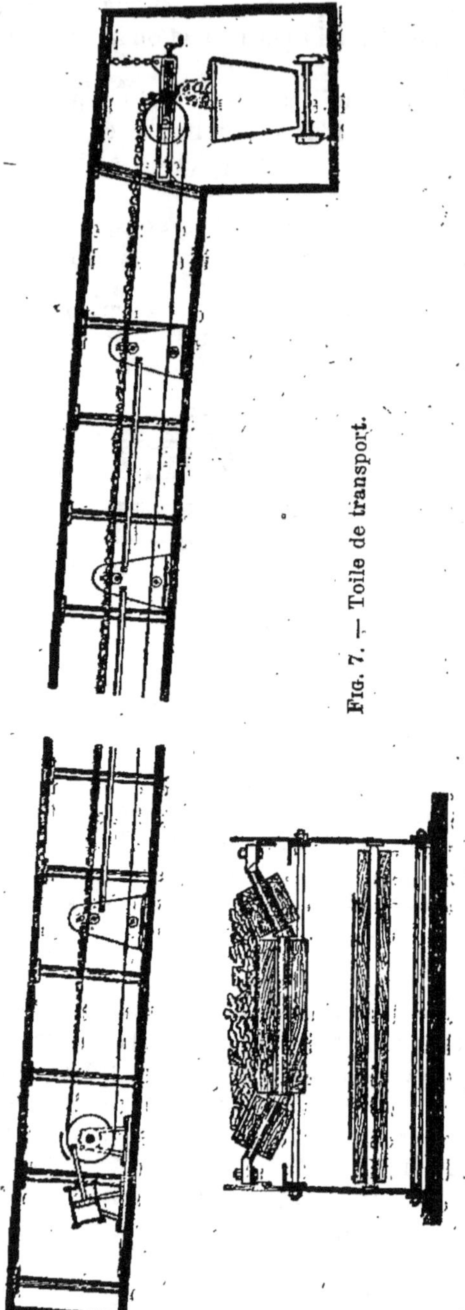

Fig. 7. — Toile de transport.

loirs, l'un pour le remblai, l'autre pour le charbon. On supprime, dans ce dernier cas, l'un des éléments, pour détourner le remblai en face du point d'utilisation.

Un système de ce genre peut aisément transporter 40 tonnes à l'heure, et sur une grande longueur.

Les *toiles sans fin* sont semblables à celles qui sont utilisées dans les ateliers à la surface. Elles sont en chanvre, en poil de chameau, en jute, ou en toute autre matière convenable. A l'extrémité supérieure, est un petit treuil de commande à engrenages, et à l'extrémité inférieure une poulie de renvoi, qui est munie d'un dispositif-tendeur permettant de remédier à l'allongement des toiles neuves.

Sur le parcours sont disposés de distance en distance des galets ; ceux qui portent la toile chargée donnent à celle-ci une forme incurvée (*fig. 7*), tandis que ceux qui guident la toile vide peuvent être simplement cylindriques.

On déplace l'installation en enlevant la toile après l'avoir décousue, et en transportant les supports à leur nouvel emplacement.

Ces appareils peuvent fonctionner à une assez grande vitesse, ce qui permet d'obtenir un débit satisfaisant malgré le peu d'épaisseur du lit de charbon.

Avec une épaisseur de charbon de 5 centimètres sur une largeur utile de 40 cm., et une vitesse de 0,m. 50 par seconde, le débit horaire est d'une trentaine de tonnes.

L'installation est peu encombrante et peut se loger dans une couche de 0m,75. Elle se prête bien aux variations de pente, mais les toiles se détériorent rapidement, surtout lorsqu'on les emploie pour le transport des schistes de remblayage.

La fig. 8 montre un autre type de toile dans lequel les rouleaux

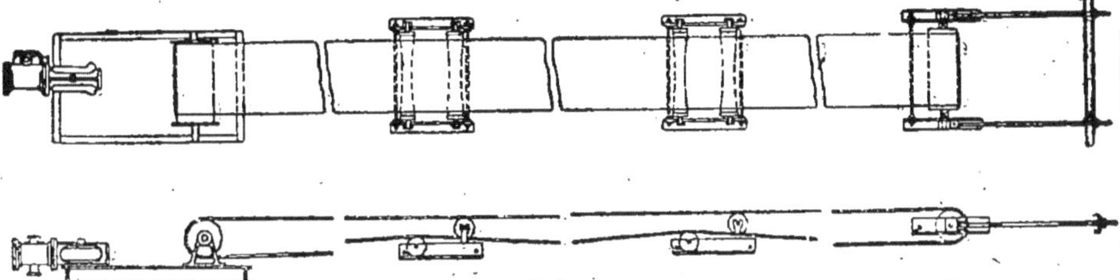

Fig. 8. — Autre type de toile de transport.

ne sont plus l'un au-dessus de l'autre, ce qui permet de réduire l'encombrement.

§ 3. — Conditions d'emploi des couloirs et transporteurs.

14. Couches minces (*Angleterre*). — Les transporteurs (*Gibb, Blackett* ou autres) sont en faveur dans les exploitations anglaises, où l'emploi de haveuses a augmenté la production et permis de réduire la longueur des fronts de taille pour une production donnée. Le transport mécanique a permis d'assurer une évacuation rapide.

Le transporteur Gibb a l'inconvénient d'exiger un sol très uni ; les vibrations sont fortes et exigent des épontes de bonne qualité ; le déplacement et le réglage de l'appareil sont délicats. Un appareil analogue au transporteur Würfel et Neuhaus, à palettes d'entraînement, convient mieux si les épontes sont médiocres, mais est aussi d'un réglage difficile. Le convoyeur Blackett, bien qu'assez compliqué à mettre en place, paraît meilleur. Il permet l'entraînement sur 80 à 100 m. de longueur, avec un débit de 30ᵗ à l'heure. L'économie réalisée est très nette. En particulier, dans les couches minces exploitées par longwall, l'emploi des transporteurs supprime le coupage au rocher nécessité par l'ouverture des voies de desserte, que l'on peut espacer de 100 m.

Dans certaines mines, en France ou en Westphalie, on se sert de transporteurs très simples, constitués par des auges demi-cylindriques en tôle, montés sur roues, circulant sur des rails légers, tirés par un mineur à l'aide d'un câble ; on supprime ainsi le boutage par jets de pelle successifs et on peut augmenter la longueur du front de taille.

A l'*Escarpelle* (France), dans des couches de 1 m. environ inclinées à 15 ou 20 degrés, on a employé avec succès des couloirs oscillants mus à la main, soit dans des tailles chassantes, soit dans des tailles montantes.

La comparaison faite avec les couloirs fixes et les plans automoteurs a donné les résultats suivants : (1)

Ouverture totale de la veine	$1^m,80$	0,70	0,90
Pendage	15°	25°	20°
Méthode employée.	Tailles montantes de largeur 10 m.	Tailles montantes de largeur 10 m.	Tailles chassantes
Longueur à partir de laquelle les couloirs sont avantageux comparativement aux couloirs fixes.	$10^m,75$	$12^m,80$	$17^m,13$
Pour une longueur de 30 m. économie { Sur plans avec berlines .	11 %	—	—
Sur plans avec wagonnets de 1/4 de berline. . .	—	20,66 %	—
Sur couloirs fixes . . .	50,33 %	48,59 %	34,90 %

Ces chiffres ne sont plus les mêmes actuellement, avec l'augmentation considérable des salaires et des fournitures.

Il faut y ajouter les économies provenant de la réduction du nombre des voies, tant au point de vue de leur creusement qu'à celui de leur entretien.

Les couloirs oscillants brisent moins le charbon, et le salissent moins.

15. Couches moyennes. — Dans les couches où l'entaillage du mur est faible, l'économie provenant de l'installation de transports mécaniques dans les voies de desserte est moins évidente. La pose et l'allongement des couloirs, la durée de la descente, font que les couloirs cessent d'être avantageux à partir d'une certaine longueur, d'autant plus petite que la couche est plus épaisse (ce qui diminue le coupage du mur dans les galeries) et la pente plus faible.

(1) MM. LESTELLE ET HYVE. De l'emploi de couloirs oscillants. *Bulletin de l'Industrie minérale*, 3ᵉ livraison de 1908.

Au chantier, les couloirs sont avantageux dès que la pente rend dangereuse la circulation des berlines (5 à 6°). En tailles chassantes, trop peu inclinées pour que le charbon glisse de lui-même, leur emploi est indiqué, à condition toutefois que les conditions locales permettent d'augmenter la longueur du front de taille.

En Westphalie, les couloirs oscillants se sont répandus dans de nombreuses houillères. C'est ainsi qu'à la mine *Ewald* on les emploie dans l'exploitation par tailles montantes, le long du front de taille et dans les voies de desserte. Les moteurs sont disposés au pied des montages ; chacun d'eux actionne directement le couloir du montage, et par des équerres les couloirs horizontaux des tailles.

Les couloirs peuvent d'ailleurs être disposés obliquement, si les conditions d'exploitation conduisent à adopter pour les chantiers cette orientation à mi-pente, par exemple dans des gisements de pente irrégulière ou découpés par des plans de clivage obliques par rapport à l'inclinaison.

La longueur des couloirs, dans certaines tailles obliques du bassin rhénan-westphalien, dépasse 100 m.

16. Couches épaisses. — Les couches épaisses dans lesquelles les fronts de taille ne sont pas aussi longs, se prêtent moins bien à l'emploi des couloirs oscillants, d'autant plus que les berlines peuvent en général être amenées jusqu'au chantier.

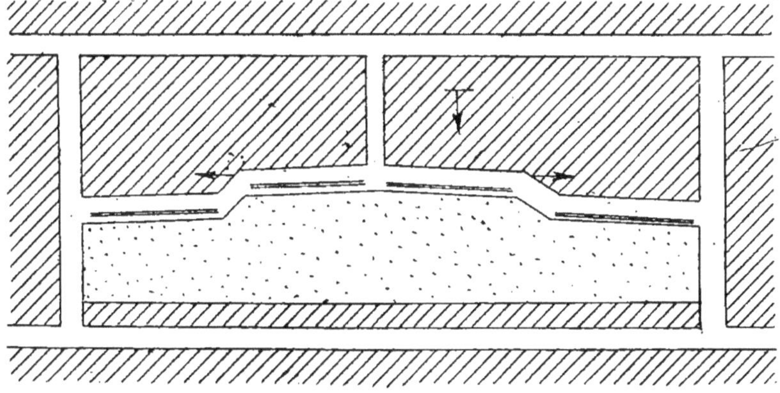

Fig. 9. — Emploi de couloirs dans la méthode du Stossbau.

On en rencontre cependant des exemples, entre autre en *Haute-Silésie*, soit dans les dépilages par Stossbau, soit dans des exploitations par piliers.

La fig. 9 représente une application dans un dépilage par stossbau chassant de part et d'autre d'un montage central, par lequel arrivent les remblais, vers des montages extrêmes, distants de 170 m. du premier, par lesquels sont évacués les charbons.

Les remblais (faits à la main) sont inclinés de 2 à 4° vers les montages à charbon. Les couloirs suivent l'avancement du front de taille, les éléments que l'on démonte des couloirs à charbon servant à allonger les couloirs à remblais. Ces derniers sont montés sur des remblais au moyen de chevalets.

Le principal avantage obtenu a été la réduction du nombre de remblayeurs (1 au lieu de 4). La production par piqueur a passé de 9^r à 10^r,5, le rendement par ouvrier du fond de 3^r,3 à 6^r, avec une réduction de 20 % dans le prix de revient de l'abatage et remblayage.

La consommation d'air comprimé a été de 5^{m3},5 par tonne de charbon, et 3^{m3},7 par mètre cube de remblai mis en place.

On a appliqué aussi les couloirs dans une couche de 1 m. 80, inclinée à 15° prise par piliers longs et foudroyage, avec recoupes

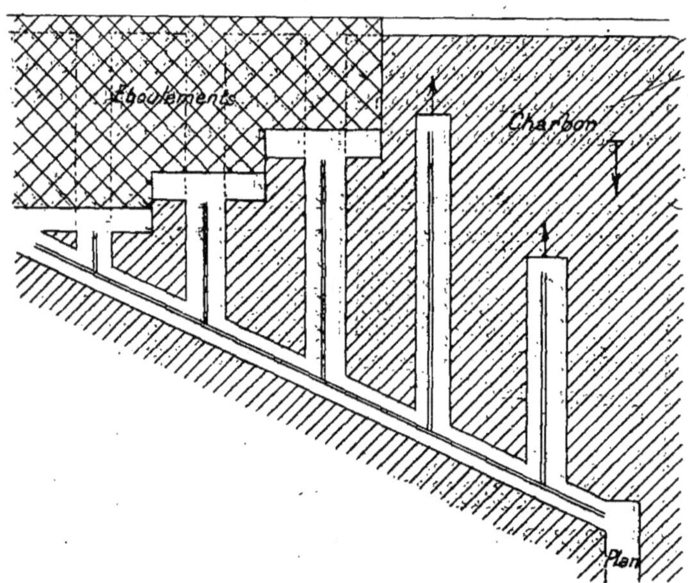

Fig. 10. — Foudroyage par piliers montants avec couloirs pour le transport.

montantes ; on a pu porter la longueur des recoupes, c'est-à-dire la largeur des piliers, de 10 m. à 30 m.

Les couloirs des recoupes déversent le charbon dans des couloirs horizontaux placés dans les galeries de base des piliers, et ces couloirs aboutissent à un autre placé dans le montage central qui dessert plusieurs piliers. Ce couloir central est seul muni d'un moteur ; les autres sont commandés par des transmissions à équerres.

L'augmentation de production réalisée grâce aux couloirs a été de 45 %, le rendement par piqueur a passé de 7ᵀ à 9ᵀ, le prix de revient (en 1912) abaissé de 3 fr. 31 à 2 fr. 62.

Enfin, également en Haute-Silésie, on a utilisé les couloirs dans des piliers montants avec fronts chassants et foudroyage (*fig. 10*). Les piliers sont pris à 10 m. les uns des autres. On monte avec une largeur de 5 m., puis on rabat en chassant 2ᵐ,50 à droite et 2ᵐ,50 à gauche. Les couloirs montent dans le traçage.

Ils déversent leur charbon dans un couloir principal installé dans une voie oblique ; cette obliquité est d'ailleurs un moyen de donner de la pente au couloir.

D'une manière générale, on préfère les couloirs sur galets aux couloirs suspendus, qui font plus de bruit et prennent plus de place.

Les piliers chassants donnent de meilleurs résultats que les piliers montants, les couloirs sont mieux utilisés et les moteurs moins nombreux.

17. Comparaison des divers types de couloirs et transporteurs. — Les couloirs et transporteurs peuvent être comparés à divers points de vue : débit, mode de production du mouvement, commodité d'emploi, usure, allure du gisement.

Le *débit* peut être suffisant, quelles que soient l'intensité de l'abatage et la longueur du trajet ; ce n'est qu'une question de dimensions et de vitesse. Les toiles sans fin présentent par contre des difficultés de réglage dès qu'on dépasse une trentaine de mètres, tandis que les transporteurs permettent de dépasser 100 et même 150 m.

Avec les couloirs oscillants (suspendus ou sur galets), on préfère en général se limiter à une soixantaine de mètres. Pour desservir une taille de 150 m., on disposera plutôt trois couloirs bout à bout, les produits passant successivement de l'un sur l'autre, jusqu'au bout de la taille.

Le *mouvement* des toiles sans fin est régulier, et n'exige qu'une force modérée, car il y a roulement sur des galets et non glissement des produits sur le tôle. Les couloirs oscillants ont un mouvement discontinu, qui n'utilise la puissance du moteur que pendant une partie de sa rotation ; la force nécessaire est plus grande, d'autant plus que toute la masse du couloir doit être mise en mouvement. Les transporteurs à chaîne ou à palettes constituent un mode intermédiaire de mouvement : le charbon seul a besoin d'être entraîné et le mouvement reste régulier ; on peut lui donner une vitesse quelconque, ce qui convient bien dans les chantiers de production variable.

Au point de vue de la *commodité d'emploi* les toiles sans fin ont l'inconvénient d'exiger un montage précis, plus difficile à réaliser qu'avec les couloirs, dont les éléments, une fois ajustés bout à bout, n'ont pas tendance à se déplacer les uns par rapport aux autres. Si les rouleaux qui supportent la toile ne sont pas exactement disposés, ou que les mouvements de terrains les déplacent, la toile se déforme et s'use rapidement. La même difficulté se présente, mais à un moindre degré, avec la chaîne du transporteur *Blackett*, ou les palettes du transporteur *Würfel et Neuhaus*.

Le déplacement des toiles ou des transporteurs exige à chaque opération un nouveau réglage, tandis que les couloirs peuvent souvent se riper sans être démontés, sauf si le boisage est serré. De même leur allongement est plus facile que celui des transporteurs et surtout des toiles.

En service, les couloirs oscillants sont bruyants, particulièrement lorsqu'ils sont suspendus ; ces derniers ont de plus l'inconvénient de compromettre la solidité du boisage, lorsqu'ils ne sont pas supportés par des cadres spéciaux. Les toiles ont l'avantage d'être silencieuses.

L'usure des toiles est rapide, et c'est là leur plus grave défaut. Les chaînes ou les palettes des transporteurs s'usent aussi assez vite, tandis que les couloirs oscillants peuvent servir longtemps, surtout lorsqu'ils sont montés sur galets.

L'allure du gisement influe également sur le choix du système : les toiles se prêtent bien aux variations de pente, mais cessent d'être applicables si l'inclinaison est trop forte, car les morceaux de charbon sautent plus facilement hors de l'appareil, en particulier après le passage sur les rouleaux. Les couloirs, sauf dispositifs spéciaux des cadres de support, ne s'accommodent pas des changements de pente. Les transporteurs sont un peu plus souples que les couloirs, et conviennent bien à des pentes quelconques, même en remontant.

L'encombrement en hauteur est minimum pour les couloirs montés sur galets, maximum pour les toiles sans fin ; dans les couches très minces, on peut encore employer les transporteurs en faisant revenir le câble ou la chaîne, non pas au-dessous, mais à côté du couloir fixe.

En résumé les transporteurs conviennent aux longues tailles et aux extractions variables ; les couloirs procurent dans la majorité des cas la meilleure solution ; les toiles ne sont adoptées qu'exceptionnellement, pour des transports assez longs et de faible inclinaison.

§ 4. CHEMINÉES.

18. Conditions d'emploi. — On a vu, dans la description des travaux d'abatage et des méthodes d'exploitation, qu'on avait souvent recours à la création de cheminées pour l'évacuation des produits dans les gîtes très inclinés, soit dans les dressants en couches minces, soit dans les amas puissants. Ces cheminées sont, suivant les cas, ménagées dans les remblais ou, au contraire, percées dans le massif en place.

A la base de la cheminée, les produits sont chargés dans les berlines pour être conduits au puits d'extraction ou directement hors de la mine.

Ce mode d'évacuation des produits est très simple, mais il entraîne souvent le bris des morceaux friables, et des engorgements dont la destruction est pénible et parfois dangereuse.

19. Remplissage et vidage des cheminées. — Les produits sont jetés dans les cheminées à la pelle, ou versés à la brouette, à moins qu'on n'installe des culbuteurs pour les berlines conduites jusqu'à leur orifice supérieur.

A la base elles se terminent par une trémie, maintenue fermée par un volet en bois ou en tôle. Dans les mines métalliques, elles sont souvent ouvertes, et débouchent simplement sur le côté de la galerie, par un passage incliné qui s'obstrue de lui-même lorsqu'on ne provoque pas, à la pelle ou au ringard, la descente des produits.

Les cheminées doivent être normalement pleines, surtout lorsqu'elles servent à l'évacuation de produits friables.

Leur orifice supérieur doit être protégé par un couvercle pour éviter les accidents. Cette mesure est particulièrement importante pour les cheminées de grande longueur, comme celles qui servent, dans les installations de remblayage hydraulique, pour la descente, depuis la surface, des produits broyés ou des sables dont le mélange avec l'eau n'est fait qu'au fond de la mine.

La destruction des engorgements est relativement facile lorsque la cheminée est accessible sur toute sa longueur, et qu'elle est munie de distance en distance d'ouvertures par lesquelles on peut introduire des barres de fer. Au contraire, les cheminées sans passage latéral doivent être vidées depuis le haut jusqu'au niveau où se trouve l'engorgement. On peut parfois vider la cheminée par le haut et s'y engager depuis le bas jusqu'au point obstrué, sous lequel on dispose un boisage protecteur à l'abri duquel on attaque l'ancrage au moyen d'un levier. On se retire ensuite et on provoque la chute du boisage, qui entraîne les blocs restés en place. On peut ensuite remplir à nouveau la cheminée.

20. Résumé. — Le transport du charbon ou du minerai, dans les chantiers, se fait le plus souvent par des moyens rudimentaires : pelletage, traînage, quelquefois brouettage ; lorsque la pente est sensible, on peut faire glisser les produits dans des couloirs fixes.

Tous ces procédés sont simples, et n'entraînent pas de frais d'installation, mais leur rendement est faible.

Si on prend comme unité la tonne kilométrique, on constate que le rendement du *traînage* n'atteint qu'exceptionnellement 1 tonne kilom. s'il est fait par un homme, 2 tonnes kilom. s'il est fait par un cheval.

Le *portage* à dos d'homme n'a guère qu'un rendement de 1/3 de tonne kilom.

On emploie actuellement, dans des chantiers de grande longueur, ou dans des voies de desserte, des *couloirs oscillants*, formés d'auges semi-cylindriques en tôle, suspendues par des chaînes au boisage ou à des cadres spéciaux ; on y charge les produits et on anime la ligne de couloirs d'un mouvement longitudinal, brusquement arrêté, avant le retour en arrière, par un choc contre un butoir. Au lieu de produire le mouvement à la main, on emploie le plus souvent un petit moteur à air comprimé, dont le changement de sens provoque les secousses nécessaires pour faire avancer la masse contenue dans le couloir.

On préfère, dans beaucoup de cas, supporter l'appareil, en dessous, par des galets, qui montent sur de petits plans inclinés et en redescendent avec un mouvement accéléré, brusquement interrompu, au moment où la descente s'achève, par le changement de sens du moteur.

Ces couloirs oscillants servent aussi bien à l'arrivée des remblais qu'à l'évacuation des produits abattus. On peut au besoin commander deux ou trois couloirs, parallèles ou perpendiculaires, à l'aide d'un seul moteur et de transmissions en équerre.

Les *transporteurs* à chariot, ou à palettes, entraînant les produits dans un couloir fixe, ou enfin les *toiles sans fin* sont également appliquées dans les chantiers et les voies de desserte, horizontales ou inclinées.

Ces divers systèmes sont surtout avantageux dans les couches minces et peu inclinées, où ils permettent de transporter des tonnages importants, de réduire la main-d'œuvre, de diminuer les creusements de galeries qui doivent entailler les épontes.

On les applique soit dans les tailles chassantes, soit dans les tailles montantes, et leur installation procure dans bien des cas une notable économie dans le prix de revient au chantier.

Même dans les couches épaisses, on a trouvé parfois avantageux de les adopter, de préférence au roulage par berlines.

Si on compare les couloirs, les transporteurs et les toiles sans fin, on constate que les dernières nécessitent une hauteur un peu plus grande, qu'elles sont d'un réglage délicat, et qu'elles s'usent rapidement; aussi ne sont-elles guère employées.

Les transporteurs à couloir fixe et palettes ou chaîne d'entraînement ont l'avantage d'un mouvement continu, qui peut être plus ou moins lent, mais le réglage est aussi assez difficile et l'usure de la chaîne est sensible; leur principal avantage est de convenir mieux à de longs trajets (100 ou 150 m.).

Les couloirs oscillants sont bruyants et consomment plus de force, mais leur encombrement est faible, leur montage facile, leur fonctionnement simple; ils sont le plus généralement adoptés, au moins jusqu'à une longueur de 50 ou 60 m.

Dans les gîtes très inclinés ou très épais, l'évacuation des produits se fait souvent par *cheminées* depuis les chantiers jusqu'aux galeries de roulage. C'est un procédé simple, mais assez brutal, et qui donne parfois lieu à des arrêts, lorsque les cheminées s'engorgent.

CHAPITRE II

TRANSPORTS SUR RAILS

§ 1. — VOIE.

21. Historique. — Le roulage sur rails a pris naissance dans les mines et l'idée d'appliquer ce perfectionnement aux transports à la surface ne date que d'une centaine d'années. Le développement des chemins de fer a été prodigieux, grâce à l'invention de la locomotive à vapeur, tandis que, jusqu'à une époque récente, les transports souterrains n'ont utilisé comme moteurs que l'homme ou les animaux.

On a vu plus haut que le portage ou le traînage n'ont qu'un rendement très faible ; il était donc naturel de chercher à utiliser dans les galeries de mines des wagonnets traînés par des hommes ou des chevaux. Mais le sol était souvent irrégulier, boueux ou couvert de poussière ; on a remédié à cet inconvénient en créant des chemins de roulement en bois, et pour empêcher les roues de s'échapper à droite ou à gauche, on a donné à ces chemins la forme de cornières.

22. Chien de mine. — On a aussi imaginé de disposer des poutres rectangulaires, espacées seulement de quelques centimètres, sur lesquelles roulait un wagonnet long et étroit, maintenu sur les rails par une tige verticale en fer (*fig. 11*). Ces wagonnets, appelés *chiens de mine* étaient déjà employés, il y a très longtemps, dans les mines métalliques allemandes. Au passage des courbes, il fallait peser sur l'arrière du wagonnet pour soulever les roues antérieures.

23. Voie ferrée. — C'est dans la première moitié du XVIIIe siècle qu'on a commencé à employer les rails en fer, dans les houillères anglaises. Les grands avantages des rails métalliques (propreté plus grande, donc amélioration considérable du roulement, conservation meilleure) ont amené la généralisation de leur emploi et l'adoption des types actuels de wagonnets (ou *berlines*), à quatre roues égales plus ou moins écartées, à caisse en bois ou en tôle.

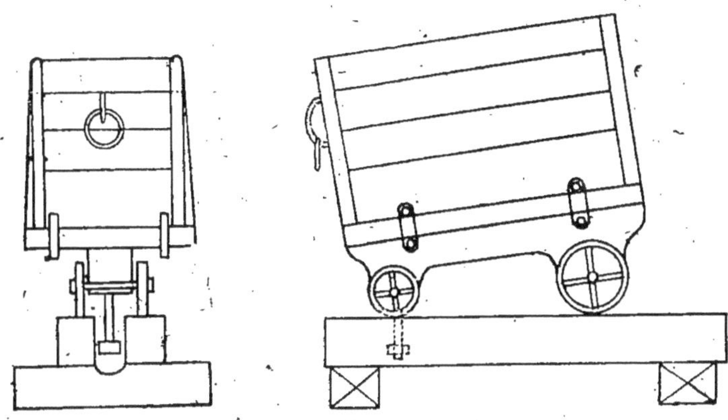

Fig. 11. — Chien de mine.

24. Caractéristiques des voies ferrées souterraines. — Les voies ferrées souterraines sont caractérisées par leur largeur réduite et leurs courbes à court rayon, au moins pour les galeries dans le gisement. Les travers-bancs ont en général une section plus considérable et présentent des trajets en ligne droite importants. Mais le matériel qui y circule est en général le même que dans les galeries secondaires ; il doit être léger, et d'une contenance réduite, pour ne pas être trop lourd. D'autre part les voies, qui sont souvent déplacées, doivent être simples et légères. La vitesse de circulation reste faible. Les déraillements sont fréquents et la nécessité de remettre sur rails les berlines contribue à en limiter la contenance.

Enfin les voies ne sont pas toujours voisines de l'horizontale. La circulation dans les plans inclinés joue un rôle important dans l'organisation des transports souterrains.

Pour étudier le roulage sur voies ferrées, nous décrirons d'abord la voie (rails, traverses, bifurcations), puis nous examinerons les résistances au roulement et l'effort de traction, les résistances spéciales dues aux pentes et les limites à partir desquelles le roulage se fait de lui-même. Nous passerons ensuite au matériel roulant et aux procédés adoptés pour éviter les déraillements dans les courbes de faible rayon. Les chapitres suivants seront consacrés aux moteurs, mobiles ou fixes, qui assurent la circulation des berlines.

25. Rails. — Le type de rail le plus simple est constitué par un *fer plat*, posé de champ sur les traverses, et maintenu en place par des coins en bois ou en métal (*fig. 12*). La traverse est munie d'une encoche pour recevoir le bas du rail et le coin. Ce dernier se place à l'extérieur, pour que le bourrelet de la roue ne risque pas de le toucher ; on a soin de l'enfoncer dans le sens de la circulation des berlines pleines, pour que le roulage tende à le resserrer.

Pour éviter que la pression du rail ne fasse éclater la traverse, on interpose parfois des coussinets, mais c'est là une complication peu employée pour ces voies secondaires.

Les dimensions les plus courantes des rails plats sont de 0m01 de largeur et 0m05 de hauteur (environ 4 kg. au mètre courant) à 0m015 × 0m06 (7 kg. au mètre courant). Lorsque le poids de la berline chargée dépasse 1000 kg., il

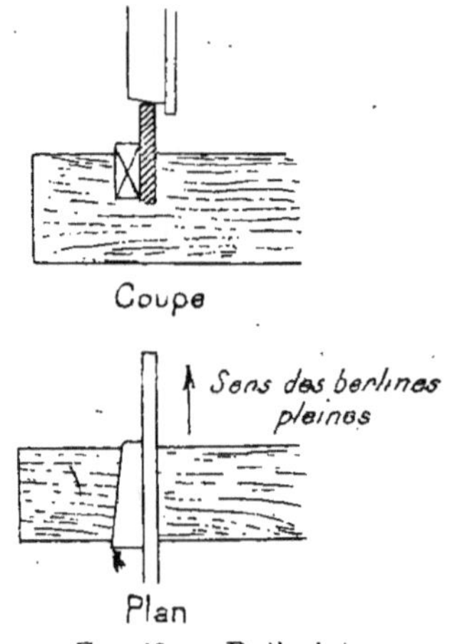

Fig. 12. — Rail plat.

faut un rail de 8 à 10 kg. au mètre courant.

La largeur de la voie est de 0m40 à 0,60 en général dans les houillères, plus rarement 0m80, car on est alors conduit à adopter des sections de galeries et des poids de berlines exagérés.

Les rails plats sont légers, rapidement posés, et ne coûtent pas cher, mais ils ont l'inconvénient de se déformer ; la largeur de la voie devient irrégulière et les déraillements sont fréquents. De plus le rail creuse des sillons dans les bourrelets des roues. Cependant, grâce à la simplicité de l'installation et de l'enlèvement des voies, ils sont fréquemment employés dans les galeries secondaires et les chantiers.

Les *rails à double bourrelet* (*fig. 13*) usent moins les roues, peuvent se retourner et ont l'avantage d'être plus rigides. Ils rendent nécessaire l'emploi de coussinets, ce qui les fait écarter en général, mais ils donnent un meilleur roulement que les rails plats, car le sommet du rail étant plus loin de la traverse, la voie est plus propre.

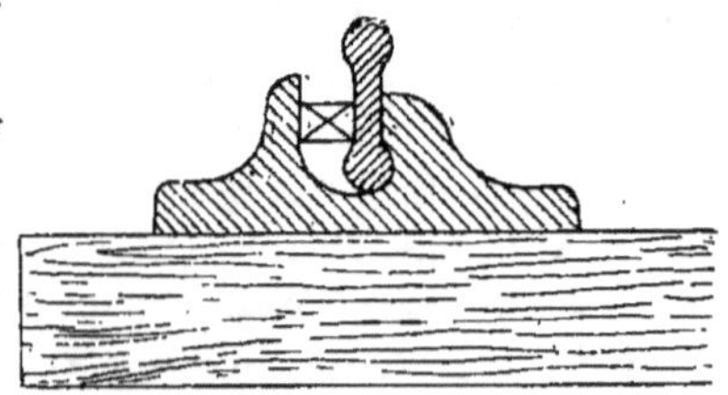

Fig. 13. — Rail à double bourrelet.

Les *rails Vignole* (*fig. 14*) sont très employés, car ils n'usent pas autant les roues que les rails plats, et n'exigent pas de coussinets.

Le patin du rail est posé directement sur la traverse, et il est maintenu par deux crampons ou deux tire-fond. On a soin de ne pas les enfoncer juste en face l'un de l'autre pour ne pas fendre la traverse.

Le rail ne peut pas se retourner; mais sa durée est assez grande pour que cet inconvénient soit sans importance.

Suivant la charge à supporter et l'intensité du roulage, le poids du rail adopté sera plus grand.

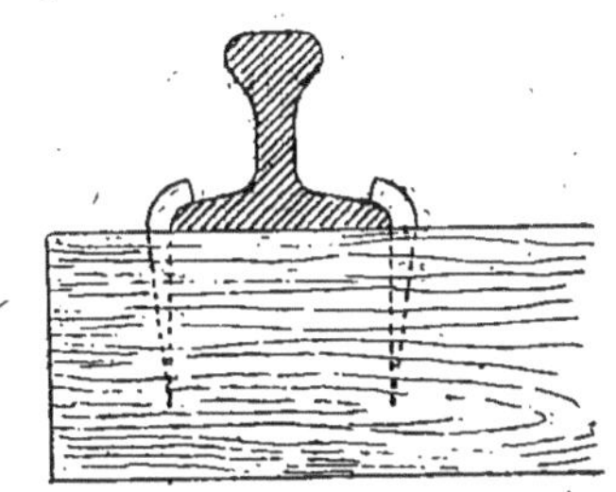

Fig. 14. — Rail vignole à patin.

Les rails légers (4 à 6 kg. au mètre courant, 40 ou 50 $^m/_m$ de hauteur) sont réservés aux galeries secondaires ; dans les galeries plus importantes et les plans inclinés, on adopte des rails de 7 à 10 ou 12 kg. au mètre courant (hauteur 55 à 80 $^m/_m$ environ). Dans les travers-bancs où l'on fait la traction au moyen de locomotives, on emploie des rails plus lourds, 15 ou 18 kg. par exemple. On a avantage à adopter un type assez fort, lorsque les voies doivent durer longtemps, car on a alors peu de frais d'entretien et on peut faire un roulage à plus grande vitesse. L'économie réalisée sur la traction compense les frais d'installation.

Il n'est pas possible de donner à l'heure actuelle des chiffres précis sur le coût d'une voie ferrée souterraine ; ainsi que nous avons eu déjà plusieurs fois l'occasion de le faire remarquer dans les volumes précédents, les prix des matériaux de toute espèce et de la main-d'œuvre ont subi depuis 1914 des fluctuations telles que toute indication de prix n'a qu'une valeur passagère.

Les rails étaient autrefois en *fer*, mais ils sont actuellement toujours en *acier*, dont la durée est beaucoup plus grande. En fait, ils peuvent servir presque indéfiniment, car lorsqu'ils sont trop usés pour être laissés dans les voies importantes, on peut les utiliser dans les garages, les galeries secondaires, au besoin dans les chantiers. Ce sont l'humidité et la corrosion par les eaux sulfureuses qui les abîment, plutôt que l'usure due au roulage.

La *longueur* des rails est de 5 ou 6 m. en général, parfois davantage pour les voies à grande circulation ; mais on est limité par la possibilité de descendre les pièces dans le puits et de les faire passer dans les galeries, à la recette inférieure. Les extrémités de deux rails successifs sont placés sur une même traverse, à moins qu'on n'emploie des éclisses, ce qui ne se fait guère que pour les voies importantes ou les plans inclinés.

26. Traverses. — Les traverses

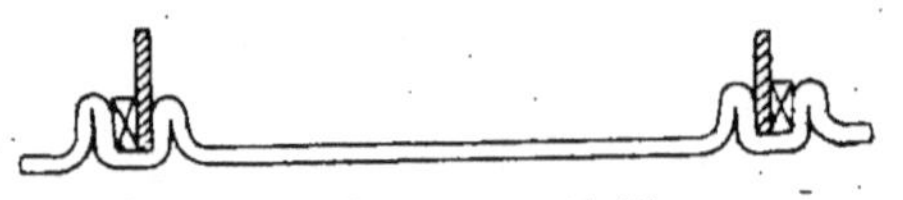

FIG. 15. — Travaux métalliques pour rail plat.

sont généralement en bois, équarries avec plus ou moins de soin. Leur section est de 8 cm. × 10 cm. à 10 cm. × 15 cm. suivant l'importance des voies.

Dans un but d'économie, on emploie souvent le sapin, le pin, le hêtre, mais autant que possible on adopte le chêne. Pour éviter que les traverses ne pourrissent rapidement, on les imprègne de matières diverses. On a vu dans la IVᵉ partie du cours, les procédés d'imprégnation des bois de mine.

Leur longueur dépend naturellement de l'écartement adopté pour les rails ; elles débordent en général d'environ 10 cm. de chaque côté. Quant à la distance entre deux traverses successives, elle est d'autant plus réduite que les berlines sont plus lourdes et le trafic plus intense. On compte en général 3 traverses par 2 m. de voie, mais dans les bifurcations et croisements, on réduit cet écartement. On verse entre les traverses du ballast ou des crasses de chaudières, qui donnent un sol propre et uni.

Les *traverses métalliques* sont moins vite usées, du moins lorsqu'elles ne sont pas en contact avec des eaux acides ; la difficulté est de trouver un mode d'assemblage sûr et peu compliqué. Les traverses *Legrand*, inventées en Belgique sont parmi les plus répandues. Elles présentent la forme d'un fer en ⊔ pour garder une rigidité suffisante et offrir une bonne base aux rails.

Si ces derniers sont plats (*fig. 15*), il faut que la traverse soit

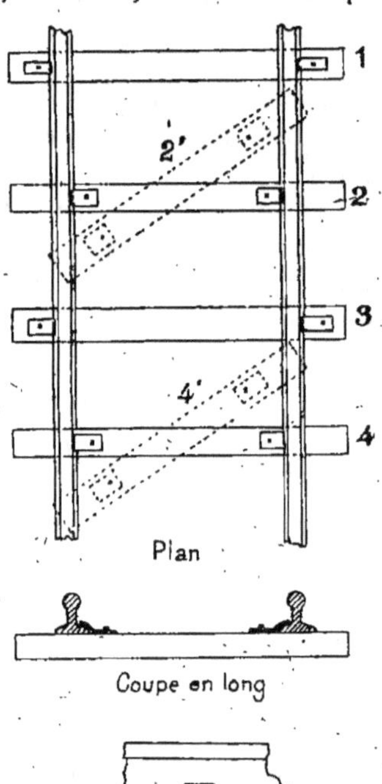

FIG. 16. — Travaux métallique pour rail vignole.

laminée de manière à constituer deux coussinets, dans lesquels les rails sont serrés à l'aide de coins.

Pour des rails Vignole, les traverses portent des pattes rivées (*fig. 16*) qui s'engagent au-dessus du patin alternativement à l'intérieur et à l'extérieur de la voie. Les traverses à pattes extérieures 1,3... sont mises en place d'abord ; les autres sont d'abord glissées sous les rails, obliquement (en 2', 4'...) et ramenées ensuite perpendiculairement aux rails pour engager les pattes par dessus les patins.

La pose de la voie est donc rapide, et son démontage facile.

Les traverses métalliques conviennent bien dans les terrains secs. Dans les galeries où la traction se fait par locomotives ou par moteurs fixes, elles s'usent peu, mais lorsque le roulage est assuré par des chevaux, le martèlement des pieds de ces derniers finit par aplatir le fer à ⊔ et par rendre les traverses inutilisables.

27. Bifurcations. — Nous ne nous étendrons pas sur les bifur-

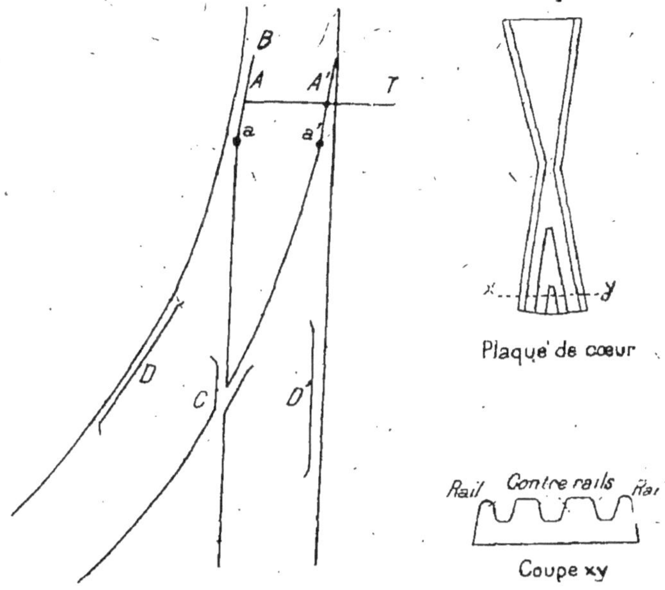

FIG. 17. — Bifurcation.

cations avec aiguilles et contre-rails des voies principales, qui sont du même type que dans les chemins de fer à la surface.

On se rappelle que le principe de ces bifurcations est de laisser leur continuité aux rails extérieurs, tandis qu'il faut interrompre les rails intérieurs à leur croisement (C) et à la pointe de la bifurcation (B), pour laisser passer les boudins des roues.

En C, on dispose une *plaque de cœur* P et des contre-rails (D, D').

En B est l'aiguille (AA') manœuvrée par la tringle T et mobile autour des points *aa'*. Suivant sa position, les roues s'engageront sur l'une ou l'autre des deux voies.

Dans les galeries ordinaires, où le roulage se fait à la main, ou avec des chevaux, ces aiguilles sont simplifiées ; elles se composent seulement de deux rails mobiles A, A', mobiles autour de *a* et *a'*, mais indépendants l'un de l'autre.

Le rouleur ou le conducteur font eux-mêmes l'aiguille en déplaçant ces rails mobiles avec la main ou le pied.

On peut même supprimer entièrement l'aiguille en interrompant simplement les deux rails très près de leur contact. Le rouleur fait prendre à la berline la direction voulue en appuyant fortement sur ses parois, au besoin en la soulevant légèrement lorsque son poids n'est pas trop grand.

Les embranchements de galeries, en particulier les entrées des voies de desserte des tailles sont souvent à angle droit, et les berlines sont, dans ce cas, amenées une à une par les mineurs.

On place alors, pour effectuer ce changement de direction, des *plaques de manœuvre*, en fonte ou en acier (*fig. 18*).

Le type le plus simple est fait d'une plaque en fonte que l'on place entre les rails, sur les traverses (*fig. 18-I*). Les mineurs font dérailler les berlines sur la plaque et les font tourner de force. Pour faciliter l'engagement des roues sur les rails, on peut disposer entre ceux-ci et l'autre voie une *plaque à oreilles*, qui porte des nervures en relief (*fig. 18-II*).

Lorsque les deux voies sont d'importance égale, on les interrompt toutes deux et on pose une *plaque à lunette* (*fig. 18-III*) avec nervures d'angles et nervure circulaire au centre qui permet de faire tourner facilement les berlines. Ces plaques sont en fonte, ou mieux en acier, plus cher, mais plus léger et beaucoup plus durable.

On emploie quelquefois, notamment lorsqu'il s'agit de manœuvrer des berlines de minerai de grandes dimensions, de véritables plaques tournantes à pivot, mais on évite en général cette complication, car le pivot ne tarde pas à s'encrasser, ce qui rend sa rotation difficile.

Signalons enfin que dans les plans inclinés, lorsque les terrains chargent beaucoup et qu'on veut réduire les dimensions du plan, on peut se contenter de deux rails, avec une voie double au point de croisement, les aiguilles étant disposées à l'aide de ressorts de manière à guider toujours les berlines dans le même sens ;

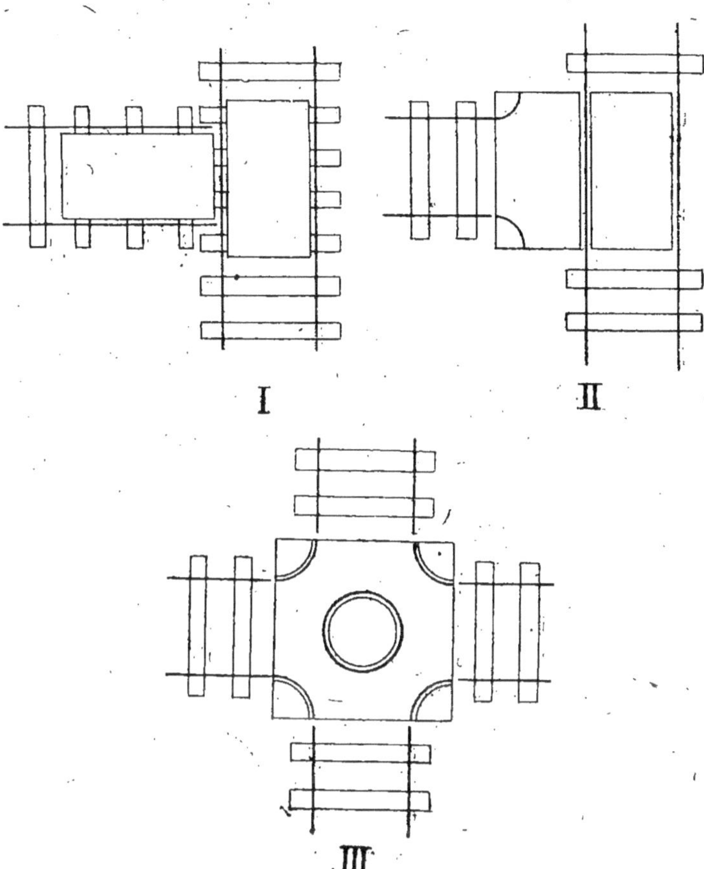

FIG. 18. — Plaques de manœuvre.

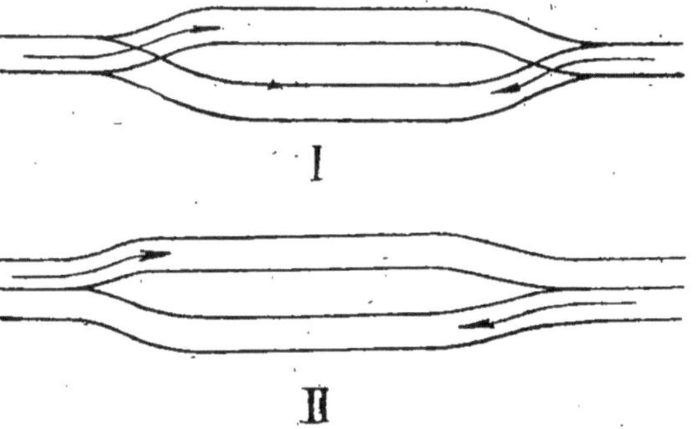

FIG. 19. — Croisements.

les *roues* écartent les aiguilles qu'elles rencontrent par le talon, mais les ressorts ramènent ensuite la pointe en position (*fig. 19-I*).

On peut aussi ferrer à 3 rails sur toute la longueur du plan, sauf au point de croisement (*fig. 19-II*).

28. Courbes. — Les voies de mines installées dans *des galeries* étroites et souvent sinueuses, présentent dans beaucoup de cas des *courbes à faible rayon*, tout au moins dans les galeries secondaires. Comme la vitesse de circulation n'est jamais grande, ces courbes ne sont pas un obstacle à un roulage intensif. Mais nous verrons, au paragraphe suivant, les précautions à prendre, dans la construction des berlines, pour éviter les déraillements.

Au passage de cette courbe, la berline a tendance à se renverser vers l'extérieur ; on a donc soin, si la vitesse n'est pas négligeable, *de relever un peu le rail extérieur pour combattre ce* danger de renversement.

D'autre part, la force centrifuge amène une pression plus forte du bourrelet de la roue sur le rail extérieur. La voie doit être renforcée, et on y arrive en rapprochant les traverses ; en outre, le bourrelet tendrait à grimper sur le rail, si celui-ci n'était pas relevé. La conicité du bandage de la roue contribue également à combattre ce danger ; *nous y reviendrons plus loin.*

29. Inclinaison de la voie. — Les galeries souterraines ne sont que très rarement assez sèches pour qu'on puisse négliger la question d'évacuation des eaux. En règle générale, on devra toujours leur donner une certaine pente, suffisante pour assurer cette évacuation.

D'autre part, les berlines qui circulent dans la mine peuvent être vides, ou chargées *soit de minerai, soit de remblais.* Dans les mines métalliques, le poids du minerai et du remblai est à peu près le même ; dans les houillères, les berlines de remblai sont sensiblement plus lourdes que celles de charbon.

Le travail de traction est donc très différent suivant les cas, et on doit se préoccuper d'établir les voies avec des pentes telles qu'on le réduise au minimum. Si possible, on s'efforce de faire toujours *descendre les berlines pleines, et de n'avoir à remonter que les berlines vides* ; si la proportion de remblais est faible, on cherchera à composer les trains, dans les voies principales, de façon que leur poids total soit moindre que celui d'un train de berlines pleines de charbon. Mais si la proportion de remblais est élevée, on cherchera plutôt à combiner les transports de manière à ne pas avoir à remonter les remblais par les voies d'évacuation des charbons.

Le plus souvent, les galeries conduisant aux puits d'extraction servent également à l'évacuation des eaux, et on bénéficie de la pente favorable pour la sortie des berlines chargées.

Mais il convient de serrer le problème d'un peu plus près, et d'étudier rapidement quelles sont les résistances à vaincre, et quelle est l'inclinaison à adopter pour réaliser le roulage dans les meilleures conditions.

30. Résistances à vaincre. — La résistance que la berline oppose à la traction se compose de deux parties distinctes :

1° Résistance au frottement de l'essieu dans son coussinet.

2° Résistance au roulement de la roue sur le rail.

La *résistance au frottement*, lorsque la vitesse n'est pas trop grande, est proportionnelle à la pression qui s'exerce sur les surfaces en contact. On peut donc écrire :

$$R = fP \quad (1)$$

en posant R = résistance au frottement.

P = pression des surfaces en contact ; dans le cas d'un essieu tournant dans un coussinet, P est égal à la partie du poids de la caisse de la berline qui repose sur l'essieu.

f = coefficient de frottement.

Pendant un tour de roue la résistance opposée à la traction par l'effort de frottement de l'essieu est :

$$R = f \times P \times \pi d \qquad (d = \text{diamètre de l'essieu})$$

Pendant ce temps la berline se sera avancée d'une longueur égale à πD (D = diamètre de la roue).

L'effort de traction, pendant un temps très court est πD fois plus faible. Il est donc égal à

$$\frac{f \times P \times \pi d}{\pi D}, \text{c'est-à-dire } f \times \frac{d}{D} \times P.$$

Le rapport $\dfrac{d}{D}$ est en général de l'ordre de grandeur de $\dfrac{1}{10}$.

La *résistance au roulement*, à la périphérie de la roue, est

$$R' = f' \times (P + p).$$

---

(1) La formule exacte serait $R = \dfrac{f}{\sqrt{1 + f^2}}\, P$ mais l'erreur commise avec la formule simplifiée est négligeable.

P = partie du poids de la caisse portant sur la roue considérée.

p = partie du poids des roues et essieux portant sur cette roue.

f' = coefficient de roulement, d'ailleurs beaucoup plus faible que f.

Au total, la résistance opposée par la berline, c'est-à-dire l'effort de traction à exercer sera, en palier :

$$F = f \times \frac{d}{D} \times P + f'(P + p)$$

c'est-à-dire

$$F = P \left(f \times \frac{d}{D} + f' \right) + f' p.$$

Le poids P se compose de deux éléments, le poids mort de la caisse et du châssis (que nous désignerons par p_m) et la charge utile transportée (p_u).

En introduisant ces notations dans la formule ci-dessus, celle-ci devient :

$$F = (p_u + p_m) \left(f \times \frac{d}{D} + f' \right) + f' p$$

ou encore :

$$F = f \frac{d}{D} (p_u + p_m) + f'(p_u + p_m + p).$$

La valeur du coefficient f varie avec le graissage de l'essieu, souvent défectueux : on peut admettre $f = 0,05$ dans des conditions favorables.

Celle du rapport $\frac{d}{D}$, ainsi que nous l'avons dit plus haut, est généralement voisine de 0,1.

Celle de f' dépend de l'état de propreté et d'entretien de la voie ; si celle-ci est en bon état, f' sera égal à 0,007 environ.

Le rapport du poids mort total (c'est-à-dire de celui de la caisse et du châssis (p_m) plus celui des parties tournantes p) au poids utile est compris habituellement entre 0,4 et 0,5 ; c'est-à-dire que le poids utile est de 2 fois à 2 fois 1/2 celui de la berline vide.

Quant au rapport entre le poids p et le poids total ($p_m + p$) de la berline vide, il est de 1/4 à 2/7. Pour cette dernière valeur $p = \frac{2}{7} (p_m + p)$, on a donc $p_m = 2,5 \, p$.

En appliquant ces valeurs moyennes $f = 0,05 \quad \frac{d}{D} = 0,1 \quad f' = 0,007$ on voit que

$$F = (0,005 + 0,007)(p_u + p_m) + 0,007 \, p$$
$$= 0,012 (p_u + p_m) + 0,007 \, p.$$

Si l'on admet que $p_m + p = 0{,}45\, p_u$ et $p_m = 2{,}5\, p$, on constate que l'effort de traction à développer est environ 3 fois 1/2 plus grand pour la berline pleine que pour la berline vide.

Si l'on recherche le rapport de l'effort de traction au poids total de la berline pleine, on voit, en admettant les valeurs ci-dessus pour les poids de la charge et de la berline, qu'il est égal à 0,0115.

Pour mettre en mouvement, en palier, une berline pleine pesant 800 kg., il faut un effort de 9 à 10 kg. Ce chiffre peut être réduit par des dispositifs de roulement et de graissage perfectionnés ; il est au contraire beaucoup plus considérable, si le graissage est mauvais et la voie malpropre.

31. Influence de l'inclinaison. — Si la voie présente une inclinaison α, la gravité exerce sur la berline une action $(p_u + p_m + p) \sin \alpha$, qui s'ajoute à la résistance au roulement dans les pentes montantes (*rampes*), mais qui s'en retranche au contraire dans les pentes descendantes.

L'effort de traction nécessaire devient donc :

Dans les rampes
$$f \times \frac{d}{D}\,(p_u + p_m) + f'\,(p_u + p_m + p) + (p_u + p_m + p)\sin\alpha$$

Dans les pentes
$$f \times \frac{d}{D}\,(p_u + p_m) + f'\,(p_u + p_m + p) - (p_u + p_m + p)\sin\alpha$$

La traction en palier est exceptionnelle dans les mines ; les galeries ont presque toujours une certaine inclinaison pour l'écoulement des eaux.

D'autre part, les berlines pleines et les berlines vides circulent généralement en sens contraire dans la même galerie. Pour déterminer l'inclinaison à donner à celle-ci, on peut chercher soit à obtenir une résistance égale pour la descente des berlines pleines et la remontée des berlines vides (*roulage égalisé, pente d'égale résistance*) soit à obtenir que les berlines pleines descendent sous l'action de leur propre poids, sans effort de traction (*roulage spontané, pente d'équilibre*). Dans ce dernier cas, il faudra naturellement fournir un effort plus grand que dans l'hypothèse précédente pour remonter les berlines vides.

32. Pente d'égale résistance. — La pente doit évidemment être telle que.

$$f\,\frac{d}{D}\,p_m + f'\,(p_m + p) + (p_m + p)\sin\alpha = f\,\frac{d}{D}\,(p_u + p_m) + f'\,(p_u + p_m + p) -$$
$$- (p_u + p_m + p)\sin\alpha$$

d'où
$$\sin \alpha = \frac{p_u \left(f \dfrac{d}{D} + f'\right)}{2 (p_m + p) + p_u}$$

Si $\quad f = 0{,}05 \quad \dfrac{d}{D} = 0{,}1 \quad f' = 0{,}007 \quad p_m + p = 0{,}45\, p_u$

on a $\qquad\qquad \sin \alpha = 0{,}0063$

Cette valeur de α étant très faible, on peut confondre pratiquement la valeur de $\sin \alpha$ et de $\operatorname{tg} \alpha$ et dire que la pente est de $6\,^m/_m$ par mètre environ. Elle augmente, d'une façon presque insignifiante, si le rapport $\dfrac{p_m + p}{p_u}$ diminue.

Si ce rapport $= 0{,}40$, on a $\sin \alpha = 0{,}0066$.
S'il est $\quad = 0{,}50$, on a $\sin \alpha = 0{,}0060$.

L'effort de traction, rapporté au poids utile transporté p_u sera (pour $p_m + p = 0{,}45\, p_u$) égal à $0{,}0076$, c'est-à dire environ $8\,°/_{oo}$ du poids utile.

Pour $p_m + p = 0{,}4\, p_u$ on aurait $0{,}0070$, pour $p_m + p = 0{,}5\, p_u$: $0{,}0083$.
Rapporté au poids de la berline vide, l'effort à la remontée est d'environ $0{,}018$.

33. Pente d'équilibre. — Pour que la berline pleine démarre d'elle-même sur la pente descendante, il faut que l'expression donnant l'effort de traction sur une pente soit nulle :

$$f \frac{d}{D} (p_u + p_m) + f' (p_u + p_m + p) - (p_u + p_m + p) \sin \alpha = o$$

d'où
$$\sin \alpha = \frac{f \dfrac{d}{D} (p_u + p_m) + f' (p_u + p_m + p)}{p_u + p_m + p}$$

Reprenons les valeurs indiquées plus haut

$$f = 0{,}05 \quad \frac{d}{D} = 0{,}1 \quad f' = 0{,}007$$

et calculons $\sin \alpha$ dans les trois cas

$$p_m + p = 0{,}40\, p_u$$
$$p_m + p = 0{,}45\, p_u$$
$$p_m + p = 0{,}50\, p_u$$

ainsi que l'effort de traction à la remontée des berlines vides dans les trois hypothèses. On obtient les résultats suivants :

$$p_m + p = 0,40\ p_u \qquad \sin \alpha = 0,01159 \qquad \text{Effort de traction}: 0,02216\ (p_m + p)$$
$$p_m + p = 0,45\ p_u \qquad \sin \alpha = 0,01155 \qquad\qquad - \qquad\qquad 0,02212\ (p_m + p)$$
$$p_m + p = 0,50\ p_u \qquad \sin \alpha = 0,01152 \qquad\qquad - \qquad\qquad 0,02209\ (p_m + p)$$

La pente d'équilibre est d'environ $11^m/_m$ par mètre, et l'effort de traction, rapporté au poids de la berline vide est d'environ 0,022. Si on compare ce dernier chiffre à celui trouvé pour la remontée le long de la pente d'égale résistance (0,018), on voit qu'il est plus élevé d'environ 25 °/₀ ; mais il s'exerce seulement dans un sens, tandis que dans le cas précédent, l'effort est continu.

La pente d'équilibre a l'avantage de permettre au mineur qui pousse une berline chargée de lui donner simplement une impulsion qui la fait démarrer, et de marcher ensuite sans avoir à pousser. Il faut même éviter que les ouvriers cèdent à la tentation de lancer la berline avec une vitesse suffisante pour pouvoir se faire transporter en grimpant sur l'arrière.

Cette façon de procéder amène des déraillements, et elle est dangereuse en cas d'obstacle imprévu ; elle l'est plus encore lorsqu'il s'agit d'un train de berlines, si le conducteur grimpe sur le premier wagonnet ; un choc risque de le faire tomber sous les roues. Notons que le roulage sur une pente d'équilibre n'est pas pratique, si la traction est faite par un cheval ; ce dernier, ne sentant pas de résistance, s'arrête et peut être blessé par le convoi.

Enfin, remarquons que tous les calculs précédents sont basés sur l'hypothèse qu'on n'a pas à traîner, en remontant, de berlines chargées, notamment de berlines de remblais qui sont plus lourdes que les berlines de charbon. Si ce cas doit se présenter, il faut réduire sensiblement les pentes calculées, pour éviter les efforts exagérés à la montée. Dans les galeries secondaires, où le roulage se fait à la main et où les berlines sont poussées, une à une, on se rapprochera de l'horizontale d'autant plus que les berlines seront plus grandes, et par conséquent plus lourdes à pousser quand elles sont pleines de remblais.

Dans les galeries principales, si la proportion de berlines vides et de berlines de remblais est à peu près constante, on peut chercher à déterminer une pente d'égale résistance en comparant les efforts à exercer pour la traction d'un convoi de charbon (ou de minerai) à la descente, et pour la remontée d'un convoi composé de berlines vides et de berlines chargées de remblais dans la proportion correspondante à la moyenne de ces deux éléments pendant le poste.

Le plus souvent (surtout si la circulation des remblais se fait à un poste différent de celui de l'extraction des produits) on se contente de donner à la galerie une pente légèrement descendante vers le puits, et de limiter le nombre de berlines pleines entrant dans la composition des convois de remblais.

Ce qu'il faut retenir de cet exposé, c'est que les galeries de roulage ont le plus souvent une inclinaison dans le sens de l'évacuation des produits abattus, généralement inférieure à 5 $^m/_m$ par mètre pour les voies principales, qui peut atteindre 1 cm. par mètre dans les galeries secondaires, si l'on n'a pas à y remonter des berlines de remblais, et qu'on réduit au contraire autant que possible lorsqu'on doit faire circuler dans ces dernières, en sens contraire, des berlines de poids différents.

§.2. — Matériel roulant.

34. Chariots. — Nous avons signalé plus haut les premiers véhicules employés dans les mines : chariots très simples roulant sur le sol de la galerie, chiens de mine, brouettes, etc... Dans certains cas, on a transporté sur chariots des paniers remplis aux chantiers et portés jusqu'à la voie de roulage. Nous ne nous arrêterons pas sur ces systèmes anciens, pas plus que sur les bennes employées seulement au fond et déversant les produits dans des cuffats attelés au câble d'extraction. Actuellement, dans la presque totalité des mines, on assure les transports au moyen de *berlines*, que l'on remonte au jour dans la cage d'extraction. On a ainsi à extraire un poids mort supplémentaire, mais on réalise une vitesse de manutention, au bas et au haut du puits, qui permet seule les productions intensives des grandes mines modernes.

35. Berlines. — Les berlines (qui portent aussi, suivant les régions, les noms de bennes, chariots, wagonnets, etc...) doivent répondre à un certain nombre de conditions, en partie contradictoires : elles doivent être robustes, résistantes aux chocs et aux remplissages faits sans précautions, mais en même temps aussi légères que possible pour une capacité donnée ; elles doivent ne pas s'user ni se détériorer facilement, mais rester d'un prix peu élevé, être aisées à remplir et à vider, à manœuvrer à la main sur les plaques de changement de direction, ne pas comporter d'organes délicats et cependant ne pas offrir une résistance exagérée au roulement, franchir facilement les courbes, mais ne pas dérailler sur les voies en mauvais état, pouvoir se remettre sur rails sans trop de peine.

Leur capacité doit être suffisante, malgré l'étroitesse de la voie, pour que le rapport de la charge transportée au poids mort soit satisfaisant, mais cette augmentation de volume ne doit pas nuire à la stabilité, ni à la maniabilité. Les dimensions seront d'ailleurs d'autant plus réduites que les couches sont plus minces, les galeries plus sinueuses, le minerai plus lourd.

On ne peut donc chercher un modèle unique de berline, applicable quelles que soient les conditions de la mine. On rencontre évidemment des types très différents, qui pourraient souvent être remplacés par d'autres qui conviendraient aussi bien. Mais il faut étudier le modèle à adopter en considérant avec soin les conditions locales ; les erreurs commises dans le choix d'un modèle de berlines pèsent lourdement sur le rendement du travail au chantier et sur le prix de revient du roulage. Elles sont d'autant plus difficiles à corriger que les dimensions des cages et du puits d'extraction lui-même dépendent de celles des berlines ; de plus la constitution d'un stock de berlines suffisant pour une production importante entraîne des dépenses considérables.

36. Dimensions des berlines. — Une berline se compose de trois parties : la caisse, le châssis portant la caisse, les paliers des essieux et les dispositifs d'attelage, enfin le train de roues (essieux et roues). Le châssis est souvent très simplifié.

Les dimensions des berlines dépendent en première ligne de leur *capacité*, variable suivant le poids du minerai.

Dans les houillères, on descend rarement au-dessous de 350 kg. comme charge utile, et on se tient en général aux environs de 500 kg. Un hectolitre de charbon pesant 85 à 90 kg., la capacité est donc de 5 ou 6 hectolitres. Dans les couches minces, et dans les galeries sinueuses, on descend à 3 ou 4 hl. Au contraire, dans les couches épaisses, régulières, on va parfois jusqu'à 8 ou 10 hl. On peut ainsi diminuer le poids mort, mais la manœuvre à la main d'une berline chargée devient difficile, en particulier en cas de déraillement.

Dans les houillères où les mêmes berlines sont employées pour l'introduction des remblais, il faut tenir compte de ce qu'un hectolitre de remblais pèse près du double d'un hectolitre de charbon. Une berline pleine de charbon, d'une capacité de 6 hl. pèse environ 800 kg. Chargée de remblais, elle atteint 1100 kg. et il faut deux hommes pour la manœuvrer.

Dans les mines métalliques, lorsque les conditions du gisement s'y prêtent, on emploie parfois des berlines de grandes dimensions, transportant 1500 ou 2000 kg. de minerai, et même davantage lorsqu'on installe des tractions par chaînes ou par locomotives.

La profondeur des mines conduit, pour mieux utiliser le travail d'extraction, et pour diminuer le rapport entre le poids mort (constitué par le câble et la cage) et la charge utile extraite, à augmenter la contenance des berlines.

La *forme de la caisse* est variable et on ne peut indiquer de dimensions constantes pour une capacité donnée.

On a avantage, au point de vue de la stabilité, à diminuer la hauteur et à augmenter la largeur et la longueur ; mais par contre on cherche à limiter la largeur pour diminuer la section des galeries ; l'allongement de la caisse facilite les manœuvres sur les plaques et la remise sur rails, à condition que les essieux soient assez rapprochés. Mais une grande longueur conduit à donner des dimensions exagérées aux cages d'extraction.

Cette longueur ne dépassera donc pas en général 1^m,50 ou 1^m,60, la largeur 80 ou 90 cm., la hauteur (depuis le rail) 1 m.

Nous avons vu que le *poids mort* était compris le plus souvent entre 40 et 50 %. Avec les berlines en bois, on descendait à 35 %, tandis que les premières berlines en tôle avaient un poids mort élevé (55 ou 60 %) ; l'emploi de tôles d'acier, de coussinets et de roues en acier a permis d'obtenir de meilleurs résultats et un rapport au moins aussi bon que pour les berlines en bois. La crainte de l'élévation des frais d'entretien empêche de descendre au dessous de 40 %, sauf pour des berlines de grande capacité.

Nous verrons plus loin les dimensions des roues et de l'écartement des essieux.

37. Formes des berlines et matériaux employés. — Les caisses des berlines ne doivent pas avoir leur centre de gravité trop élevé, sinon la stabilité de l'ensemble est mauvaise. D'autre part, les roues étant peu écartées, on ne peut donner à la caisse une forme simplement rectangulaire reposant sur les essieux, entre les roues. On admet, en règle générale, que la projection horizontale de la section supérieure de la caisse doit recouvrir celle des roues.

Les deux profils *I* et *II* (*fig. 20*) sont donc rarement employés. On donnera à la caisse une largeur moindre entre les roues qu'à la partie supérieure (*fig. 26 III à VI*) soit en adoptant la section trapézoïdale (*III*), soit en terminant la caisse par une partie rétrécie, à angles droits (*IV*) ou arrondis (*V*), soit même par un demi-cylindre (*VI*).

Les types *IV* et *V* sont satisfaisants comme capacité, mais les angles, même arrondis, s'usent sous les chocs répétés des blocs de charbon ou de pierre chargés à la pelle ; de plus les fonds étroits se vident mal lorsque le charbon est humide ; le type trapézoïdal est plus simple et d'un entretien moins coûteux ; on le rencontre fréquemment en Allemagne. Le type *VI*, à fond cylindrique, est un peu moins satisfaisant au point de vue de la capacité, mais il s'use peu, et se vide bien.

On rencontre encore d'autres types, tels que celui des berlines

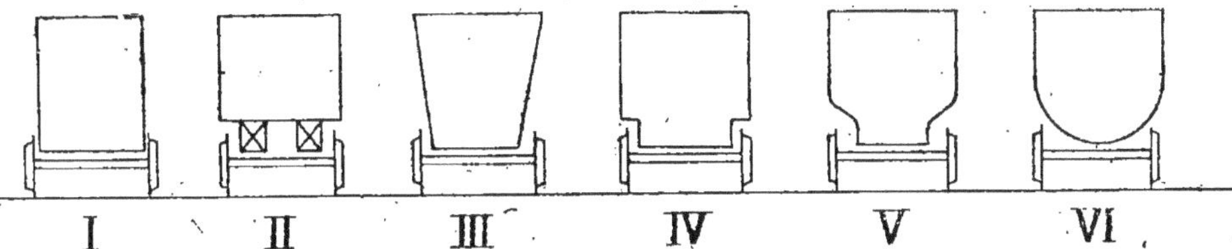

Fig. 20. — Formes de berlines.

elliptiques du centre de la France, formées par exemple d'un cylindre haut de 1^m,10 environ, dont la base a la forme d'une ellipse de 1^m,15 × 95 cm. Ce dispositif est peu avantageux, car la contenance est inférieure, pour une longueur et une largeur données, à celle d'une caisse de section horizontale rectangulaire.

Demi-coupe et demi-face longitudinales

Demi-coupe et demi-face latérales

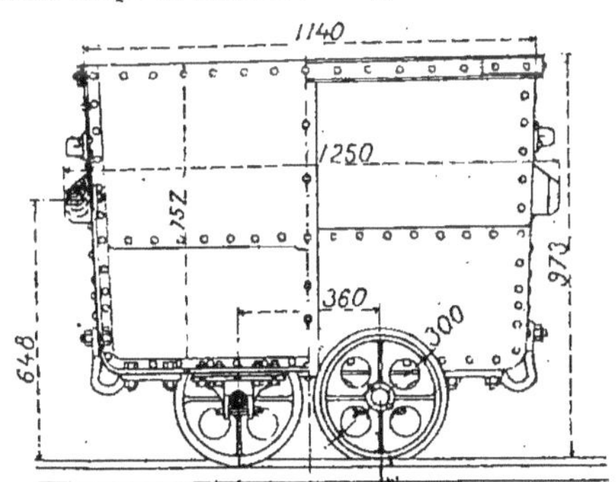
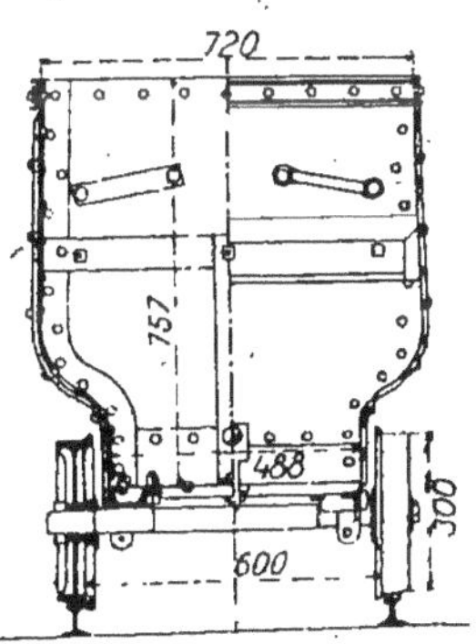

Fig. 21. — Berline en tôle.

Les *matériaux* employés pour la construction des caisses de berlines sont le *bois* ou la *tôle*. Le bois est plus léger ; le poids mort est inférieur : 35 à 40 °/₀, et même moins. Mais l'humidité et les chocs détériorent rapidement les parois.

La tôle permet de donner à la caisse une forme plus avantageuse et un encombrement moindre, car les parois n'ont que 3 ou 4 $^m/_m$ d'épaisseur au lieu de 40 à 50 $^m/_m$. La rouille et les eaux acides amènent une usure assez rapide, mais en résumé la berline est

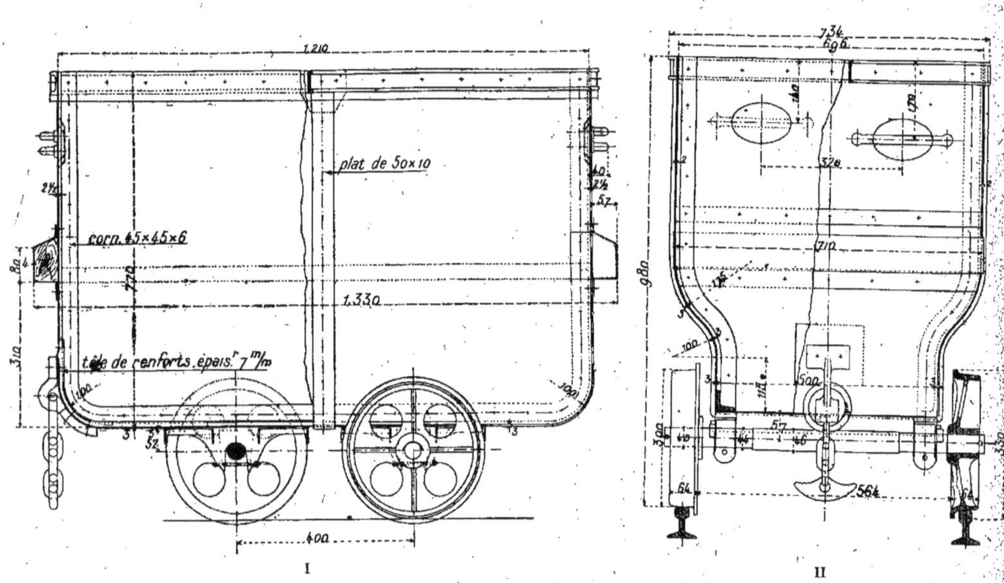

Fig. 22. — Berline en tôle.

moins vite hors de service, surtout si on emploie de la tôle d'acier, et qu'on a soin de la galvaniser, ou au moins de la goudronner, dans les mines humides.

Ainsi que nous l'avons fait remarquer, le poids mort est généralement plus élevé pour les berlines en bois et ne descend guère au-dessous de 40 %.

Les tôles sont renforcées à la partie supérieure par des fers plats et sont rivées sur des cornières formant la carcasse de la caisse. On peut ainsi les remplacer séparément lorsqu'elles sont usées ou perforées.

Lorsque la méthode d'exploitation comporte un traçage en tranche supérieure et qu'on veut faire servir les mêmes berlines, en vidant les produits dans des berlines vides amenées au pied des *verses*, il faut munir la caisse d'une porte à l'une des extrémités. De même si l'on veut pouvoir prendre les remblais à la pelle dans la berline.

La porte est pendue par deux crochets à une forte tringle à la partie supérieure, et elle est maintenue en place par deux verrous à la base. Pour l'enlever, on la saisit par deux poignées.

Ces portes ont l'inconvénient d'occasionner des pertes de charbon menu qui s'écoule pendant le roulage. Par contre, avec des charbons humides, l'eau s'évacue d'elle-même et la berline se vide bien.

Signalons enfin que la caisse porte des poignées, des bois formant tampon et parfois, à la partie supérieure, des cornes destinées à recevoir les maillons d'une chaîne flottante, lorsqu'on utilise ce mode de traînage.

Les fig. 21 et 22 représentent deux types de berlines d'un modèle courant.

38. Châssis. — La caisse de la berline repose parfois sur un châssis qui porte les paliers des essieux et les dispositifs d'attelage.

Ce châssis est souvent réduit aux sommiers en bois ou en fers à ⊔ qui renforcent le fond de la caisse ; il peut même être supprimé à condition de fixer sur les cornières ou sur les bois du fond des tampons de choc et des pièces rivées portant les crochets d'attelage.

L'existence d'un châssis rend plus facile le remplacement des coussinets ; elle augmente la solidité de la berline, mais aussi sa hauteur, ce qui diminue sa stabilité.

39. Attelages. — Lorsque les berlines sont traînées par des chevaux, on se contente souvent de crochets d'attelage très simples ; on engage le crochet de l'une des berlines dans un des maillons de la chaîne du crochet de l'autre. On peut employer aussi

dès systèmes plus complexes, avec dispositifs de sûreté pour empêcher le décrochage.

L'appareil, fixé à chaque extrémité de la berline, se compose par
exemple d'un étrier (fixé
à la caisse) portant un
crochet C ; on engage
le crochet de l'une des
berlines dans l'étrier de
l'autre (*fig. 23*).

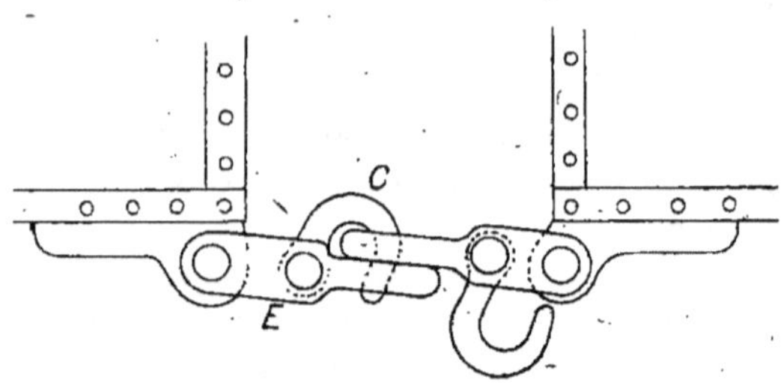

FIG. 23. — Crochet d'attelage.

Ces appareils spé-
ciaux sont surtout
utiles lorsque le rou-
lage se fait à l'aide de
locomotives tirant des
trains de 20 ou 25 berlines.

Dans ce cas, on va même jusqu'à employer des attelages
doubles, tel que celui que représente la fig. 24, où le dispositif est

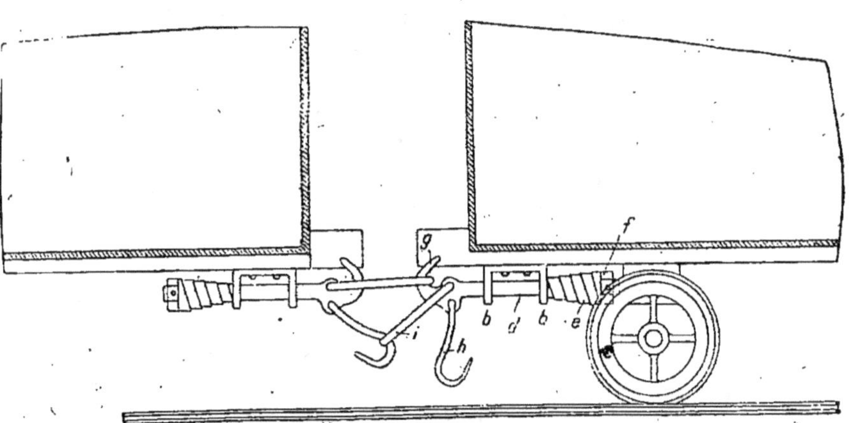

FIG. 24. — Attelage double avec ressorts.

muni d'un ressort indépendant de la caisse. La barre d'attelage *d* est
terminée par un écrou à goupille *f* qui bute contre le ressort *e*. Dans
les courbes, la barre d'attelage peut jouer dans son guide *b* et dans
le ressort.

40. Roues et essieux. — Le train de roues de la berline est
formé des deux essieux et des quatre roues, comme dans tout véhi-

cule, mais les conditions à remplir par cet ensemble ne sont pas les mêmes que pour les wagons de chemins de fer.

La voie est très étroite, et souvent irrégulière ; les courbes sont nombreuses et de faible rayon. La vitesse de circulation est modérée, et les conséquences d'un déraillement sans gravité.

Nous examinerons d'abord la construction des roues et des essieux, puis les dispositifs adoptés pour faciliter le passage des courbes et des irrégularités de la voie, pour supprimer le glissement dans les courbes, pour améliorer le roulement et le graissage.

41. Construction des roues et essieux. — Les *roues* étaient autrefois en fonte ; on les coulait souvent en coquille pour en durcir la surface, et l'on emploie encore fréquemment cette matière en raison de son bon marché.

Les rayons sont légèrement courbés pour faciliter la dilatation ; on se borne parfois à ménager des évidements pour diminuer le poids.

Mais les roues des berlines sont sujettes à de nombreuses causes de détérioration. Les chocs fréquents amènent des ruptures, et le roulement sur des voies en mauvais état provoque une usure rapide, d'autant plus que le diamètre des roues est faible.

On a donc avantage à employer la fonte malléable, et surtout l'acier. Ce dernier permet d'obtenir une diminution de poids sensible ; la durée est beaucoup plus longue, aussi le prix de revient est-il en définitive moindre, malgré le coût plus élevé de ce type de roues.

Le *moyeu* est assez large pour répartir la pression sur une plus grande surface de l'essieu, et pour faciliter le graissage.

Ainsi que nous le verrons plus loin, la roue est calée, ou au contraire *folle* sur l'essieu.

Les *essieux* sont toujours en acier. Avec les roues folles sur l'essieu, ce dernier est fixé sous la caisse ; au contraire, avec les roues calées, l'essieu tourne dans les paliers.

Ces derniers peuvent alors être *ouverts* (*fig. 25*) ou *fermés*. Le premier type est rarement employé, car il ne permet pas un bon graissage.

Pour éviter que la roue ne s'échappe, si l'on retourne la berline pour la vider, il faut placer une clavette c maintenue par une goupille g.

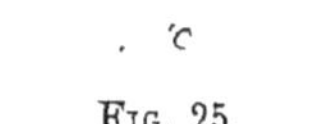

FIG. 25.
Palier ouvert.

Les paliers *fermés* sont de modèles plus compliqués. Nous les décrirons en parlant du graissage.

42. Dimensions des essieux et des roues. — On a vu plus

haut (n° 30) que dans l'expression de l'effort de traction figure le rapport $\dfrac{d}{D}$ du diamètre de l'essieu à celui de la roue. On a avantage, pour diminuer l'effort de traction, à réduire autant que possible le diamètre de l'essieu, et à augmenter au contraire celui de la roue.

On est limité, pour l'essieu, par la nécessité de donner à cette pièce une résistance suffisante.

D'après la théorie de la résistance des matériaux, le diamètre d de l'essieu est donné par la formule

$$d^3 = \frac{32\,P_1 L}{\pi\,K}$$

dans laquelle P_1 désigne la charge transmise par l'un des paliers à l'essieu, L la distance du milieu de la surface d'appui de la caisse au plan médian de la roue, K un coefficient variable suivant le métal employé (1).

Pour l'acier, K = environ 3 kg. par millimètre carré. Si donc on prend comme unités le mètre et le kilog. on trouve pour d, avec les berlines d'un type courant, 0,03 à 0,04. Ce chiffre représente d'ailleurs aussi bien le diamètre d'un essieu tournant avec roue calée que celui de la fusée d'un essieu fixe avec roue folle.

d étant égal à 0,03 ou 0,04, on aurait avantage, au point de vue de l'effort de traction, à augmenter autant que possible le diamètre D de la roue. Mais on ne peut dépasser certaines limites, car il n'est plus possible de loger la roue sous la caisse, à moins d'élever d'une façon dangereuse le centre de gravité ; on ne peut d'autre part écarter les roues, si l'on ne veut pas être obligé d'adopter une largeur de voie exagérée ; enfin on augmenterait sensiblement le poids mort de la berline. On ne dépasse guère $0^m,30$ à $0^m,40$ comme diamètre de la roue, ce qui conduit à $\dfrac{d}{D} = 0,1$, valeur indiquée plus haut.

La *jante*, qui repose sur le rail, a une largeur de 50 à $60^{m}/_{m}$, et le *bourrelet* une saillie de 20 à $25^{m}/_{m}$.

43. Écartement des essieux. — Une dernière dimension reste à indiquer ; c'est l'écartement des essieux.

Trop faible, cet écartement donne à la berline une stabilité défectueuse. Trop grand, il devient un obstacle pour le passage dans les courbes.

On a avantage à rapprocher les essieux pour faciliter la remise

---

(1) Haton de la Goupillière et Bès de Berc, *Exploitation des Mines*.

sur rails d'une berline déraillée, car on augmente le bras de levier dans le soulèvement de la caisse. On admet en général 0^m,40 à 0^m,50.

44. Inconvénients du parallélisme des essieux. — Si rapprochés que soient les essieux, leur parallélisme est un inconvénient pour le franchissement des courbes à faible rayon. Suppo-
sons par exemple (*fig. 26*) que les roues d'arrière ont tourné jusqu'à ce que les bourrelets frottent en *a* et *b* contre les rails. Si la courbe est trop brusque, le

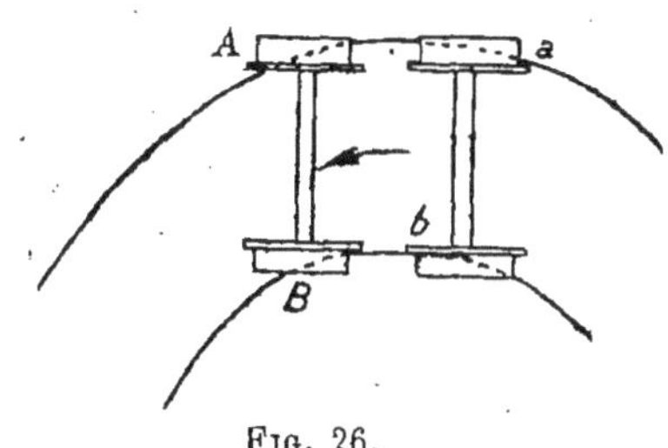

Fig. 26.

bourrelet de la roue d'avant (droite) sera chassé par-dessus le rail extérieur en A, tandis que la roue gauche quittera le rail intérieur, en B, provoquant ainsi un déraillement.

On est naturellement tenté de rendre les essieux indépendants et de leur permettre, au moyen d'une articulation, de prendre une position oblique l'un par rapport à l'autre, mais la complication qui en résulte dans la construction de la berline a fait renoncer à ce système. On est donc amené à réduire l'écartement des essieux autant qu'on peut le faire sans nuire à la stabilité du véhicule et à augmenter la largeur de la jante pour augmenter le jeu dans la courbe. On est limité, dans cette dernière voie, par la nécessité d'éviter, dans les parties droites, des mouvements de lacet trop prononcés.

45. Conicité des jantes. — Lorsqu'un wagon parcourt une courbe, avec une certaine vitesse, la force centrifuge tend à le faire continuer en droite ligne et il risque de dérailler. On obvie à ce danger par le relèvement du rail extérieur, qui fait agir la gravité en sens contraire de la force centrifuge et ramène le wagon vers l'intérieur. Mais la correction n'est exacte que si la surélévation correspond exactement à celle qui convient pour une vitesse donnée ; si le wagon va trop vite, il tend tout de même à sortir de la courbe ; s'il va trop lentement, il glisse vers l'intérieur. La saillie du bourrelet ne serait pas toujours suffisante pour s'opposer au déraillement.

On complète l'effet du relèvement du rail extérieur en donnant aux jantes une certaine conicité ; leur diamètre va en décroissant légèrement au fur et à mesure qu'on s'éloigne du bourrelet.

Si la berline aborde la courbe avec une vitesse trop grande, elle est chassée par la force centrifuge contre le rail extérieur : la roue qui tourne sur ce dernier est en contact avec lui suivant un cercle aa' (*fig. 27*) de périmètre plus grand que le cercle bb' de contact de l'autre roue et du rail intérieur.

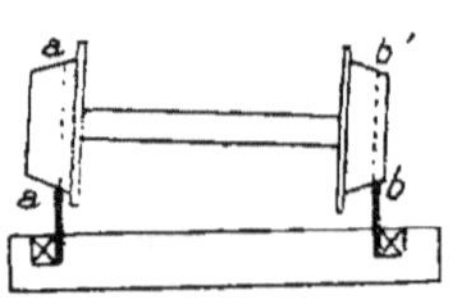

Fig. 27. Conicité des jantes.

L'essieu est donc incliné vers l'intérieur, ce qui corrige le relèvement insuffisant du rail extérieur. Au contraire, si la berline a une vitesse trop faible, la surélévation du rail extérieur est exagérée, les roues ont tendance à glisser vers l'intérieur et par suite l'essieu à s'incliner vers l'extérieur, ce qui rétablit l'équilibre.

Nous allons constater d'ailleurs une autre conséquence de la conicité des roues, en étudiant l'influence des courbes sur le roulement, qui se transforme partiellement en glissement.

46. Glissement dans les courbes. — Dans une courbe, le chemin à parcourir par les roues sur les deux rails est inégal, et plus long sur le rail extérieur. Si le rayon intérieur de la courbe est de 5 m. et que la largeur de la voie est de $0^m,60$, les longueurs, pour une courbe de 90°, seront :

$$\text{Pour le rail intérieur } \frac{2\pi}{4} \times 5 \text{ m.} = 7^m,85.$$

$$\text{Pour le rail extérieur } \frac{2\pi}{4} \times 5^m,60 = 8^m,80.$$

La différence de trajet atteint $0^m,95$, c'est-à-dire un chiffre important pour une distance parcourue moyenne de $8^m,32$.

Si les deux roues sont calées sur l'essieu, elles ne pourront franchir la courbe en roulant ; si l'une des deux roule normalement, l'autre glissera ou patinera ; le coefficient de glissement étant sensiblement plus élevé que le coefficient de roulement, il en résulte une augmentation notable de l'effort de traction nécessaire.

Le plus souvent, le glissement se répartit entre les deux roues, mais le travail supplémentaire reste le même ; variable avec le poids de la berline, le rayon et la longueur de la courbe, il peut dans certains cas obliger les ouvriers qui poussent une berline pleine à un effort fatigant.

La conicité des roues corrige en partie ce défaut.

En effet, la berline tend d'elle-même à prendre sur la voie une position telle que les circonférences de contact des jantes et des rails, plus grandes vers l'extérieur que vers l'intérieur, permettent le roulement au lieu du glissement. Si la berline dévie à droite ou à gauche de cette position optima, un glissement se produit et provoque un déplacement qui rétablit l'équilibre.

Cette solution automatique ne supprime tout de même pas complètement le glissement et il peut arriver, si la courbe est trop brusque ou le dévers de la voie trop différent de la valeur théorique pour la vitesse moyenne de la berline, que ce glissement reste gênant.

Un moyen plus complet de résoudre la difficulté consiste à rendre les roues folles sur l'essieu, pour qu'elles puissent prendre des vitesses de roulement différentes.

47. Roues folles sur l'essieu. — L'indépendance des deux roues l'une par rapport à l'autre supprime le glissement, mais elle complique la construction de la berline et diminue sa solidité. Son principal inconvénient est de donner naissance à des mouvements de lacet, dont les conséquences ne sont pas graves dans les transports souterrains, mais qui sont de nature à faire écarter cette solution dans les chemins de fer à grande vitesse.

On adopte souvent un moyen intermédiaire, en calant une des roues sur l'essieu, et en laissant l'autre folle. Dans ce cas on cale les deux roues de la berline diagonalement opposées. Si la mine ne présente pas de courbes de faible rayon, et qu'on emploie des locomotives, on préfère généralement les roues calées.

48. Graissage. — Le graissage des surfaces en mouvement (essieux dans les paliers ou roues folles sur l'essieu) est très important, car l'effort de traction dépend de la valeur du coefficient de frottement (voir les formules au n° 30).

Les dispositifs de graissage sont différents suivant qu'il s'agit d'essieux à roues calées ou à roues folles. Ils se divisent d'ailleurs en deux catégories distinctes : graissage intermittent et graissage permanent.

Avec les berlines à paliers ouverts, on peut se borner à introduire de temps à autre de la graisse ou de l'huile dans le palier, en profitant par exemple des moments où la berline est renversée dans un culbuteur. Les pertes sont importantes et il faut renouveler fréquemment le graissage. Une bonne organisation du service est indispensable pour éviter que des berlines insuffisamment graissées ne restent en circulation, et qu'un temps trop long s'écoule entre les moments où elles passent au poste de graissage.

On préfère donc les systèmes permanents, qui nécessitent seulement le remplissage des boîtes à graisse à intervalles réguliers, peu fréquents si ces appareils sont bien conçus et bien entretenus.

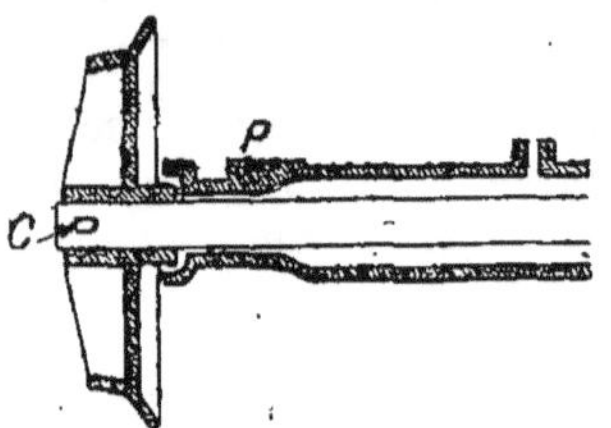

Fig. 28. — Essieu entouré d'une gaîne de graissage.

Le nombre de modèles en service est très nombreux et nous nous bornerons à en donner quelques exemples.

On peut entourer tout l'essieu d'une gaîne, percée d'un bouchon à vis pour l'introduction de l'huile (*fig. 28*) et fixée à la caisse par des plaques prolongeant les surfaces P. L'huile se répand dans les paliers.

Les roues peuvent être folles (l'essieu porte alors un bourrelet pour empêcher la roue d'échapper) ou calées au moyen d'une goupille C.

Avec les paliers fermés et roues calées, le palier forme boîte à graisse.

Dans le système *Grand* (*fig. 29*), le réservoir d'huile entoure l'essieu, et l'huile arrive à ce dernier par un canal circulaire. Il suffit de remplir le réservoir deux fois par mois.

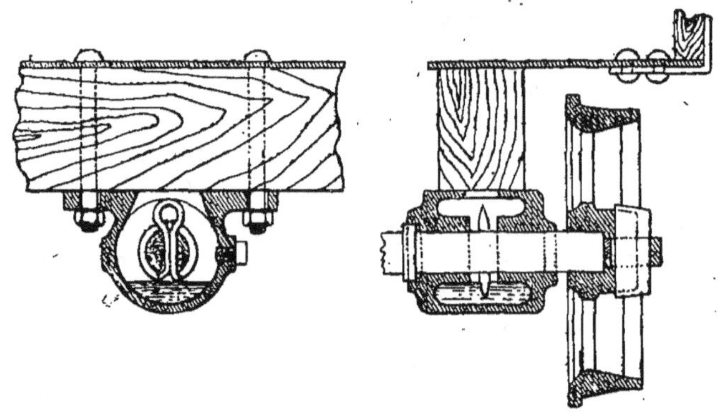

Fig. 29. — Graissage système Grand.

Dans d'autres systèmes, les canaux qui constituent le réservoir sont remplis de coton ou de feutre, entièrement ou en partie, et l'huile n'arrive à l'essieu que par des canaux étroits.

Dans le système *Olivier* (roues folles) c'est l'essieu lui-même, percé d'un canal central, qui forme réservoir et l'huile s'écoule dans le palier de la roue par un petit canal, en partie obstrué par une aiguille d'acier, qui peut monter et descendre librement et qui empêche le débit d'être trop rapide.

Dans les roues folles, la boîte à graisse fait en général corps avec la roue. Tel est le système breveté des mines de Dourges (*fig. 30*).

L'arrivée de l'huile se fait par un petit canal reliant le réservoir à la fusée. A chaque tour ce canal se remplit d'huile et la verse sur la fusée. L'arrivée est donc intermittente et cesse aux arrêts. La consommation est très réduite, mais au prix d'une complication qui augmente le poids et le prix de la roue.

49. Paliers à rouleaux. —

Quelque soin qu'on apporte au graissage des essieux, la résistance due au frottement reste élevée. On améliore beaucoup les conditions du roulage en interposant entre le palier et l'essieu des billes ou plus simplement des rouleaux. Les fig. 31 et 32 montrent deux applications de ce principe, la première avec des

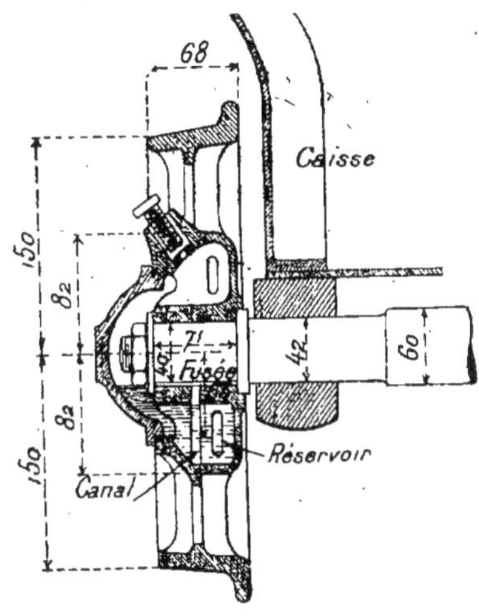

Fig. 30. — Graissage breveté des mines de Dourges.

roues calées (rouleaux dans les paliers), la seconde avec des roues folles (rouleaux dans les moyeux).

Cette complication rend les trains de roues un peu plus lourds

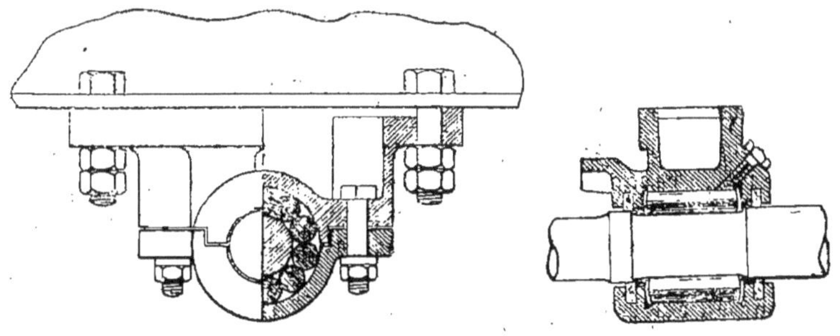

Fig. 31. — Paliers à rouleaux.

et plus délicats, mais elle se traduit par une réduction très sensible de l'effort de traction nécessaire.

Des expériences faites aux mines de Blanzy ont montré que cette réduction atteignait près de 40 °/₀ dans le second cas, de 60 °/₀ dans le premier. Malheureusement l'augmentation de prix de la berline est sensible.

50. Wagonnets divers. — A côté des berlines servant au transport des produits abattus, on utilise des wagonnets de formes diverses, pour des services spéciaux : wagonnets à remblais s'ouvrant par le côté ou par le fond, chariots pour le transport des bois, à caisse ouverte aux deux extrémités avec parois latérales pleines ou formées simplement de quelques cornières et fers plats, wagonnets à caisse basculante, bennes à eau, etc...

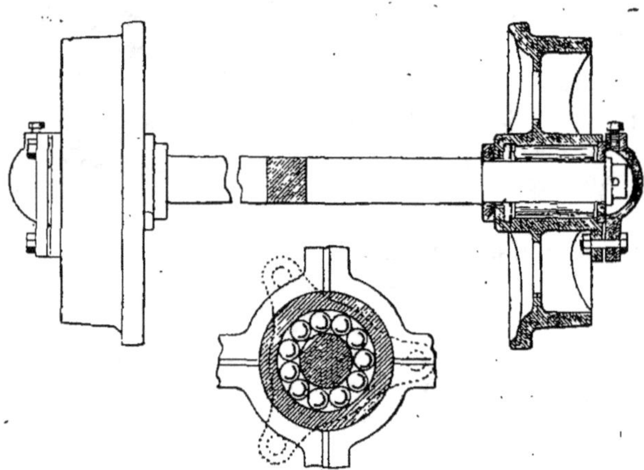

FIG. 32. — Roues folles avec rouleaux dans le moyeu.

51. Résumé. — Le roulage sur rails a pris naissance dans les mines et son emploi y est depuis longtemps devenu général. Il diminue en effet considérablement l'effort de traction à exercer et permet l'évacuation de tonnages considérables.

Les voies ferrées souterraines sont caractérisées par leur largeur réduite, le faible rayon des courbes, la légèreté des voies.

Les *rails* sont de simples fers plats pour les voies secondaires, et d'un profil plus compliqué pour les voies principales : les rails Vignole, à patins, sont les plus usités.

Ils sont en acier, fixés sur les traverses à l'aide de crampons ou de tirefonds.

Les *traverses* sont généralement en bois, notamment en chêne imprégné ; on utilise aussi les traverses métalliques, légères et rapides à poser, dans les voies où la traction se fait par locomotives ou par traînage mécanique.

Les bifurcations, aiguilles, plaques, sont de types simples et robustes.

L'*inclinaison de la voie* est presque toujours nécessaire pour faciliter le roulage des berlines chargées ; l'*effort de traction* à la remontée est directement influencé par cette inclinaison.

Les divers éléments à considérer dans le calcul des *résistances* à vaincre, et par suite de l'effort de traction nécessaire sont : le poids à traîner (poids mort de la berline et poids utile de la charge) le rapport du diamètre de l'essieu à celui de la roue, les coefficients de frottement (de l'essieu dans les paliers ou de la roue sur sa fusée), et de roulement sur le rail.

Le *poids mort*, pour le charbon, est en général de 40 à 50 % de la charge utile. Ce rapport est sensiblement plus faible lorsqu'il s'agit de transporter des roches ou des minerais.

Le rapport des diamètres de l'essieu et de la roue est voisin de $\dfrac{1}{10}$.

Le coefficient de roulement (environ 0,007) est beaucoup plus faible que celui de frottement (environ 0,05).

L'effort de traction, en palier, est de 10 à 12 %$_0$ du poids total de la berline, c'est-à-dire une dizaine de kg. pour une berline pesant, chargée, 800 kg.

Dans les *voies en pente*, si les berlines pleines et vides vont en sens contraire, on peut calculer une pente telle que l'effort soit le même pour faire descendre les berlines pleines et pour remonter les berlines vides *(pente d'égale résistance)*; on peut aussi calculer la pente minima telle que les berlines pleines roulent d'elles-mêmes sous l'action de leur poids *(pente d'équilibre)*.

Dans le premier cas la pente est voisine de 6 $^m/_m$ par mètre, l'effort de traction, à la remontée, un peu inférieur à 2 %$_0$ du poids de la berline vide ; à la descente, il est de 8 %$_0$ environ de la charge utile.

Dans le second cas, la pente est voisine de 11 $^m/_m$ par mètre. L'effort de traction à la remontée est de 2 1/4 %$_0$ environ, c'est-à-dire environ 25 % de plus qu'avec la pente d'égale résistance.

Les conditions générales d'organisation du roulage, et la nécessité de faire remonter des berlines chargées en sens contraire de l'évacuation des produits abattus conduisent souvent à adopter des pentes plus faibles, et même à se contenter de l'inclinaison minima indispensable pour l'écoulement des eaux.

Les *berlines* servant aux transports souterrains doivent être maniables, stables, de poids mort aussi faible que possible, tout en restant solides. Leur capacité varie suivant les conditions du gisement et la nature des produits à transporter. Pour le charbon, elle est le plus souvent de 5 à 6 hectolitres, pour qu'un homme puisse manœuvrer une berline pleine. On dépasse parfois une charge de 2^T dans les mines de fer, lorsque le gisement permet l'établissement de traînages mécaniques ou l'emploi de locomotives.

La *caisse* des berlines est en général allongée, de section trapézoïdale, ou rectangulaire à fond plus étroit, pour que les roues ne débordent pas et que le centre de gravité soit aussi bas que possible. Elle est construite en bois, ou plutôt en tôle d'acier.

Les roues sont en fonte, ou mieux en acier ; elles ont de 30 à 40 cm. de diamètre, avec une jante large de 50 à 60 $^m/_m$.

Les essieux sont en acier, de section carrée ou ronde ; dans ce dernier cas leur diamètre est de 3 à 4 cm.

Les essieux peuvent tourner dans des *paliers* ouverts ou fermés, et porter des roues calées, ou bien être fixés sous la caisse et porter des *roues folles*. Ce dernier dispositif facilite le passage dans les courbes, mais occasionne des mouvements de lacet.

Les jantes sont coniques, pour empêcher le glissement dans les courbes.

Le *graissage* des paliers ou des fusées doit être soigné, sans toutefois exiger l'adoption des dispositifs compliqués.

On améliore beaucoup le roulement en employant des paliers ou des fusées à rouleaux, mais ce système augmente le prix des berlines et augmente les risques d'avaries.

CHAPITRE III

TRACTION PAR MOTEURS MOBILES

SOMMAIRE

§ 1. — Emploi de l'homme et des animaux. — Homme. — Cheval. — Descente des chevaux dans la mine. — Ecuries souterraines.

§ 2. — Locomotives. — Conditions d'emploi. — Types de locomotives souterraines. — Locomotives à vapeur. — Locomotives sans feu.

Locomotives à air comprimé. — Emploi de l'air comprimé. — Traction par locomotives à air comprimé aux mines d'Anzin.

Locomotives à essence. — Avantages et inconvénients. — Construction. — Caractéristiques. — Précautions contre les risques d'incendie.

Locomotives électriques. — Locomotives à accumulateurs. — Locomotives à trolley.

§ 3. — Comparaison des divers modes de traction. — Conditions générales d'emploi. — Facilités d'installation et d'emploi. — Intensité du trafic. — Comparaison entre la traction animale et les divers modes de traction mécanique. — Résumé.

§ 1. — Emploi de l'homme et des animaux.

52. Emploi de l'homme. — Dans les chantiers et les galeries secondaires telles que les voies de desserte des tailles chassantes ou les traçages en tranches horizontales, le roulage ne peut se faire généralement qu'à la main, soit parce que la section des galeries est faible, soit parce que les tonnages à transporter ne sont pas suffisants pour utiliser un autre mode de traction.

Les mineurs des chantiers, ou des ouvriers spéciaux, poussent les berlines pleines jusqu'à la voie principale où sont formés les trains, ou jusqu'au plan incliné par lequel elles sont descendues à la voie de fond.

Un homme pousse une berline chargée de charbons, et peut souvent en pousser deux vides au retour. Par contre il faut en général deux hommes pour une berline de remblais ou de minerai, lorsque le poids total dépasse 800 ou 900 kg.

Pour éviter que les ouvriers ne se blessent aux mains, on munit la berline de poignées, ou bien l'on échancre le haut de la caisse.

Le *rendement* de l'ouvrier-rouleur (appelé *herscheur* dans le

Nord de la France) varie avec l'état de la voie, son inclinaison, le poids des berlines, la longueur des trajets à parcourir ; il est difficile à évaluer si l'ouvrier, comme c'est ordinairement le cas, est également employé à d'autres travaux dans le chantier.

On peut cependant calculer approximativement quel sera le rendement, en tonnes kilométriques, d'un ouvrier spécialisé comme rouleur.

On estime qu'un homme peut fournir un effort de 12 kg. en moyenne, pendant 8 heures, en maintenant une vitesse de $0^m,60$ par seconde. C'est un travail de 207.000 kilogrammètres. Mais on n'atteint jamais qu'une utilisation partielle de cette capacité de travail, car il faut tenir compte des arrêts, des manœuvres et des trajets à vide.

On a vu au chapitre précédent (n° 30) que le rapport de l'effort de traction au poids total de la berline pleine est de 0,01 à 0,012.

Un homme peut donc rouler en palier une berline de 1.000 à 1.200 kg., ce qui correspond à une charge utile de 800 kg. environ. Mais si l'on compte que la moitié du temps est employée à rouler des berlines vides, on n'a comme trajet parcouru que : 4 heures $\times$ 3 600 sec. $\times$ $0^m,60$ ou 8.640 mètres.

Le travail utile n'est que $8,640 \times 0,800 = 7$ tonnes kilométriques environ. Il s'élèverait à 13 tonnes kilométriques sur une pente d'égale résistance avec une charge utile de $\dfrac{12}{0,008} = 1.500$ kg., et un poids mort de 675 kg., et à 18 tonnes kilométriques sur une pente d'équilibre (effort de traction plus grand de 25 %, à la remontée, mais nul à la descente, ce qui limite le poids des berlines vides à 530 kg., donc la charge utile à 1.180 kg., mais qui permet de porter le trajet utile à une quinzaine de kilomètres).

Dans les galeries secondaires où le roulage est fait à la main on est souvent obligé de faire circuler des berlines de remblais et de matériaux divers en sens contraire des berlines pleines de charbon ou de minerai. On ne peut donc leur donner une pente aussi forte, et on se trouve plutôt dans les conditions de roulage en palier.

De plus, la charge utile n'est guère que de 500 à 600 kg. Si le rouleur ne fait que 9 à 10 km. en charge dans son poste, le rendement ne dépasse pas 5 tonnes kilométriques.

C'est le chiffre qu'on peut admettre ; il est donc faible, et on comprend que l'on cherche à employer la traction par cheval dès que les dimensions des galeries, leur longueur et l'importance du tonnage à transporter permettent d'utiliser convenablement leur capacité de travail.

53. Emploi du cheval. — Le cheval est l'animal généralement employé dans les mines pour traîner les berlines. Sa puissance est très supérieure à celle de l'homme, et il se plie très bien aux conditions particulières du roulage souterrain.

Dans les terrains qui chargent peu, et où l'on peut donner aux galeries des dimensions suffisantes, on a intérêt à employer des chevaux de grande taille, capables de traîner des convois de 12 ou 15 berlines de type courant. Mais dans les gisements tourmentés ou dans les voies secondaires, dont les dimensions sont réduites, on est obligé d'employer des animaux plus petits, dont le rendement est moindre. Dans certaines mines, on se sert même de poneys, qui peuvent circuler dans des galeries de $1^m,30$ ou $1^m,25$ de hauteur.

Lorsqu'on évalue la puissance et le rendement d'un cheval, il est donc nécessaire de préciser de quelle race il s'agit.

Un grand cheval peut fournir un effort d'une centaine de kilogs, pendant 10 à 12 heures, en soutenant une vitesse de $0^m,70$ à $0^m,80$ par seconde, qui correspond à un travail d'environ 2.500.000 kilogrammètres.

Si l'on applique à cet effort moyen de 100 kg. les formules données au n° 30, on voit que la charge totale que ce cheval peut traîner est la suivante :

En palier : $\dfrac{100}{0,0115} = 8.700$ kg. environ, soit une douzaine de berlines ordinaires contenant 500 kg. de charbon.

On arrive, sur une pente d'égale résistance à 15 berlines, et sur une pente d'équilibre (à la remontée) à 18 ou 20 berlines vides.

Nous avons fait remarquer que cette dernière pente convenait mal à la traction animale ; pour que le cheval travaille bien, il faut qu'il sente une résistance, et il risquerait d'être blessé par des berlines prenant une accélération exagérée sur une pente de roulage spontané.

Nous n'envisagerons donc que les deux cas de traction en palier et de traction sur une pente d'égale résistance (6 $^m/_m$ par mètre).

Dans le premier cas, en six heures le cheval aura parcouru 16 km. et traîné 6^r de charge utile ; son rendement sera donc de 96 tonnes kilométriques ; les six autres heures sont employées pour les trajets de retour avec des berlines vides.

En réalité, avec les arrêts, les manœuvres, ce chiffre théorique n'est souvent pas atteint, et il ne faut guère compter sur plus de 60 à 70 tonnes kilométriques.

Sur une pente d'égale résistance, où les trains sont de 15 berlines au lieu de 12, le rendement augmente d'un quart et atteint 120 tonnes kilométriques en théorie, 80 tonnes kilométriques environ en pratique.

Avec de petits chevaux, les rendements obtenus tombent à la moitié ou même au tiers de ces chiffres.

Il est à remarquer que les arrêts et les démarrages trop fréquents fatiguent vite les chevaux. Il y a donc avantage à organiser le roulage de manière à allonger autant que possible les parcours. Il est d'ailleurs évident qu'il n'y a aucun intérêt à employer les chevaux lorsqu'il ne s'agit que de galeries très courtes, et de tonnages trop faibles.

Pour les très longs parcours, on préfère, si les circonstances le permettent, organiser des traînages mécaniques ou utiliser des locomotives. On obtient cependant avec les chevaux, dans des travers-bancs bien entretenus et avec une bonne organisation des transports, des résultats excellents.

C'est ainsi qu'à Lens un cheval faisait 8 voyages aller et retour, sur une longueur de 1.825 m. avec des convois de 18 berlines contenant 450 kg. de charbon.

Le rendement était donc $18 \times 0,45 \times 8 \times 1,825 = 118$ tonnes kilométriques.

Pour se rendre compte si un cheval produit bien tout le travail dont il est capable, ou s'il n'est pas surmené, il faut tenir compte non seulement de son rendement calculé par rapport au charbon transporté, mais aussi de tout le travail fourni pour le transport des berlines vides, des bois, remblais, matériaux divers, etc... Un semblable calcul montrera parfois que l'effort demandé est beaucoup plus grand qu'une évaluation sommaire ne semblait l'indiquer à première vue, et expliquera l'usure rapide de certains chevaux, en apparence robustes et bien soignés.

54. Descente des chevaux dans la mine. — Les grands puits des mines importantes sont actuellement armés de cages dont les dimensions permettent de descendre commodément les chevaux, en les introduisant simplement dans la cage, où on les immobilise à l'aide de courroies pour éviter les accidents. Grâce à cette facilité de transport, on peut remonter les animaux qui montrent des signes de fatigue ou de maladie, et les remettre quelque temps au repos à la surface.

Dans les puits de section réduite, les cages sont souvent trop petites pour qu'un cheval puisse s'y loger. On doit alors suspendre l'animal sous la cage, en le soutenant par une large sous-ventrière et en lui maintenant les jambes repliées et solidement attachées au corps ; on utilise parfois des sacs spécialement disposés pour cet usage.

La descente de la cage doit très lente ; on ne doit mettre celle-ci en marche que lorsque le cheval a pris sa position d'équilibre et qu'il ne se produit plus aucun mouvement de balancement.

55. Écuries souterraines. — Les écuries souterraines sont souvent aménagées simplement dans les portions de galeries inutilisées. Il est bien préférable de les installer convenablement, en creusant des salles spéciales, dans une partie de la mine où la solidité des terrains permet de leur donner des dimensions suffisantes.

On place les animaux côte à côte, en comptant 1m,30 au moins de largeur par cheval ; la hauteur doit être de 2m,50 à 3 m. la lar-

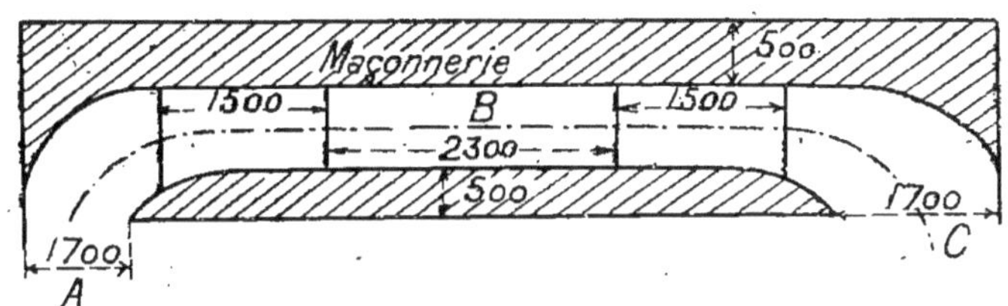

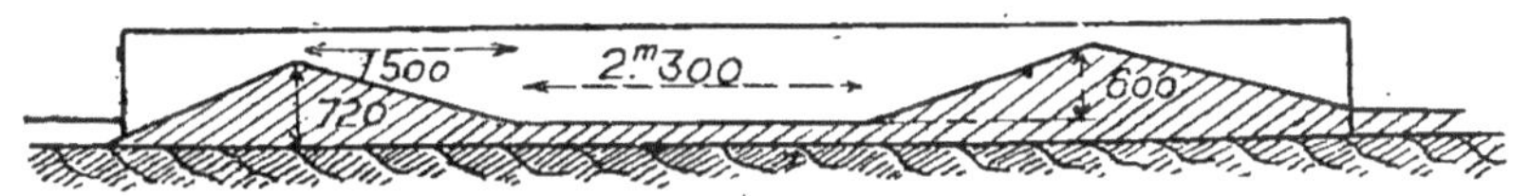

Fig. 33. — Bassin pour baigner les chevaux.

geur totale de 4 m. environ. Il faut en effet ménager devant la tête des chevaux la place des mangeoires, et derrière eux un passage suffisant pour la circulation.

Le sol est pavé ou bétonné, légèrement incliné pour assurer l'écoulement des eaux ; une pente exagérée fatiguerait les animaux. Des prises d'eau permettent des lavages fréquents, et un bon éclairage facilite la surveillance.

On évite autant que possible les matériaux combustibles ; en tous cas les réserves de foin ou d'avoine sont placées dans des niches maçonnées ou des coffres en tôle.

L'aérage doit être suffisant pour que la température soit modérée et que les chevaux ne restent pas en sueur lorsqu'ils rentrent du travail, mais il ne faut pas que le courant d'air soit trop sensible et risque de provoquer des refroidissements.

Pour faciliter la surveillance et diminuer les frais d'installation des écuries, on groupe un assez grand nombre de chevaux dans une même salle, mais il ne faut pas aller trop loin dans cette voie, pour ne pas fatiguer les chevaux par des trajets inutiles avant ou après leur travail. Il faut surtout éviter les parcours dans les galeries parcourues par l'air frais, lorsque les animaux sont en sueur.

Les écuries ne doivent pas être sur l'entrée du courant d'air principal pour qu'un incendie ne provoque pas l'envahissement des chantiers par la fumée.

Lorsqu'on prend les précautions nécessaires pour ne pas les surmener, et pour les faire reposer dans de bonnes conditions, les chevaux supportent bien un séjour ininterrompu de plusieurs mois dans la mine. S'il est trop long, leur vue finit cependant par s'affaiblir.

Au fond de certaines mines, on installe des bassins permettant de baigner les chevaux. La fig. 33 représente un de ces bassins.

§ 2. — LOCOMOTIVES.

56. Conditions d'emploi. — Le remplacement des chevaux par des locomotives, dont la puissance et la vitesse sont plus grandes, n'a pas d'intérêt lorsqu'il ne s'agit que de tonnages peu importants et de parcours limités. Au contraire, dans les mines à production intense, on a un grand avantage, si les terrains se prêtent à l'établissement d'une voie solide et stable, à former des trains d'un poids élevé (20 à 30 tonnes par exemple), et à augmenter la vitesse de circulation.

L'organisation du roulage avec locomotives se distingue de celle du roulage avec chevaux plutôt par des questions de puissance et de rapidité que par l'application de principes différents, comme dans les systèmes à moteur fixe, que nous étudierons un peu plus loin.

Les conditions dans lesquelles les locomotives sont avantageuses sont donc, comme pour la traction animale : une intensité de trafic suffisante pour utiliser pleinement les moteurs, une grande longueur de parcours sans arrêts, une voie horizontale ou en tout cas peu inclinée.

Comparativement aux transports par chaîne ou par câble, les locomotives sont avantageuses lorsque le trafic est irrégulier, ou que le réseau de galeries présente de nombreux embranchements. Elles se prêtent au roulage dans les galeries secondaires pour aller chercher ou distribuer les berlines ; enfin elles conviennent beaucoup mieux dans les galeries sinueuses.

L'augmentation de puissance des locomotives a naturellement pour conséquence une augmentation de poids, ce qui oblige à installer des voies solides et soigneusement entretenues.

Le calcul de l'effort demandé à une locomotive, en palier ou sur une pente, se fait à l'aide des mêmes formules que nous avons employées dans le cas de l'homme ou du cheval. Mais pour passer de la force consommée au démarrage à la *puissance* en chevaux-vapeurs du moteur de la locomotive, il faut tenir compte des résistances propres de la locomotive et de l'accélération nécessaire pour arriver à la vitesse normale de circulation.

Le *poids* doit être assez grand pour éviter le patinage au départ ; il est donc en rapport avec l'effort nécessaire à ce moment. Si l'on admet pour le coefficient de glissement une valeur de 0,15, une locomotive qui doit exercer un effort de 250 kg. environ devra peser au moins $\dfrac{250}{0,15} = 1670$ kg.

La puissance et le poids des locomotives sont très variables suivant les types employés. Nous en donnerons quelques exemples en décrivant ces derniers.

57. Types de locomotives souterraines. — Les locomotives à vapeur, analogues à celles qui sont utilisées à la surface, ne peuvent être adoptées que dans des conditions exceptionnelles, et les systèmes particuliers où l'on a cherché à supprimer le foyer, n'ont plus qu'un intérêt historique. Au contraire, on rencontre fréquemment trois types très différents de locomotives : à air comprimé, à essence, à moteur électrique. Tous trois ont reçu des perfectionnements intéressants ; suivant les cas, on sera conduit à préférer l'un ou l'autre de ces systèmes. Les locomotives électriques elles-mêmes se divisent en deux classes distinctes : à trolley et à accumulateurs.

58. Locomotives à vapeur. — Un premier inconvénient des locomotives à vapeur ordinaires est le danger d'incendie que présente le foyer. Dans les mines grisouteuses, l'existence de charbons enflammés rend évidemment leur emploi impossible ; mais, même dans les gisements où cette cause d'accidents n'existe pas, il y a lieu de craindre que des escarbilles ne mettent feu au boisage. Les dangers provenant de la production de fumée et d'oxyde de carbone sont encore plus graves, et limitent l'emploi de ces locomotives aux galeries à grande section, fortement aérées, et dont le soutènement ne peut donner naissance à un feu de quelque importance.

59. Locomotives sans feu. — On a imaginé de supprimer le foyer, en accumulant dans un réservoir, sous pression, la quantité de vapeur nécessaire pour le service de la locomotive pendant un certain temps. Comme les locomotives ordinaires, ces systèmes sont actuellement abandonnés ; ils ont eu quelques applications intéressantes.

C'est ainsi que la locomotive *Lamm-Francq* portait une chaudière pleine d'eau surchauffée, qui fournissait la vapeur. On sait en effet qu'à 120° la tension de la vapeur d'eau saturée est de 2 kg. par cm², à 151° de 5 kg., à 179° de 10 kg. à 211° de 20 kg. Mais ce système est coûteux, et ne permet que des parcours restreints, car on ne peut faire circuler dans les galeries que des réservoirs de capacité limitée : de plus la puissance disponible diminue rapidement, au fur et à mesure que la masse d'eau se refroidit.

Dans la locomotive *Honigmann*, l'échappement de vapeur était supprimé par absorption dans une solution de soude caustique, qui jouait le rôle de condenseur. Mais on alourdissait ainsi la machine, et on n'évitait pas la déperdition progressive de puissance.

Comme les locomotives ordinaires, ces machines ont perdu tout intérêt depuis que les locomotives électriques ou à essence ont été perfectionnées.

Locomotives à air comprimé.

60. Emploi de l'air comprimé. — L'idée de se servir de l'air comprimé comme fluide moteur est déjà ancienne ; on peut, par ce moyen, emmagasiner sous un volume assez restreint une quantité d'énergie suffisante pour un service de longue durée, et l'on évite les dangers des moteurs à essence ou des moteurs électriques dans une atmosphère grisouteuse. Aussi les locomotives à air comprimé sont-elles encore très en faveur dans certaines mines.

C'est aux Etats-Unis que la traction par l'air comprimé s'est d'abord développée ; grâce à la puissance des gisements, les galeries de roulage se prêtaient à la circulation de machines portant des réservoirs de grande capacité.

La fig. 34 représente une locomotive américaine à deux réservoirs, de 0m,60 et 1 m. de diamètre, pouvant contenir 5 à 10 mètres cubes d'air comprimé. La machine est montée sur deux essieux pour les petits modèles, sur trois essieux pour les plus grands. Dans le premier cas la longueur totale est de 3 m. environ ; elle dépasse 6 m. dans le second cas. Les roues motrices ont 55 à 75 cm. de diamètre.

Les machines les plus puissantes peuvent traîner des convois pesant jusqu'à 90 tonnes. Le rendement journalier atteint 1350 tonnes kilométriques utiles.

En Europe, on a utilisé des locomotives à air comprimé pour

Fig. 34. — Locomotive américaine, à air comprimé, à double réservoir.

le service des travaux de percement du tunnel du Saint-Gothard.

En France, les houlières de Graissessac ont employé des locomotives du système Mekarski, c'est-à-dire avec saturation de l'air, avant introduction dans le moteur, par le passage dans une bouillote d'eau chaude.

La machine, haute de 1^m,55 et large de 1^m,10, sur voie de 0^m,60 portait un réservoir de 1^{m3}300, contenant de l'air à 30 atm. Le poids total était de 2.300 kilogrammes.

Depuis le début du XXe siècle, les locomotives à air comprimé ont été mises en service dans diverses mines en Allemagne, puis en France.

Le type créé par les établissements Schwartzkopf de Berlin (*fig. 35*) se compose d'un châssis robuste, en fonte, porté par deux essieux, avec intercalation de ressorts à boudins. Les cylindres sont disposés à l'extérieur du châssis, sous le siège du mécanicien ; l'ensemble est ramassé et peu encombrant.

La distance entre essieux est de 1 m., la locomotive peut circuler sur des courbes de 10 m. de rayon.

Les roues sont en fonte avec bandages en acier.

Le réservoir contient 1600 litres environ ; il est formé d'un cylindre laminé, sans soudure, avec fonds rivés.

La pression de l'air comprimé est de 50 kg. par cm².

Les caractéristiques de la machine sont les suivantes :

Longueur totale.	4^m,000
Largeur totale .	0^m,925
Hauteur totale .	1^m,520
Largeur de voie .	0^m,530
Poids à vide	5. 280 kg.
Poids en ordre de marche.	5. 600 kg.

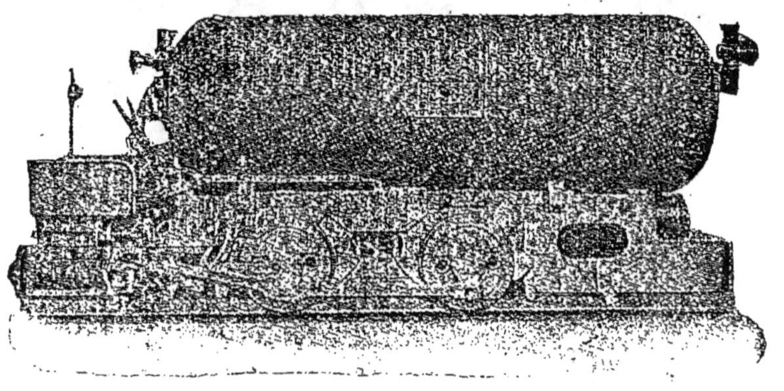

Fig. 35. — Locomotive allemande à air comprimé.

Puissance = 8 HP normalement, 24 au maximum.

Cette locomotive peut remorquer 40 à 50 berlines chargées de 500 à 600 kg. de charbon, avec une vitesse de 2^m par seconde.

Le rayon d'action est de 2 kilom. à 2 kilom. 1/4.

L'air comprimé est fourni par un compresseur au jour, de puissance variable suivant le nombre de machines en service.

L'air, à 100 kg. par cm², descend dans la mine jusqu'à des postes de rechargement où la locomotive renouvelle sa provision d'air.

Des machines du même type, avec réservoir de 2^{m3},100, pesant 7.500 kg., atteignent une force de 10/32 HP.

Les locomotives système *E. Leroux*, mises en services en 1911 aux mines de Dourges (Pas-de-Calais) (*fig. 36*) présentent un aspect assez différent de celui des locomotives allemandes (1).

Le châssis est en tôle d'acier, et repose, par des ressorts à lames, sur deux essieux. Les roues sont en acier moulé avec bandages en acier laminé. Les cylindres sont à l'avant, sous le châssis.

Les réservoirs sont au nombre de cinq, en tôle d'acier. L'air est emmagasiné sous une pression de 110/120 atmosphères. Comme dans les autres locomotives un réservoir de travail est intercalé entre les réservoirs principaux et les cylindres, où l'air parvient en traversant un détendeur.

La puissance des locomotives de ce type est en général de 20 à 25 HP. et leur rayon d'action de 3 à 4 km. Mais on peut en construire de plus puissantes, avec tender-moteur, dont le rayon d'action atteint 7 ou 8 km.

Les locomotives du type compound utilisées aux mines de Dourges présentaient les caractéristiques suivantes :

Course commune des pistons	$0^m,240$
Diamètre (haute pression	$0^m,175$
des cylindres (basse pression	$0^m,230$
Diamètre des roues motrices	$0^m,500$
Ecartement des essieux	$1^m,00$
Longueur totale	$3^m,950$
Largeur totale.	$0^m,823$
Hauteur totale.	$1^m,550$
Capacité du réservoir	$1^{m^3},210$
Pression de chargement.	110/120 kg.
Pression au réservoir de travail	15/20 kg.
Poids de la locomotive	6.100 kg.

Les essais faits au moment de la mise en service ont donné :

Effort de traction moyen	524 kg.
Puissance utile moyenne à 3 m. par sec	21 HP
Consommation d'air à pression atm., par cheval-heure utile mesuré au crochet de la locomotive	$15^{m^3},6$

Consommation d'air par tonne kilométrique utile.

Poids d'une berline vide	280 kg.
Poids de la charge de charbon	540 kg.
Poids total	820 kg.
Effort de traction par tonne brute remorquée	13 kg.

---

(1) E. LEROUX. La traction souterraine par locomotives à air comprimé dans les mines françaises. *Bulletin de la Société de l'Industrie minérale.* Septembre 1912.

FIG. 36. — Locomotive à air comprimé E. Leroux.

Charge brute remorquée $\dfrac{524}{13} = 40$ T.

Charge utile remorquée $40 \times \dfrac{540}{820} = 26$ T,3.

Consommation par tonne kilométrique utile : $1^{m^3},15$.

61. Traction par locomotives à air comprimé aux mines d'Anzin (1). — Comme exemple de traction par locomotives à air comprimé, nous donnerons quelques chiffres sur l'installation mise en service en 1910, aux mines d'Anzin (fosse Vieux-Condé) avec des locomotives du type Schwartzkopf, à simple effet.

La longueur du parcours était de 2.518 m. ; en 8 heures on devait transporter 400 tonnes de charbon et 100 tonnes de terres, soit un total de 1250 tonnes kilométriques.

840 berlines de 6 hectolitres (poids à vide 250 kg., pleines de charbon 820 kg., pleines de terres 1000 kg.), étaient nécessaires.

Les voies, en rails de 15 kg. au mètre, étaient à l'écartement de 572 $^m/_m$, avec courbes de 10 m. de rayon.

La résistance à la traction d'un train composé d'une locomotive et de 40 berlines était estimée à 10 kg. par T. en palier. Au retour la locomotive devait remonter, sur une pente de 21 $^m/_m$ par mètre, 40 berlines vides. Le poids du train atteignait 17 tonnes (locomotive 5^{r}6, berlines vides 10^r, matériaux divers dans les berlines 1^r,4).

La force de traction sur cette rampe étant de 17 (21 + 10) = 527 kg. la puissance nécessaire à $2^m,50$ par seconde était de $\dfrac{527 \times 2,5}{75} = 17$ HP, 5.

Sur une pente descendante de 5 $^m/_m$ 1/2 par mètre, la locomotive n'a besoin que d'une force de 6 HP, pour remorquer un train de 40 berlines pleines de charbon.

Le nombre de locomotives nécessaires, calculé d'après la durée des manœuvres, des rechargements d'air comprimé et des parcours en dehors des manœuvres, était de trois.

Leurs caractéristiques étaient analogues à celles qui ont été indiquées plus haut pour les machines de ce type.

La quantité d'air nécessaire (à la pression atmosphérique) était de $8^{m^3},300$ par minute.

Elle était fournie par des compresseurs, placés au jour, refoulant l'air comprimé à 100 kg. dans une canalisation en tubes d'acier sans soudure de 75 $^m/_m$ de diamètre intérieur et 4 $^m/_m$ d'épaisseur.

---

(1) M. O. PÉLABON : La traction souterraine par locomotives à air comprimé aux mines d'Anzin. *Bulletin de la Société de l'Industrie minérale*, mai 1911.

L'installation complète se composait d'un compresseur de 90 HP aspirant $4^{m3},750$, et d'un autre de 200 HP aspirant $11^{m3},300$.

Les postes de chargement au fond étaient constitués chacun par simple T avec branchement de 25 $^m/_m$ intercalé sur la conduite et relié à des détendeurs que l'on faisait communiquer avec la locomotive par un tuyau flexible en caoutchouc revêtu d'une armature en acier.

Après le travail les locomotives étaient remisées dans une salle de $2^m,50$ de largeur où se trouvaient : une fosse entre les rails, des fers en couronne formant chemin de roulement pour des palans de trois tonnes, et un établi pour les menues réparations.

Les résultats obtenus avec ces locomotives ont été bons ; les manœuvres étaient faciles et les dépenses d'entretien faibles.

Quant au coût d'installation d'une traction avec locomotives à air comprimé, et du prix de revient de la tonne kilométrique, ils ne peuvent être précisés à l'heure actuelle. L'acquisition des locomotives n'est pas très coûteuse. Celle des compresseurs et des canalisations l'est davantage ; on estimait avant la guerre qu'une installation d'une puissance d'un millier de tonnes kilométriques revenait au total à 150.000 francs environ. Nous verrons plus loin les prix de revient de la traction, comparativement aux locomotives électriques ou à essence.

L'avantage principal de la traction par l'air comprimé est sa sécurité absolue dans les mines grisouteuses ; la suppression des chevaux a comme conséquence une amélioration de l'aérage et de la propreté des galeries de roulage.

Locomotives à essence.

62. Avantages et inconvénients. — Les perfectionnements apportés aux moteurs à essence, tant dans leur sûreté de fonctionnement que dans la réduction de leur poids a conduit naturellement à construire des locomotives capables de remorquer un train de berlines sur une voie étroite.

Ces locomotives ont, sur les appareils à vapeur, des avantages importants : le poids mort est beaucoup moindre, la consommation de combustible est nulle pendant les arrêts ; il n'y a pas de feu à entretenir pour que la machine soit prête à fonctionner. Par contre, le risque d'incendie n'est pas négligeable ; en outre les gaz d'échappement vicient l'atmosphère de la mine. Cet inconvénient n'est pas grave si l'excès d'air est considérable, car la production de gaz n'est pas élevée, mais il devient sensible dans les mines mal aérées, surtout lorsque les locomotives sont en service dans les voies d'entrée d'air. Malgré tout, ces appareils se développent rapidement, car ils n'exigent pas d'installations de production d'énergie, comme avec les moteurs électriques ou à air comprimé. Dans les mines grisouteuses leur emploi est à écarter, sauf dans les travers-bancs d'entrée d'air ; grâce à certains dispositifs, on évite même complètement les risques d'explosion dans un milieu grisouteux.

63. Construction. — Les moteurs sont analogues à ceux des automobiles, et nous ne les décrirons donc pas Ils sont à quatre

Fig. 37. — Locomotive à essence.

Caractéristiques.

Poids : 4550^{kg}.
Ecartement des voies : 457 à 813 $^{m}/_{m}$.
Longueur : 2^{m},87.
Largeur : 1^{m},07
Hauteur : 1^{m},17.
Vitesse : 6^{km},4 à 12^{k},8.

	Palier		54^{T},5 (vitesse minima)	à	31^{T},2 (vitesse maxima).	
	Rampe 1 %	30 ,9	—	à	16 ,9	—
Poids	— 2 %	20 ,9	—	à	10 ,7	—
que la locomotive	— 3 %	15 ,2	—	à	7 ,4	—
peut remorquer	— 4 %	11 ,5	—	à	5 ,2	—
	— 5 %	9 ,1	—	à	3 ,6	—
	— 6 %	7 ,3	—	à	2 ,6	—

temps, avec allumage électrique ; un embrayage spécial permet la marche arrière.

Le réservoir à essence, qui ne doit pas pouvoir être détaché de la machine (pour réduire les dangers d'incendie) doit être protégé contre les chocs qui provoqueraient des fuites. Le moteur et le mécanisme sont recouverts d'une carapace en tôle.

La fig. 37 représente une locomotive de ce type.

64. Caractéristiques. — La force est comprise habituellement entre 8 et 15 HP. Comme combustible, on se sert soit d'essence, soit de benzol. Ce dernier a un pouvoir calorifique un peu moindre, mais il est meilleur marché. La consommation est de 1/20 à 1/10 de litre par tonne kilométrique utile.

Nous reviendrons plus loin, en comparant les divers modes de traction, par les questions de consommation et de prix de revient.

65. Précautions contre les risques d'incendie. — Un des points les plus importants, dans la construction des moteurs à essence employés pour la traction souterraine, est d'obtenir une protection satisfaisante contre les risques d'incendie, et même d'explosion dans une atmosphère grisouteuse. Dans ce dernier cas, on préfère souvent les locomotives à air comprimé, car les dispositifs les plus parfaits en théorie, et même en pratique, sont à la merci d'un défaut d'entretien, d'une avarie imprévue ou passée inaperçue.

Lorsqu'une fuite se produit et que l'essence vient à se répandre dans la caisse-enveloppe encore chaude, elle risque de s'y enflammer. Il peut en outre arriver que les gaz d'échappement pénétrant dans une atmosphère grisouteuse provoquent une explosion.

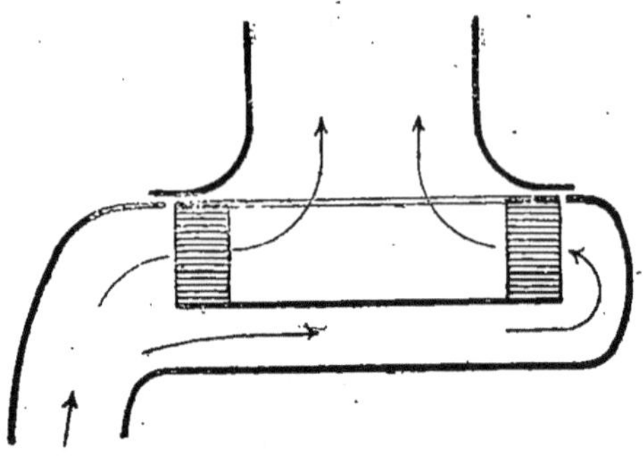

Fig. 38. — Protection de l'aspiration d'air par une série de plaques.

On a d'abord cherché à empêcher les projections de flamme par des tamis en toile métallique analogues à ceux des lampes de sûreté ; l'aspiration d'air ne se fait qu'à travers une série de ces tamis. Quant à l'échappement, il se fait dans un réservoir spécial, de telle sorte que les gaz ne parviennent à l'air libre qu'à basse température (25° par exemple en marche normale).

On arrive à un meilleur résultat en produisant l'aspiration à travers une série d'anneaux en tôle mince (par exemple 30 anneaux de $0^m/_m,5$ d'épaisseur, espacés de $0^m/_m,5$), l'air arrivant par la périphérie de l'ensemble (*fig. 38*) et ne pénétrant dans le canal conduisant au moteur qu'après avoir passé entre les anneaux. En cas de retour de flamme, ce dispositif joue un rôle plus efficace qu'une série de tamis.

On peut également faire passer l'air aspiré dans un cylindre plein de fils de fer, serrés en paquet, disposés dans le sens de propagation du courant d'air.

Sur l'orifice d'échappement, on place de même des cylindres pleins de bouts de fils de fer, ou des plaques annulaires comme sur l'aspiration.

On obtient ainsi une protection parfaite, même dans un mélange à 8 ou 10 °/₀ de grisou, mais à condition de vérifier fréquemment les pièces et de les remplacer dès qu'elles sont avariées ou simplement rouillées.

Locomotives électriques.

66. Systèmes employés. — L'emploi de l'électricité pour la traction souterraine peut se faire sous deux formes différentes : l'énergie nécessaire peut être emmagasinée, sur la machine motrice elle-même, dans des batteries d'accumulateurs, ou bien être fournie au fur et à mesure des besoins par un trolley courant le long d'un conducteur relié aux générateurs de la station centrale.

Nous examinerons successivement ces deux types, dont le second est d'ailleurs beaucoup plus répandu que le premier.

67. Locomotives à accumulateurs. — Comme les machines à air comprimé et à essence, les locomotives à accumulateurs ne nécessitent aucune installation à demeure dans les galeries. Cet avantage est appréciable lorsque l'intensité du roulage est faible.

Par contre les accumulateurs sont toujours lourds et délicats ; il faut les remplacer au moins une fois par jour, si l'on ne veut pas pousser le déchargement trop loin, ce qui est contraire à un rendement satisfaisant des appareils.

Le meilleur moyen consiste à installer la batterie de façon à pouvoir l'enlever facilement et la remplacer sans perte de temps par une fraîche. Dans ce but, on dispose la caisse contenant la batterie sur une série de galets, ce qui permet de la changer en deux ou trois minutes.

Voici, à titre d'exemple (1), les caractéristiques d'une locomotive à accumulateurs de 7,5 HP, pouvant traîner environ 12 tonnes de charge utile par heure sur une longueur d'un kilomètre :

Longueur 1ᵐ,450
Largeur 0ᵐ,900
Hauteur 1ᵐ,575
Poids . . . . 1 500 kg. avec la batterie.

La batterie comprend 100 éléments : électrodes en fer-nickel et cadmium, avec électrolyte en hydrate de potasse.

Intensité normale du courant de chargement . 19 ampères
Intensité de déchargement normal 19   »
La batterie peut être surchargée jusqu'à . . 38   »
Capacité . . . . 76 ampères heures
Durée normale de chargement . . . . . 7 h. 1/2
Courant de chargement normal . . . . 192 volts
Courant de déchargement . . . . . . 154-140 volts.

Moteur entièrement fermé, enroulement en série, pour courant continu de 140 volts à 1200 tours par minute.

Transmission aux deux paires de roues par engrenage et chaîne Gall.

Ce modèle est relativement léger. Le poids de ces machines est fréquemment de 4 à 5 tonnes ; elles sont établies pour remorquer une trentaine de berlines de 800-900 kg., à la vitesse de 3 mètres à la seconde.

On peut compter une dizaine de HP pour 150 tonnes kilométriques en 8 heures, 20 à 25 HP si le trafic atteint 300-400 tonnes kilométriques. Il est nécessaire de recharger les accumulateurs au bout de 5 à 6 kilm. parcourus.

Comme la locomotive à essence, la locomotive à accumulateurs est utilisable, moyennant certains dispositifs spéciaux, dans les mines grisouteuses. Sa puissance à poids égal est supérieure, mais le prix de revient est en général plus grand.

Les frais d'entretien sont élevés, surtout lorsque la machine est confiée à des ouvriers peu expérimentés. Aussi ce type de locomotives ne s'est-il pas beaucoup répandu.

68. Locomotives à trolley. — Au contraire, les locomotives à trolley se développent d'une façon remarquable, au moins dans les mines métalliques ou les houillères non grisouteuses.

---

(1) D'après M. F. DEFIZE : Les transports souterrains. *Revue universelle des mines,* 6ᵉ série. Tome I.

Leur conduite est facile, le moteur léger et d'un entretien aisé. La pose des canalisations est plus simple que celle des conduites à air comprimé à haute pression. On n'a pas l'ennui de vicier l'atmosphère de la mine comme avec les gaz d'échappement des moteurs à essence. Enfin, le moteur peut prendre à tout moment, sur la canalisation, la puissance nécessaire pour fournir un effort exceptionnel. On n'a donc pas besoin d'adopter un moteur trop fort, calculé pour le travail maximum et mal utilisé pendant la plus grande partie de la journée.

Par contre, on ne peut songer à employer ces machines dans les mines grisouteuses et l'installation des conducteurs grève exagérément le prix de revient du roulage si le trafic est insuffisant.

Le courant adopté est en général continu ; si la station centrale fournit du triphasé, on place une commutatrice au jour ou au bas du puits.

Le fil nu, pour la prise du courant, ne doit pas être parcouru par un courant de plus de 220 ou 240 volts, pour éviter les accidents si les ouvriers les touchent par inattention ou par maladresse.

Ce fil, en cuivre, est supporté par des isolateurs à double cloche, et maintenu à 20 centimètre environ de la couronne de la galerie.

Le courant revient par l'un des rails.

Fig. 39. — Locomotive à trolley.

Les caractéristiques des locomotives employées dans les galeries souterraines montrent que l'effort de traction, à poids égal, est sensiblement plus grand que pour les autres types de machines.

Ainsi, une locomotive de 4 tonnes environ (longueur $2^m,90$, largeur $1^m,05$, hauteur $0^m,70$) développera un effort de traction de 540 kg., une locomotive de 9ᵗ (longueur 3ᵐ,70, largeur 1,45, hauteur 0,90) un effort de 1575 kg. Il existe d'ailleurs des types plus puissants.

La vitesse de circulation est couramment de 10 à 12 kilm. à l'heure. Avec des berlines ordinaires (pesant pleines 800 à 900 kg), on peut former des trains d'une quarantaine de berlines.

Au lieu de courant continu, on emploie dans certains cas du triphasé ou du monophasé. Mais il faut alors une installation un peu plus compliquée.

Les risques d'accidents sont augmentés, car le courant alternatif, pour 500 ou 250 volts, est parfois mortel.

Par contre, le rendement des moteurs est meilleur, en raison de la suppression des transformations de courant.

Les locomotives à trolley ont pris un développement particulièrement intéressant dans les mines américaines, où les conditions locales se prêtent très bien à leur emploi : couches épaisses, non grisouteuses, peu inclinées, production intense, voies de grande section et de grande longueur.

Dans les galeries où les courbes sont à trop faible rayon, le trolley convient mal, car il devient difficile d'assurer le contact sur le fil conducteur.

On est quelquefois obligé de surcharger les locomotives pour obtenir une adhérence suffisante, car leur poids n'est pas toujours assez grand par rapport à l'effort de traction à fournir au démarrage.

§ 3. — COMPARAISON DES DIVERS MODES DE TRACTION.

69. Conditions générales d'emploi. — Nous avons signalé, à propos de chacun des types de locomotives, les raisons qui pouvaient en rendre l'adoption impossible. C'est ainsi que les locomotives à trolley sont inadmissibles dans les mines grisouteuses, tandis que les moteurs à accumulateurs et à essence peuvent être employés, au moins dans les galeries bien aérées, grâce à des précautions spéciales, et que les locomotives à air comprimé sont sans danger.

Une comparaison ne peut donc être établie entre ces divers types de machines, et avec la traction animale, que dans les mines où les risques d'explosion n'existent pas, et où la pression des terrains n'est pas trop forte pour rendre impossible l'établissement et l'entretien de voies stables et de profil régulier.

Dans beaucoup de cas, on est arrêté, pour passer de la traction animale à la traction mécanique, par les frais trop lourds qu'entraînerait la rectification des galeries de roulage, qui ne doivent pas

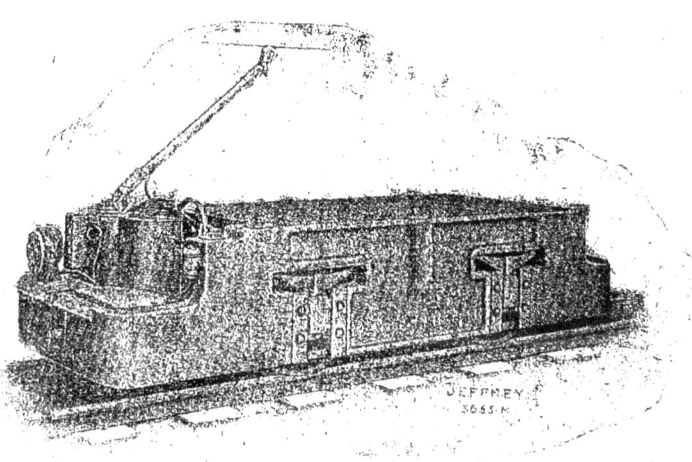

FIG. 40. — Locomotive à trolley.

présenter de courbes trop brusques, et dont la voie doit être bien établie.

La traction par chevaux, et plus encore le roulage à la main peuvent se faire dans les galeries sinueuses, et sur une voie sommairement posée. La circulation de trains de 25, 30 ou 40 berlines, à une vitesse de plusieurs mètres à la seconde, entraîne des accidents et par suite des frais d'entretien exagérés pour le matériel et la voie, si elle ne se fait pas dans de bonnes conditions.

Nous supposerons donc, dans les considérations ci-dessous, qu'il s'agit de voies stables et bien entretenues, comme dans les galeries principales conduisant au puits d'extraction.

70. Facilité d'installation et d'entretien. — Les locomotives à essence n'exigent que des postes de remplissage, assez simples à établir ; le changement des batteries d'accumulateurs est également simple, mais il faut prévoir une installation pour la production de l'énergie électrique et le chargement des batteries. Les locomotives à air comprimé exigent non seulement des compresseurs au jour, mais encore des canalisations à haute pression, délicates à entretenir si les terrains chargent beaucoup. Enfin la traction par trolley nécessite la pose de conducteurs tout le long du parcours, ce qui augmente considérablement les dépenses et les rend inacceptables si le trafic n'a pas une intensité suffisante. Par contre le moteur a toujours à sa disposition l'énergie suffisante, tandis que les autres locomotives ont besoin d'être rechargées au bout d'un temps plus ou moins long.

Les locomotives à trolley sont, en outre, les plus avantageuses au point de vue du rapport entre la puissance et le poids mort, au moins au-delà d'une certaine puissance, et leur entretien est peu coûteux.

Les locomotives à essence, et surtout à air comprimé, sont sensiblement plus lourdes et plus encombrantes ; elles s'usent également plus vite. Les locomotives à accumulateurs sont les plus onéreuses comme entretien : les batteries se détériorent assez rapidement, sous l'action des vibrations et des chocs, et sont sensibles également aux variations de l'énergie à fournir, notamment au moment des démarrages.

71. Intensité du trafic. — Le rendement d'un système de traction quelconque est calculé en tonnes kilométriques, unité dans laquelle interviennent deux éléments : distance et tonnage transporté. On sera amené à donner la préférence à celui des systèmes qui procure le prix de revient minimum par tonne kilométrique.

Les éléments qui entrent dans l'évaluation des dépenses sont de plusieurs sortes :

Amortissement et entretien des installations fixes.

Amortissement ⎞
Entretien   ⎟
Fournitures   ⎬ des moteurs.
Main-d'œuvre ⎠

Suivant les cas l'importance, absolue et relative, de ces éléments, est très différente.

Pour la traction animale, les installations fixes ne comportent guère (en dehors de la voie elle-même) que les écuries, conduites d'eau, magasins à fourrage.

Nous avons vu qu'elles étaient déjà plus importantes pour les locomotives à air comprimé, à essence ou à accumulateurs, et qu'elles devenaient considérables pour les locomotives à trolley.

Le prix de revient de ces installations, et des frais relatifs aux moteurs diminue évidemment lorsque l'intensité du trafic (évalué en tonnes kilométriques) augmente, mais dans des proportions différentes suivant le mode de traction envisagé. C'est pourquoi les conclusions auxquelles on arrive sont variables suivant les circonstances ; les perfectionnements réalisés dans les divers types de locomotives sont d'ailleurs de nature à les modifier profondément.

72. Comparaison entre la traction animale et les divers modes de traction mécanique. — De nombreux essais ont été poursuivis pour comparer les différents modes de traction, et pour établir les limites entre lesquelles l'un ou l'autre d'entre eux est le plus avantageux.

Les études publiées dans les revues techniques sont basées sur les prix d'avant-guerre, ce qui les rend moins probantes à l'heure actuelle. Mais elles gardent un intérêt documentaire, et il est permis de penser que lorsque les prix des constructions mécaniques, des fournitures et des salaires auront retrouvé un état d'équilibre plus stable, les conclusions générales résultant de ces études garderont leur valeur.

Une étude faite en 1908, en Autriche, pour comparer la *traction par chevaux et par locomotive à essence* a donné les résultats suivants :

Trajet : 1200 m. Voie avec forte pente. Berlines de 250 kg, contenant 530 kg. de charbon.

5 chevaux faisaient le service de deux postes, fournissant 65.000 tonnes kilométriques utiles, soit en moyenne 48,5 par jour et par cheval.

Une locomotive de 8 HP traînant en palier 30 berlines, à 6^{km},3 par heure, donnait 142 tonnes kilométriques par poste.

Le calcul des dépenses, dans l'un ou l'autre cas a montré qu'il y avait intérêt à employer la locomotive dès qu'il fallait 3 chevaux pour assurer le roulage.

Des expériences faites en Westphalie, en 1911, pour des transports de 300-400 tonnes kilométriques utiles sur des longueurs de 1200-1500 m. ont conduit aux chiffres suivants :

	Locomotives à air comprimé	Locomotives à accumulateurs	Locomotives à trolley	
			courant continu	courant monophasé
Prix de revient à la tonne kilom. brute (centimes) .	4.62	6,25	3,62	3,25
Prix de revient à la tonne kilom. utile (centimes) .	8,75	11,25	6,87	6,50

D'autres essais, dans la même région, pour des longueurs de 1000-1500 m. avec pentes 1/300e à 1/800e, convois de 25 à 35 berlines, avec 6 berlines de remblais en moyenne au retour, ont donné des résultats un peu différents :

	Locomotives à air comprimé	Locomotives à accumulateurs	Locomotives à trolley	
			courant continu	courant monophasé
Prix de revient à la tonne kilom. utile (centimes) .	8,75	11,87	5,50	5,25

Le problème a été étudié, en Belgique, par M. Defize (1), qui s'est attaché à déterminer les variations des frais d'exploitation, par tonne kilométrique utile, lorsque l'intensité du trafic augmentait de 50 à 400 tonnes kilométriques.

Avec des locomotives de 12 HP. et en supposant que la voie et le matériel roulant sont les mêmes dans tous les cas, les frais seraient les suivants :

---

(1) M. F. Defize, Les transports souterrains. *Revue universelle des Mines.* 6e série. Tome I.

Intensités de trafic	Traction animale	Locomotive à air comprimé	Locomotive à essence	Locomotive à accumulateurs	Locomotive à Trolley
	cent.				
50 tkm.	0,3000	0,6382	0,4029	0,7576	0,5139
100 —	0,1975	0,3299	0,2163	0,3827	0,2598
200 —	0,1738	0,1757	0,1230	0,1951	0,1326
300 —	0,1625	0,1350	0,1029	0,1315	0,1003
400 —	0,1618	0,1070	0,0847	0,1013	0,0767

Pour des productions élevées, la locomotive à trolley est la plus économique, mais avec peu d'avantage sur la locomotive à essence, qui est préférable jusqu'à 250 tonnes kilométriques.

Les locomotives à accumulateurs et à air comprimé sont moins économiques, mais la première est préférable à la seconde au-dessus de 150 tkm., tandis qu'elle lui est inférieure au-dessous de cette limite.

Aux très grandes productions, les différences tendent d'ailleurs à s'atténuer entre les quatre systèmes.

Enfin, si l'on compare la traction par locomotives et la traction par chevaux, on voit qu'il y a avantage à remplacer ces derniers :

Par les locomotives à essence		à partir de 120 tonnes kilom.		
—	—	trolley	—	150 —
—	—	air comprimé	—	220 —
—	—	accumulateurs	—	240 —

Rappelons, ainsi que nous l'avons fait plus haut, que tous ces chiffres sont basés sur les prix d'avant-guerre et ne peuvent plus être considérés comme sûrs actuellement. Ils restent cependant intéressants au point de vue de la comparaison entre les divers systèmes.

73. Résumé. — Le roulage des berlines sur les voies ferrées souterraines était autrefois assuré uniquement par des *hommes*, et il en est souvent encore ainsi dans les galeries de desserte des chantiers ou dans de petites mines. Mais le rendement d'un rouleur n'est guère que de 4 à 5 tonnes kilométriques par jour.

Le cheval, qui est d'un emploi très général dans les galeries importantes, a un rendement beaucoup meilleur, qui varie naturellement suivant l'état de la voie et sa pente. On peut l'évaluer à une soixantaine de tonnes kilométriques en palier, à 80 ou 90 sur une pente d'égale résistance, avec des animaux de grande taille, parfois davantage si la voie est très bien installée et le matériel en bon état, bien moins au contraire si l'on dispose seulement de chevaux de petite taille ou fatigués.

Les *écuries* souterraines doivent être convenablement aérées, mais sans courant d'air, propres et construites en matériaux incombustibles ; elles doivent être placées de manière à éviter des trajets inutiles avant et après le poste de travail.

Les *locomotives* de mines permettent d'assurer l'évacuation de quantités importantes, par trains de 25, 30 ou même 40 berlines. Elles ne conviennent que lorsque le trafic est intense, mais procurent alors une économie notable sur la traction animale.

Les *locomotives à vapeur* ne sont plus employées dans les galeries souterraines ; la présence d'un foyer incandescent, l'émission des fumées ont en effet trop d'inconvénients pour l'aérage et présentent trop de dangers d'incendie. Les machines sans feu, intéressantes autrefois, ont disparu devant les types de moteurs plus modernes.

Les *locomotives à air comprimé* ont le double avantage de n'occasionner aucun risque d'incendie, et de ne pas vicier l'air. Elles sont donc en faveur dans les mines grisouteuses, et il en existe des modèles récents qui donnent des résultats économiques intéressants.

L'air est emmagasiné, sous une pression de 50 à 60 atm., dans un réservoir suffisant pour une marche de quelques heures. L'air, produit à la surface par une station de compresseurs, est amené aux postes de remplissage du fond sous une pression de 100 ou 120 atm. L'ensemble de ces installations est donc assez coûteux.

Les *locomotives à essence* (ou au benzol) ne nécessitent aucune installation compliquée, et sont particulièrement économiques. Mais des précautions spéciales sont nécessaires pour éviter les risques d'incendies ou d'explosion dans les mines grisouteuses.

Les *locomotives électriques à accumulateurs* se sont peu développées, car elles sont délicates et les frais d'entretien sont assez élevés.

Les *locomotives à trolley* sont les plus économiques ; elles sont simples, robustes, et trouvent à tout moment dans le fil conducteur la quantité d'énergie nécessaire pour un effort exceptionnel. Mais elles ont l'inconvénient d'exiger la pose d'une canalisation électrique tout le long des galeries. Ces fils nus peuvent être une source d'accidents pour le personnel, et surtout le danger des étincelles rend inadmissible l'emploi de ce type de moteur, dans les mines grisouteuses.

Si l'on compare les divers modes de traction, on constate que la traction animale est seule applicable pour les faibles trajets et dans les galeries de desserte où le trafic est irrégulier et peu important. Elle reste la plus économique tant que ce trafic ne dépasse pas certaines limites : 120 à 150 tonnes kilom. pour les locomotives à essence ou à trolley, plus de 200 t. kil. pour les locomotives à air comprimé ou à accumulateurs.

Les prix de revient calculés sur les bases de prix d'avant-guerre n'ont plus, à l'heure actuelle, qu'une valeur relative ; ils sont d'ailleurs très différents suivant les régions, et les conditions particulières à chaque mine. Si l'on veut établir quel est le mode de traction le plus économique, une étude spéciale doit être faite dans le cas considéré, et on ne peut donner, *à priori*, que des conclusions très générales. Il semble toutefois que les locomotives à trolley et à essence sont plus avantageuses que celles à air comprimé et surtout à accumulateurs. Mais les considérations de riques d'incendies, de prix de l'essence, d'intensité du trafic peuvent modifier cette appréciation.

CHAPITRE IV

TRACTION PAR MOTEURS FIXES

SOMMAIRE

§ 1. **Généralités.** — Principe. — Classification des divers systèmes.

§ 2. **Câble-tête — câble-queue.** — Principe. — Applications. — Gares. — Courbes. — Embranchements.

§ 3. **Chaîne traînante.** — Principe. — Chaîne et poulies. — Entraînement des berlines. — Courbes et embranchements. — Conditions d'emploi.

§ 4. **Chaîne flottante.** – Principe. — Attelage des berlines. — Courbes. — Embranchements. — Pentes. — Chaîne et moteur.

§ 5 **Câble traînant.** — Principe. — Attelage des berlines. — Voie. — Courbes et embranchements. — Poulie motrice.

§ 6. **Câble flottant.** — Principe. — Attelage des berlines. — Courbes. — Embranchements. — Pentes. — Moteur et poulies.

§ 7. **Comparaison des divers systèmes.** — Répartition des berlines. — Vitesse. — Force motrice. — Comparaison entre la chaîne et le câble. — Conditions d'emploi. — **Résumé.**

§ 1. — Généralités.

74. Principe. — Nous avons considéré, dans le chapitre précédent, les divers moyens de faire circuler les berlines, soit en les poussant à la main, soit en les formant en convois auxquels on attelle un cheval ou une locomotive. Dans ces divers systèmes, le moteur se déplace avec les berlines.

Il existe un autre moyen de remorquer ces dernières, qui consiste à les atteler à un câble ou à une chaîne qui leur transmettent le mouvement d'un moteur installé à poste fixe en un point du circuit. Par un jeu de galets et de poulies, le câble ou la chaîne se plient aux irrégularités du parcours (courbes, pentes), et reviennent au moteur.

Ce dernier peut être d'un type quelconque, à vapeur, à air comprimé, électrique, etc... Ce qui caractérise les divers systèmes, c'est le mode de transmission du mouvement.

Tandis que la traction par chevaux ou par locomotives ne nécessite le long de la galerie aucune installation particulière (sauf dans le cas des locomotives à trolley), la traction par moteur fixe nécessite l'équipement complet de la voie avec des galets ou des poulies, et la galerie est encombrée par le câble ou la chaîne.

Une autre différence importante réside dans le fait que la traction par moteurs mobiles ne peut se faire qu'en palier, ou sur des pentes faibles. Au contraire, la plupart des procédés de traction par moteur fixe peuvent s'appliquer à des voies fortement inclinées.

75. Classification des divers systèmes. — On peut distinguer d'abord deux catégories distinctes, suivant que le mouvement est discontinu ou continu. Dans le premier cas, un train de berlines est attelé à un câble qui le remorque à l'autre bout du parcours, et un mouvement inverse ramène en sens contraire un autre convoi. C'est le système *câble tête — câble queue*, comparable, comme principe, au mouvement des cages entraînées dans le puits d'extraction, alternativement dans un sens et dans l'autre.

Dans le second cas, le câble est animé d'un mouvement continu, et forme une boucle fermée. A ce câble sans fin, on peut atteler les berlines individuellement, sans les former en convois.

Le câble peut être disposé près du sol, ou au contraire à une certaine hauteur. Il est souvent remplacé par une chaîne, traînante ou flottante.

En résumé, nous aurons donc à étudier successivement les cinq systèmes suivants :

> Câble tête, — câble queue.
> Chaîne traînante.
> Chaîne flottante.
> Câble traînant.
> Câble flottant.

Nous terminerons par une rapide comparaison entre ces divers procédés.

§ 2. — CABLE-TÊTE. — CABLE-QUEUE.

76. Principe. — Le système de traction par câble-tête et câble-queue consiste à entraîner un convoi C de berlines pleines au moyen d'un câble T qui s'enroule sur un tambour-moteur M (*fig. 41*), tandis qu'un câble Q, attelé à la queue du convoi revient à un second tambour M′ (placé à côté du premier) après avoir passé sur une poulie P à l'extrémité opposée du parcours.

Pendant cette circulation vers le puits (que nous pouvons appeler marche-avant), le tambour M′ est débrayé et le câble-queue Q ne fait que se dérouler. On limite cependant sa rotation, si la voie est en pente, au moyen d'un frein, de façon à assurer la tension du câble.

Une fois le convoi arrivé à la gare terminus, près des tambours, on détache le câble-tête T et on le fixe à l'arrière d'un convoi de berlines vides, à la tête duquel on attelle l'extrémité a du câble-queue.

On rétablit (au moyen de l'embrayage E) la liaison du tambour M′ avec le moteur, tandis qu'on débraye le tambour M. — Le câble Q ramène alors le convoi vers la poulie P, tandis que le câble T se déroule.

Le mouvement se poursuit ainsi d'une façon discontinue.

On voit de suite que la longueur du câble-tête doit être égale à la longueur du parcours, tandis que le câble-queue doit être de longueur double. Par contre, comme ce dernier ne traîne que des berlines vides, on peut lui donner une section sensiblement moindre.

77. Applications. — Ce système permet de remorquer des convois de 50 ou 100 berlines, parfois même davantage, à une vitesse qui peut atteindre 20 kilom, à l'heure. Grâce à cette rapidité et à la possibilité de former des trains importants, l'utilisation du matériel roulant est satisfaisante. Mais ces avantages ne sont pleinement atteints que si la longueur du parcours est suffisante.

C'est le cas dans certaines mines anglaises, où l'on a appliqué ce mode de traction dans des galeries de plusieurs kilomètres de longueur.

En général une seule voie de roulage suffit, le brin de retour du câble-queue, de P à M′, passant sur le côté de la galerie.

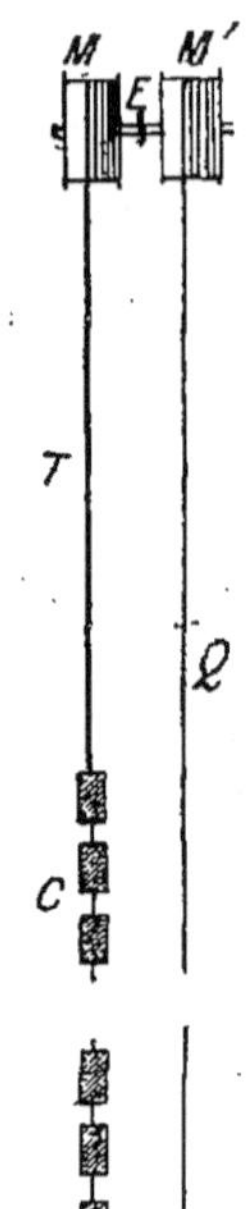
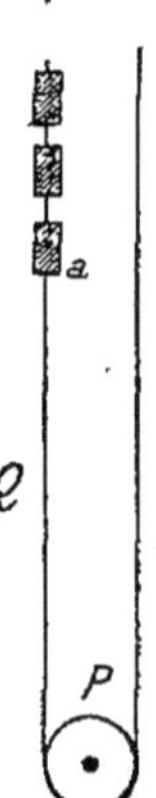

Fig. 41. — Système Câble-tête. — Câble-queue.

Si l'on veut rendre plus intense le roulage, on peut installer deux voies, sur lesquelles circulent en sens contraires le convoi plein C et le convoi vide C′ (*fig. 42-1*). On a alors deux câbles-tête T et T′, et un câble-queue Q, tous trois de longueur égale au parcours. Les deux tambours M et M′ tournent en sens contraires et sont alternativement en liaison avec le moteur ou débrayés.

On peut enfin disposer un des tambours à chaque extrémité du parcours (*fig. 42-II*) ; Ils assurent chacun la traction dans un sens. Le câble Q peut encore être moins gros que le câble T, et sa longueur n'est plus égale qu'à une fois la distance entre M et M'. Mais, par contre, il faut deux moteurs distincts.

Un des inconvénients des convois de 100 ou 150 berlines est de nécessiter, aux deux extrémités, des gares d'une grande longueur, dont l'entretien est difficile si les terrains chargent beaucoup.

78. Gares. — La disposition de ces gares varie suivant l'emplacement du moteur.

A l'arrivée, le dispositif le plus simple consiste à établir ce dernier au delà de la gare, dans laquelle il peut amener le convoi sans manœuvre spéciale.

On peut également placer le moteur à l'entrée de la gare, et dételer le câble-tête au moment de l'arrivée du convoi ; grâce à une pente convenable, celui-ci continue son mouvement jusqu'au puits, en entraînant le câble-queue. On attelle alors ce dernier au convoi de vides, auquel il fait remonter la pente, en passant devant les tambours. On raccroche le câble-tête derrière le convoi, et on met ce dernier en marche normale vers la gare située près de la poulie P.

Cette gare, où se forment les convois de berlines pleines, est forcément en avant de la poulie P et comporte en général deux voies, l'une pour la réception des berlines vides, l'autre sur laquelle on a préparé le convoi de

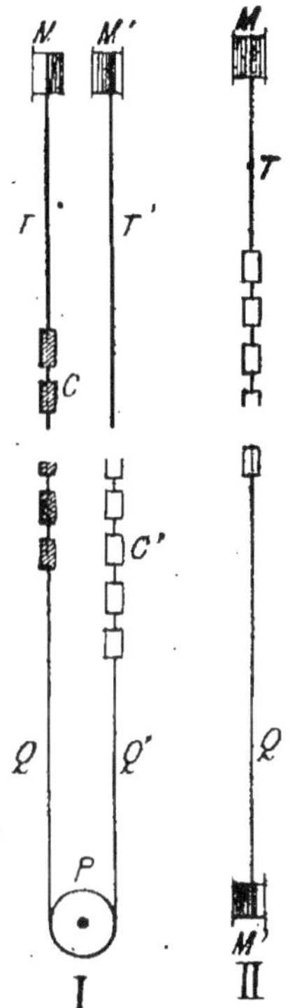

Fig. 42. — Variantes.

berlines pleines. On n'a qu'à détacher les câbles et à les raccrocher à ce dernier convoi.

Une signalisation est établie pour avertir le mécanicien, placé près du puits, qu'il peut remettre le moteur en marche.

79. Courbes. — Pour que le câble ne tende pas à faire dérailler les berlines, il faut qu'il tire dans l'axe de la voie ; cette condition, facile à réaliser dans les parties droites, demande des dispositifs particuliers dans les courbes.

Le câble-tête est guidé par des galets près des rails, assez rapprochés pour que la composante de l'effort perpendiculaire à la voie reste de peu d'importance ; il en est de même pour la section du câble-queue attachée au train. L'autre section de ce câble-queue n'a pas besoin de suivre aussi exactement la voie et il suffit de quelques galets, de distance en distance. Pour empêcher complètement les déraillements, on place des contre-rails qui s'opposent à l'échappement du bourrelet de la roue vers l'intérieur de la courbe.

Si l'on veut, par exemple, assurer le roulage dans la section AB (*fig. 43*), on placera dans cette galerie un câble secondaire x P' y. Au moment où le convoi H, venant du puits, arrive au point A, on détache l'extrémité q du câble-queue fixée à l'avant du convoi, et on attelle en ce point l'extrémité x du câble secondaire ; en même temps on sépare en q' les deux tronçons du brin de retour du câble-queue et on rattache l'extrémité y du câble secondaire du tronçon qui va vers le tambour M' ; on remet ensuite en marche et le convoi est entraîné vers le point B. Lorsqu'un train de berlines pleines a été ramené de B en A, on rétablit les liaisons avec la partie qq' du câble de la galerie principale.

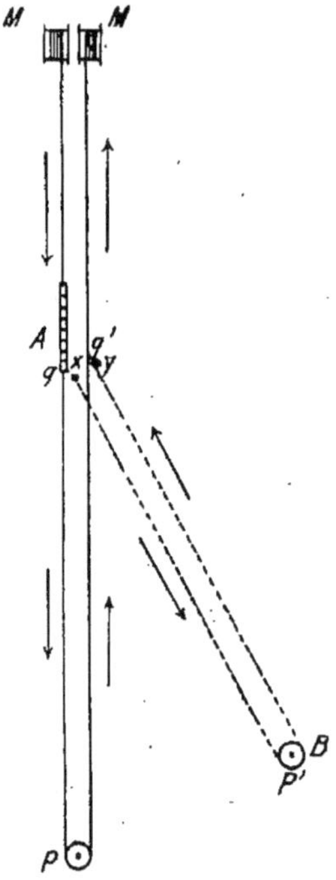

Fig. 43. — Embranchement.

§ 3. — Chaîne traînante.

80. Principe. — Les systèmes que nous allons maintenant passer en revue : chaîne traînante ou flottante, câble traînant ou flottant sont basés sur un autre principe. La traction est continue, et les berlines sont reliées à une chaîne ou à un câble sans fin, individuellement dans la plupart des cas, exceptionnellement par trains, l'un des véhicules étant alors seul muni d'un dispositif d'entraînement.

Il en résulte que deux voies sont nécessaires, l'une pour l'aller, l'autre pour le retour.

81. Chaîne et poulies. — La chaîne traînante court dans l'axe de la voie, un peu au-dessus du sol, sur des rouleaux qui servent à la fois à la guider et à l'empêcher de frotter sur les traverses, ce qui amènerait une usure de ces dernières et une résistance sensible au mouvement de la chaîne.

A l'une des extrémités du trajet, la chaîne passe sur une poulie motrice, à l'autre extrémité sur une simple poulie de renvoi. Toutes deux ont une jante disposée de façon à recevoir les maillons, mais tandis que la seconde doit simplement assurer le passage de la chaîne, la première doit l'entraîner et avoir par conséquent une adhérence suffisante. Cette condition n'est réalisée que si l'on peut corriger l'usure des empreintes destinées à recevoir les maillons.

On peut employer pour cela une poulie *Briart* (*fig. 44*) dont

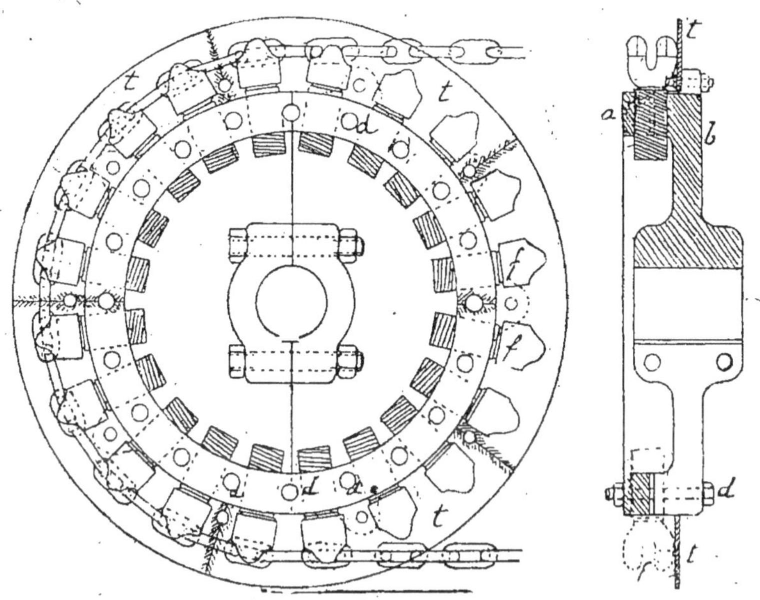

Fig. 44. — Poulie Briart.

la jante porte des pièces vissées, qui permettent d'augmenter le diamètre à mesure que l'usure se fait sentir.

Ce moyen ne remédierait que très insuffisamment à un autre inconvénient, qui est l'allongement de la chaîne. Pour assurer la tension de cette dernière, on dispose l'axe de la poulie de retour sur un chariot qu'un poids suffisamment grand tend à faire reculer, en tendant la chaîne.

82. Entraînement des berlines. — Le moyen le plus simple, pour entraîner les berlines, consiste à engager, dans un des maillons, un crochet terminant une chaîne fixée à l'avant de la berline.

Mais le crochet risque de sortir au moment des arrêts, ou dans les parties descendantes de la voie. De plus l'accrochage et le décrochage exigent une manœuvre, tandis qu'il est bien préférable de les rendre automatiques.

Le plus souvent, on munit la chaîne, de distance en distance, de maillons spéciaux, portant des cornes qui viennent saisir l'essieu et l'entraîner (*fig. 45*).

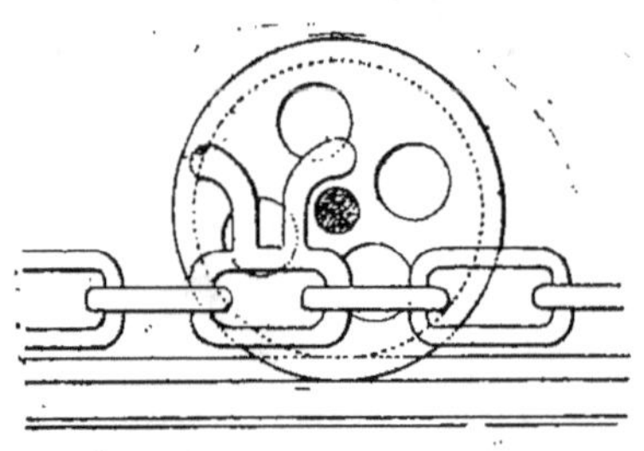
FIG. 45.
Dispositif d'entraînement.

Ce dispositif n'est applicable qu'avec des essieux fixes et roues folles.

Les maillons spéciaux portent deux cornes symétriques, pour pouvoir servir dans les deux sens. D'ailleurs, même si le mouvement se fait toujours dans le même sens, la corne tournée vers l'arrière a encore son utilité : dans les pentes, la berline tend à prendre une vitesse plus grande que la chaîne et l'essieu perd le contact de la corne d'entraînement. La corne tournée vers l'arrière, contre laquelle viendra buter le second essieu de la berline, empêchera ce mouvement de prendre une trop grande amplitude et l'accélération de la berline de devenir dangereuse.

Les véhicules sont espacés le long de la chaîne, ce qui fatigue moins cette dernière et assure un débit régulier du système. On a simultanément en circulation un grand nombre de berlines, mais on est obligé de limiter la vitesse, afin d'éviter un choc trop brusque, au moment de la prise de contact, qui risquerait de provoquer une rupture de la corne ou de l'essieu, ou tout au moins un déraillement. La vitesse de 1^m,50 à la seconde est rarement dépassée.

Pour amener la berline sur la chaîne au départ, et pour l'en séparer à l'arrivée, on dispose des tronçons de voie en pente qui permettent à la berline de rouler sous l'action de la pesanteur, tandis que la chaîne s'efface sous la voie pour laisser passer les essieux.

83. Courbes et embranchements. — L'entraînement ne peut se produire que dans les parcours en droite ligne, car dans les courbes la poussée de la corne s'exercerait obliquement et amènerait un déraillement ; de plus il serait impossible de disposer des poulies de renvoi entre les rails.

On peut toutefois donner à la voie un tracé formé de tronçons rectilignes réunis par des courbes de faible rayon. Pour franchir ces dernières, la berline doit rouler par son propre poids sur une pente descendante, en abandonnant la chaîne en A et en la reprenant à l'entrée de la ligne droite suivante, en B (*fig. 46*):

La chaîne elle-même passe sous les rails; une poulie folle, dont la jante est tangente aux prolongements des axes des deux parties droites, la ramène dans la nouvelle direction.

On peut également, au moyen d'une poulie au-dessous des voies,

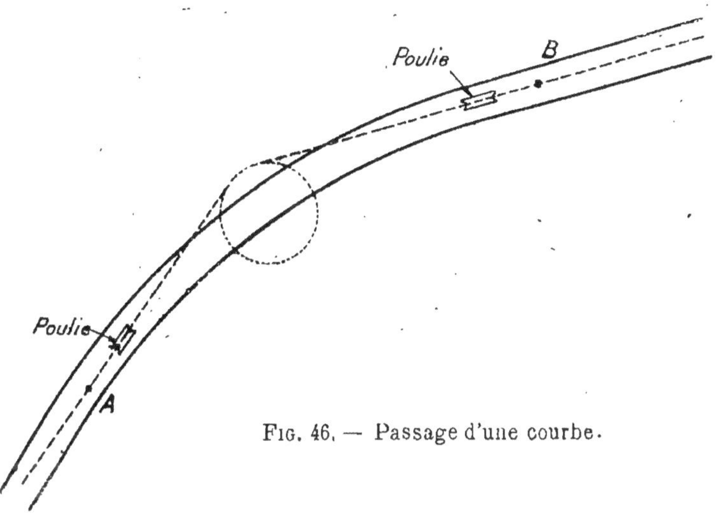

FIG. 46. — Passage d'une courbe.

sur laquelle s'enroule l'extrémité d'une chaîne indépendante, faire passer les berlines d'une voie principale sur un embranchement.

84. Conditions d'emploi. — La chaîne traînante est à peu près abandonnée dans les mines, où les voies ne peuvent être entretenues avec assez de propreté, mais on la rencontre assez fréquemment à la surface. Elle a en effet l'avantage de ne pas gêner la circulation comme la chaîne ou le câble flottants.

§ 4. — CHAÎNE FLOTTANTE.

85. Principe. — Le principe de la traction par chaîne flottante est analogue à celui de la chaîne traînante : une chaîne sans fin est animée d'un mouvement continu, assez rapide pour donner au système un débit suffisant, assez lent pour qu'on puisse engager les berlines, individuellement, sans que la secousse au démarrage risque d'amener un déraillement.

Mais la position différente de la chaîne dans les deux procédés a des conséquences intéressantes.

La chaîne flottante n'exige plus de rouleaux entre les rails, et ne s'use plus par le frottement ; on pourrait concevoir qu'elle soit soutenue, sur son parcours, par des galets placés à hauteur voulue, mais en pratique cette solution donnerait lieu à des difficultés considérables. On préfère donc faire reposer la chaîne sur les berlines elle-mêmes, mais il en résulte qu'on n'est pas libre, comme dans le système précédent, d'espacer les berlines d'une façon quelconque. Il faut qu'entre deux d'entre elles la chaîne ne traîne pas à terre, sinon la résistance à la traction et l'usure deviendraient exagérées. La distance est donc le plus souvent inférieure à une trentaine de mètres.

86. Attelage des berlines. — Pour entraîner la berline, il suffit d'un dispositif peu coûteux : à la partie supérieure de la caisse, sur la paroi d'avant, on fixe une pièce en tôle portant une encoche dans laquelle s'engage un maillon de la chaîne (*fig. 47*). On voit qu'il suffit de soulever la chaîne à la main pour la placer dans son

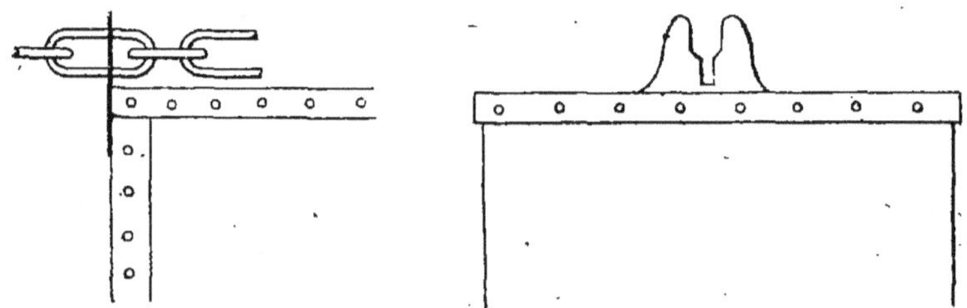

Fig. 47. — Attelage des berlines.

logement et provoquer la mise en marche de la berline. Celle-ci peut d'ailleurs s'atteler ou se libérer automatiquement en roulant sur une voie en pente qui amène la caisse sous la chaîne, ou au contraire l'en écarte.

Le poids de la chaîne suffit, dans la plupart des cas, pour produire l'entraînement. Mais si cette dernière ne repose pas dans son logement, l'effort ne s'exerce pas suivant l'axe et risque de provoquer un déraillement.

87. Courbes. — La chaîne exerçant sur la caisse de la berline un effort de traction suivant l'axe de la voie, on n'a pas à craindre de déraillement, mais il n'en serait pas de même si l'on voulait appliquer ce système dans une courbe. La composante radiale de l'effort de traction amènerait un renversement de la berline. C'est là un des inconvénients du procédé : il ne peut être adopté que pour des parcours en droite ligne. Les changements de direction, entre deux parties rectilignes, exigent un dispositif tel que la liaison de la chaîne et de la berline soient momentanément interrompue (*fig. 48*).

A une certaine distance avant la courbe on établit une rampe AB le long de laquelle la chaîne entraîne la berline.

La voie continue ensuite en descendant, recoupant l'horizontale en O, au milieu de la courbe (qui s'étend de M à N) et continuant jusqu'en un point C tel que BO $=$ OC et que C soit à une distance au-dessous de l'horizontale égale à la hauteur de B au-dessus de celle ci. Une rampe CD ramène la voie au niveau voulu.

Les sections BM et NC sont en ligne droite, la première dans la direction primitive, la seconde dans la nouvelle direction.

Deux galets GG', à l'entrée et à la sortie de la courbe guident la chaîne, qui passe sur une poulie P ; ils sont à une hauteur telle, au-dessus de la voie, que la berline, en descendant sur la pente BM, abandonne la chaîne. Continuant à rouler librement, la berline arrive en C et remonte la rampe CD jusqu'au moment où elle rencontre à nouveau la chaîne (qui a passé sur un galet G″) et s'attelle automatiquement.

La voie parallèle comprend de même une rampe D'C', une pente C'B', et une rampe B'B'. Les galets et la poulie, pour cette voie, ne sont pas figurés. La présence d'un ouvrier est nécessaire pour assurer la remise de la chaîne dans les fourchettes des berlines.

88. Embranchements. — Un dispositif analogue permet de faire passer les berlines d'une voie principale sur un embranchement, desservi par une chaîne secondaire passant sur une poulie de retour au-dessus du croisement et mue par la chaîne principale. Le même dessin de pentes et de rampes est appliqué aux recettes extrêmes de la voie.

Le développement total d'un réseau de traction par chaîne flot-

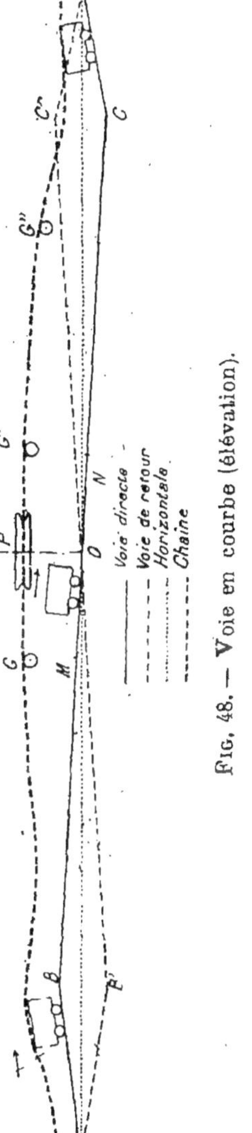

Fig. 48. — Voie en courbe (élévation).

tante peut ainsi comporter un nombre important de tronçons rectilignes, commandés par un seul moteur.

Il existe des installations présentant ainsi une longueur totale
de plusieurs kilomètres de voies doubles, quelquefois même de
plusieurs dizaines de kilomètres.

89. Pentes. — Le système se prête à la traction sur des voies
en pente, mais à condition que cette dernière ne soit pas assez forte
pour que la berline échappe à la chaîne, qui resterait pendue au-
dessus d'elle. On peut obvier à cette inconvénient en forçant, par
des rouleaux, la chaîne à décrire dans le plan vertical une courbe
plus accentuée que celle qui résulterait de sa courbure naturelle
entre les points extrêmes du tronçon considéré. Mais il est préférable
d'éviter l'installation de ces rouleaux en relevant la voie aux points
bas du parcours.

90. Chaîne et moteur. — Les dimensions de la chaîne et du
moteur dépendent de la longueur du réseau et de l'intensité du trafic.

Pour un trajet de 1740 m. de longueur, aux mines de Heydt
dans la Sarre (1), on avait par exemple une chaîne à maillons de
20 $^m/_m$ de diamètre, pesant 9 kg au mètre.

La vitesse de circulation était de 3 à 4 kilomètres à l'heure, le
débit de 1200 berlines de 500 kg. par poste de 12 heures.

Le calcul de la vitesse à donner à la chaîne et de la force du
moteur est simple.

Soit N le nombre de berlines à débiter par heure ; la vitesse par seconde
sera

$$v = \frac{d \times N}{3600}$$

d désignant la distance entre 2 berlines (10 m. au moins, 30 à 35 m. au plus).
Sur un parcours total L on aura donc à la fois en circulation un nombre de
berlines n égal à $\dfrac{L}{d}$.

L'effort de traction à exercer sera (en palier).

$$E = nf\,(2\,p_m + p_u + 2\,p')$$

en désignant par f le coefficient de roulement.

p_m le poids mort d'une berline
p_u la charge utile d'une berline
p' le poids de chaîne entre deux berlines.

---

(1) Haton de la Goupillière et Bès de Berc, *Exploitation des Mines*.

Enfin le travail utile sera, en chevaux :

$$T = \frac{E \cdot v}{75}.$$

Lorsque la voie présente des pentes ou des rampes, il faut en tenir compte, mais le calcul n'est pas beaucoup plus compliqué.

Le plus souvent, l'effort demandé au moteur est positif. Il existe cependant des installations, sur des pentes accentuées, où la chaîne doit retenir les berlines et où la poulie de commande, au lieu d'être motrice, doit être munie d'un frein.

§ 5. — CABLE TRAÎNANT.

91. Principe. — La traction par câble traînant se prête à la circulation des berlines isolées, ou à celle de trains complets. Le câble, formant une boucle sans fin, est guidé par des galets et le mouvement lui est transmis par une poulie motrice.

Comme pour la chaîne traînante, l'usure causée par le frottement sur le sol est sensible, et rend le système inapplicable dans les galeries trop boueuses.

L'avantage du câble est de peser, à force égale, environ 8 fois moins que la chaîne, ce qui procure une notable économie de force motrice.

Rarement appliqué en France, ce système se rencontre plutôt dans certaines houillères anglaises. Il permet en effet un débit assez considérable.

Lorsque les berlines sont attelées individuellement, la marche du câble reste lente (1 m. à 1$^\mathrm{m}$,50 par seconde) mais continue. Si l'on forme des trains de plusieurs berlines, il faut arrêter le câble pour atteler, car l'effort au démarrage serait trop grand. Par contre, on donne au câble une vitesse plus élevée (3-4 m. par seconde).

92. Attelage des berlines. — Le mode d'attelage le plus simple consiste à pincer le câble dans une tenaille fixée à la berline.

La fig. 49 représente une tenaille à vis. Le serrage est obtenu en tournant la manivelle, qui entraîne une vis à filets opposés sur ses deux moitiés.

Avec ce dispositif, il faut un homme pour faire la manœuvre, au départ et à l'arrivée.

Dans les convois, la première berline seule est attelée, et les manœuvres sont faites par le conducteur.

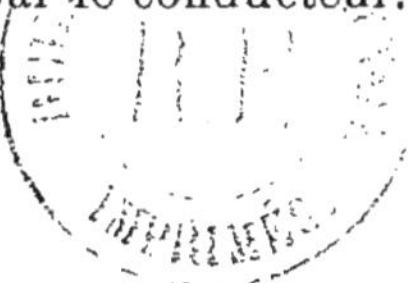

La liaison doit d'ailleurs être supprimée momentanément, en cours de route, au passage des embranchements, des courbes et des évitements (lorsque la voie n'est pas double sur toute la longueur, ce qui est le cas général avec la circulation par convois).

L'attelage peut aussi se faire par une fourchette excentrée dans laquelle on engage le câble (*fig. 50*). Grâce à sa position excentrique, la fourchette tourne sur son axe et coince le câble.

Le décrochage peut se faire automatiquement, par un procédé représenté sur la fig. 50 : la roue, en passant sur une pédale, pro-

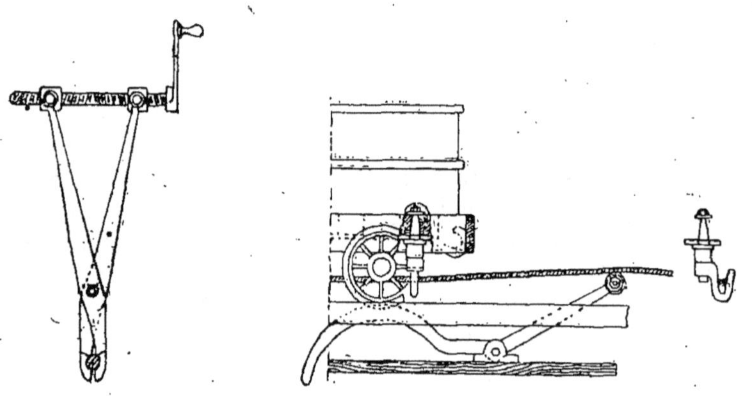

Fig. 49.
Tenaille à vis.

Fig. 50. — Fourchette excentrée
et décrochage automatique.

voque le mouvement de bas en haut d'un rouleau qui fait sortir le câble de la fourchette.

93. Voie. — Avec la traction par berlines isolées, la voie doit être double sur tout le parcours. Au contraire, la traction par convois permet de limiter le nombre de rails à deux ou à trois, avec des évitements à double voie, de distance en distance.

Ces derniers doivent être régulièrement espacés, et les convois séparés par une longueur de câble telle qu'ils se croisent exactement sur les évitements. Une erreur sur la distance des convois est d'autant plus grave que la longueur de ces derniers est plus voisine de celle des sections à double voie.

Quant à la valeur absolue de cette distance, elle est évidemment égale au double de la longueur entre deux évitements.

Le câble est dévié, à l'entrée et à la sortie des évitements, par des galets obliques ; dans les sections intermédiaires à deux rails, il court au milieu de la voie, les deux brins d'aller et de retour passant l'un à côté de l'autre. Si l'on a installé 3 rails entre les évitements, les deux brins courent chacun dans l'axe de l'une des voies (*fig. 51*). Ce dispositif évite les aiguilles, mais il entraîne une plus grande consommation de rails, et oblige à augmenter la section de la galerie.

Avec deux voies dans les sections intermédiaires, il faut installer des aiguilles, manœuvrées par le conducteur du train, ou plus simplement par la pression du bourrelet de la roue.

En examinant les positions successives des aiguilles, ainsi ouvertes automatiquement par les convois, on se rend compte que les convois pleins ou vides passent alternativement sur l'une ou l'autre des voies de l'évitement. Mais il faut, pour franchir l'aiguille, supprimer la liaison avec le câble (qui passe sous les rails), et la rétablir après l'évitement. La vitesse doit donc être suffisante pour que le convoi franchisse, par la vitesse acquise,

Fig. 51. — Évitement avec voie à 3 rails.

toute la longueur de l'évitement, d'autant plus qu'une fois sur deux il passe sur la voie où le câble circule en sens contraire.

Avec des aiguilles à ressorts, le passage des convois se fait toujours du même côté, et on n'a pas besoin de décrocher les berlines du câble.

L'inconvénient des aiguilles automatiques est de ne pouvoir être manœuvrées par les berlines vides, trop légères, si elles sont encombrées de boue ou de pierres, et d'amener des déraillements.

94. Courbes et embranchements. — Grâce à sa souplesse, le câble se plie au passage des courbes, où il est guidé par une série de rouleaux obliques. D'ailleurs, si le rayon est trop faible, on peut toujours recourir au dispositif par poulies, employé avec la chaîne traînante. Il en est de même pour les embranchements.

95. Poulie motrice. — L'emploi du câble présente une difficulté, facile à surmonter, mais qu'il est intéressant de signaler.

L'adhérence de la chaîne sur la poulie motrice est suffisante, grâce à l'existence de maillons successivement orientés dans deux plans perpendiculaires, ce qui permet d'empêcher le glissement. Au contraire, avec un câble, cette adhérence serait insuffisante si l'on se bornait à un contact réduit à un demi-tour. L'entraînement ne se produirait plus, dès que la résistance, provenant du poids du câble et des berlines, dépasserait une certaine limite.

On est donc conduit à enrouler plusieurs fois le câble sur la poulie motrice. Mais cette solution suppose que la rainure de la jante est hélicoïdale. A mesure que la poulie tourne, les points de contact extrêmes se déplacent simultanément d'un bord à l'autre de la jante. Si la longueur à dérouler n'est pas excessive, il suffit d'avoir un tambour assez large ; les spires peuvent d'ailleurs être simplement juxtaposées sur une surface cylindrique. C'est le cas d'un plan incliné, ainsi que nous le verrons plus loin.

Pour un traînage d'une grande longueur, cette solution est inadmissible. On tourne la difficulté en enroulant le câble sur deux poulies d'axes parallèles, disposées en prolongement l'une de l'autre, la première ayant une rainure de plus que la seconde (*fig. 52*).

Fig 52.
Double poulie d'entraînement.

Dans ces conditions, on n'a pas de mouvement général de déplacement de gauche à droite, mais c'est au prix d'une usure plus rapide du câble qui se plie alternativement dans un sens et dans l'autre. On préfère souvent recourir à des poulies à jante spéciale (type poulie Champigny) sur lesquelles nous reviendrons à propos des installations avec câble flottant.

§ 6. — CABLE FLOTTANT.

96. Principe. — Comme la chaîne flottante, le câble flottant convient surtout à la traction par berlines isolées ; le câble, formant une boucle sans fin, est animé d'une vitesse de 1 m. à $1^m,50$ par seconde et les berlines sont espacées de manière à éviter qu'il ne traîne à terre.

Le mouvement est transmis par une poulie motrice et des poulies de renvoi sont placées aux extrémités des galeries ou aux embranchements.

L'avantage du câble, par rapport à la chaîne, réside dans sa légèreté et sa souplesse. Aussi est-il très employé, en particulier dans les mines allemandes ; en France, les circonstances se prêtent moins bien aux transports mécaniques.

97. Attelage des berlines. — L'attelage des berlines est plus compliqué qu'avec la chaîne, dont les maillons permettent une liaison facile. Divers systèmes sont employés, basés soit sur le coincement du câble, soit sur un serrage énergique, soit enfin sur l'existence de manchons fixés au câble et provoquant l'entraînement d'une fourchette placée sur la berline.

Les fourchettes excentrées, que le câble fait tourner, en produisant un coincement (*fig. 53*) ont l'inconvénient de s'user rapidement et de fatiguer le câble ; en outre, elles risquent d'abîmer les galets de support du câble dans les courbes. Pour éviter les mouvements de rotation qu'elles prennent lorsque le câble les abandonne, on a eu l'idée de terminer le pivot, à la base, par un petit plan incliné qui ramène la fourchette à sa position normale.

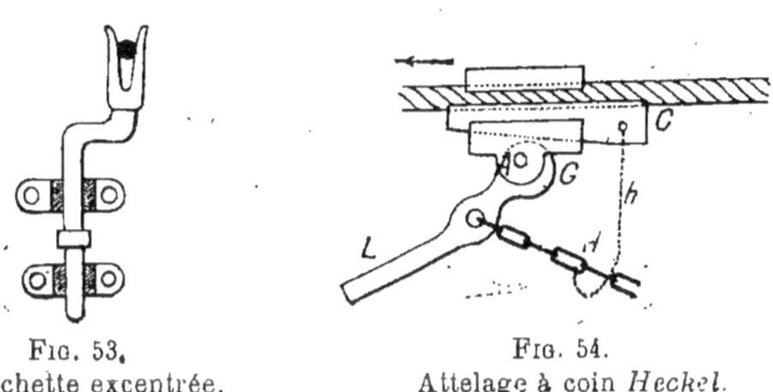

<table>
<tr><td>Fig. 53.
Fourchette excentrée.</td><td>Fig. 54.
Attelage à coin *Heckel*.</td></tr>
</table>

Les pinces, dont le serrage est assuré par la traction même du câble, ont tendance à écraser ce dernier. si la surface de contact est trop réduite ; il est préférable d'interposer un coin, comme dans le type *Heckel* représenté sur la fig. 54.

Le coin C est mis en serrage par la pression du galet excentré G qui tourne autour de l'axe A lorsque la berline, attelée à l'extrémité de la chaîne H, est entraînée et provoque, par sa résistance, la rotation du levier L. Une chaîne *h* relie le coin à la chaîne H, pour éviter la perte de celui-ci.

Dans ces dispositifs, le câble n'est pas maintenu à distance de la berline comme avec les fourchettes ; ils ne conviennent donc guère dans les longs trajets en palier et se rencontrent plutôt dans les plans inclinés.

Le procédé d'entraînement par manchons fixés sur le câble, qui s'engagent dans une fourchette comme le font les maillons de la chaîne flottante, constitue une solution satisfaisante au point de vue de l'entraînement des berlines, mais on peut lui reprocher de fatiguer beaucoup le câble. En effet, lorsque ce dernier passe sur les

galets de courbes ou sur les poulies, la flexion n'est pas régulière,
et la fatigue est considérable avant et après le manchon. Pour obvier à cet inconvénient, il est désirable
de déplacer les manchons avant que
l'usure ne se soit fait sentir, mais cette
modification, assez facile s'ils sont
formés seulement de nœuds de chanvre
serrés sur le câble, est pratiquement
inapplicable avec les manchons en

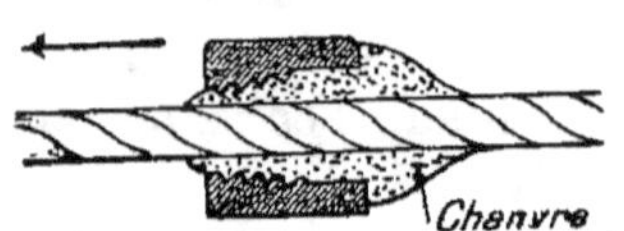

Fig 55. — Manchon Jorissen.

métal généralement adoptés. Ces derniers ne doivent pas écraser le
câble, et risquer de couper ses fils. Aussi intercale-t-on une fourrure en chanvre (manchon *Jorissen fig. 55*), ou en bois tendre. La
fourchette vient porter contre la bague en fer vissée sur le chanvre.

Ainsi que nous l'avons dit plus haut, les berlines sont généralement engagées isolément sous le câble. Toutefois on peut en accrocher simultanément plusieurs, réunies par des attelages, celle de
tête étant seule reliée au câble.

98. **Courbes.** — Grâce à sa souplesse, le câble peut être guidé
dans les courbes, au moyen de galets suffisamment rapprochés pour
que l'effort de traction, restant à peu près parallèle à l'axe de la voie,
ne fasse pas dérailler la berline.

Les galets doivent être construits de manière à permettre le
passage des fourches d'atte-
lage. Divers dispositifs ont
été réalisés, qui satisfont bien
à cette condition.

Un premier type d'appa-
reils se compose simplement
d'une poulie à gorge large, qui
reçoit la fourchette (*fig. 56*).
Le profil de la gorge est approprié à celui de la fourchette. Comme le câble a ten-

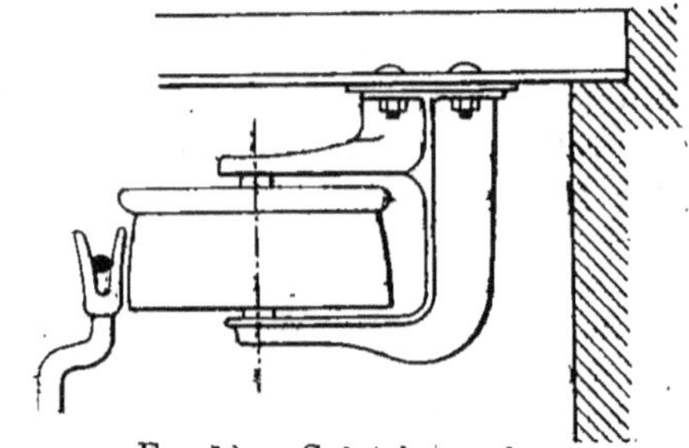

FIG. 56. — Galet de courbe.

dance à échapper de la gorge, entre le passage de deux berlines, la
poulie porte un rebord assez prononcé.

Le galet en étoile *Dinnendahl* (*fig. 57*) est également très
employé. Entre les berlines, le câble est supporté par la partie
conique et découpée du galet. Au passage d'une berline la fourchette
s'engage entre deux branches de l'étoile et la fait tourner, jusqu'à
ce qu'elle s'en détache à l'entrée de la nouvelle section droite.

Des galets en étoile semblables servent, dans les lignes droites, à supporter le câble pour éviter qu'il ne vienne traîner à terre, mais, dans ce cas, on dispose l'axe du galet obliquement pour que le câble ne puisse glisser le long des branches de l'étoile.

Un autre système consiste à fixer le galet G sur un support vertical S, articulé en H sur une charnière horizontale. Un autre galet G', à axe vertical, est également articulé en S' sur une charnière horizontale (*fig. 58*). Entre deux passages de berlines, les galets sont au contact et empêchent la chute du câble ; grâce aux charnières horizontales, ils peuvent s'écarter pour laisser passer la fourchette, et reprennent ensuite leurs positions normales.

On peut également disposer deux galets coniques, à rebord portant le câble, à axes convergents et articulés.

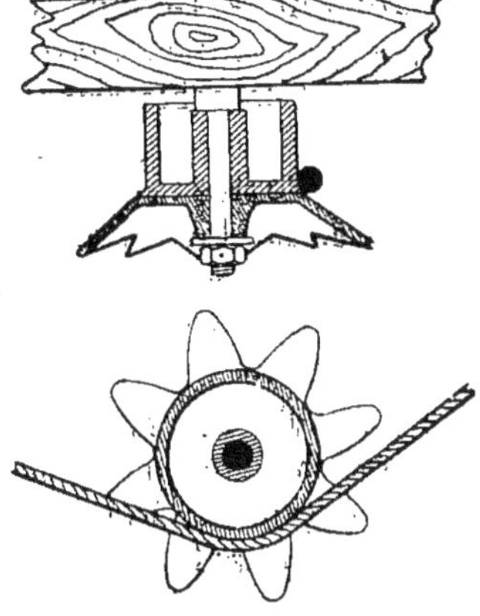

Fig. 57.
Galet de courbe *Dinnendhal*.

On peut enfin monter, sur un étrier mobile horizontalement, deux galets en étoile Dinnendahl, entre lesquels passe le câble (*fig. 59*).

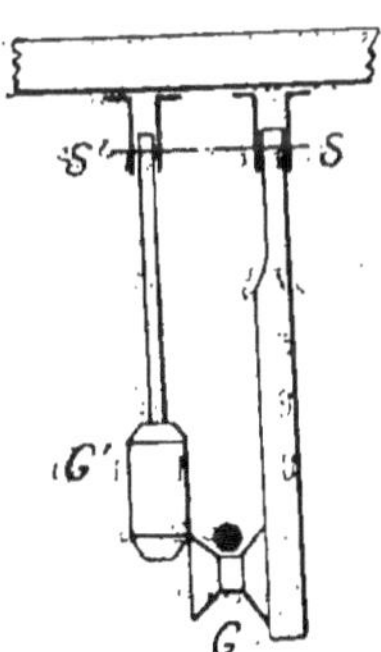

Fig. 58. — Galets-porteurs.

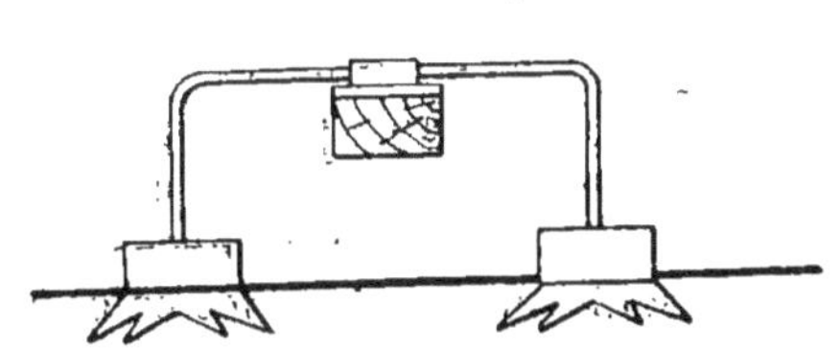

Fig. 59. — Galets montés sur un étrier.

99. Embranchements. — Les changements de direction brusques, aux embranchements, ne peuvent se faire en laissant le câble engagé dans la fourchette. Il faut, au moyen de galets surélevés, amener celui-ci à quitter la berline, et manœuvrer cette dernière à la main. La berline, une fois amenée sur la nouvelle voie, est conduite, à la main ou par une pente favorable, jusqu'au point où elle est reprise par le câble.

Dans chacune des galeries court un câble spécial, passant au-dessus de l'embranchement, sur une poulie de renvoi. Les câbles des différentes sections sont commandés par des moteurs spéciaux ou par des poulies auxiliaires, recevant le mouvement du moteur actionnant le câble principal.

100. Pentes. — Le câble flottant se prête mal aux changements de pente, car l'effort de la poulie motrice le tend, et son poids étant beaucoup moindre que celui de la chaîne, il a une moins grande aptitude à suivre les ondulations du profil.

101. Moteur et poulies. — Le calcul de la force motrice néces-saire se fait comme pour une installation de traction par chaîne flottante (voir n° 91), mais la force est moindre, en raison de la légèreté du câble.

Comme source d'énergie, on emploie l'air comprimé, ou de préférence l'électricité. Dans ce dernier cas, des trains d'engrenages réduisent la vitesse dans la proportion voulue.

Nous avons indiqué plus haut (n° 96) que, pour assurer l'adhé-rence du câble sur la poulie motrice, on l'enroulait plusieurs fois sur cette dernière et sur une poulie de renvoi, ou bien que l'on em-ployait des *poulies à jante spéciale* ; on peut, par exemple, garnir la jante de cuir, dont le coefficient de frottement avec l'acier est très supérieur à celui du bois ou du métal (jante *Heckel*).

Dans la poulie *Champigny*, très répandue en France (*fig. 60*), la gorge est formée de deux parties, taillées en biseau, séparées par des cales ; le câble pénètre plus ou moins entre les deux pièces de la gorge. A mesure que ces

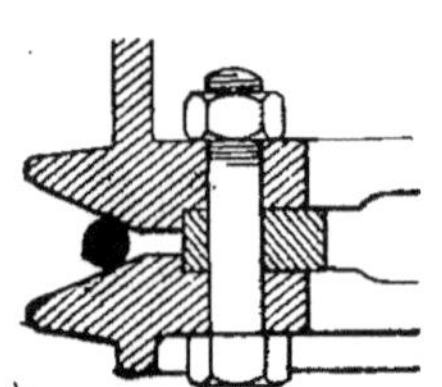

Fig. 60. — Jante de la poulie *Champigny*.

dernières s'usent, on remplace les cales par d'autres moins épaisses, opération qui se fait facilement et permet de faire servir très long-temps la poulie.

102. Poulies de tension. — Pour assurer la tension du câble, qui s'allonge peu à peu, on le fait passer sur une *poulie de tension* généralement placée sur le brin de commande des berlines vides, (qui est le moins tendu et peut supporter avec le moins d'inconvé-nient une tension supplémentaire).

L'axe de cette poulie n'est pas fixe, mais mobile entre deux glissières, ou sur un chariot, parallèlement au câble.

Un contrepoids exerce une traction suffisante pour maintenir le câble en tension et corriger les allongements; ceux-ci sont considérables lorsqu'on met en service un câble neuf, et se font ensuite, sentir d'une manière beaucoup plus lente.

§ 7. — COMPARAISON DES DIVERS SYSTÈMES.

103. Répartition des berlines. — Une particularité fondamentale caractérise le système câble-tête-câble-queue : les berlines y sont toujours groupées en convois, qui comportent parfois plus de 100 berlines. Il en résulte que ce mode de traction exige, aux deux extrémités du parcours et aux points de croisement, des gares importantes ; le personnel de manœuvre doit être assez nombreux pour assurer l'évacuation des berlines entre l'arrivée de deux convois. La composition de ceux-ci et leur espacement sont d'ailleurs conditionnés par la contenance des cages du puits et la durée des voyages. Lorsqu'il s'agit simplement du transport jusqu'à un point où les convois sont décomposés entre des voies de niveau, les conditions à observer sont moins impérieuses. Toutefois, une grande régularité de la circulation est nécessaire pour éviter les embouteillages ou les arrêts.

La circulation par convois est également possible avec le câble traînant sans fin, mais il s'applique rarement à des rames aussi longues. Les autres systèmes ne comportent guère que la circulation par berlines isolées.

Ce dernier mode de traction est basé sur des principes tout différents : continuité du mouvement et indépendance des berlines. Il est plus facile de desservir par ce moyen des galeries aboutissant en divers points sur un tronc commun Les gares peuvent être courtes, mais on est obligé d'avoir une double voie sur tout le parcours.

Pour des transports à grande distance, le nombre de berlines en circulation est plus élevé, d'autant plus que la vitesse est très réduite.

104. Vitesse. — Dans les transports par berlines isolées, on ne dépasse guère la vitesse de 6 kilom. à l'heure, c'est-à-dire $1^m,66$ par seconde, et l'on se tient le plus souvent notablement au-dessous de ce chiffre. Avec des convois, on peut au contraire atteindre 15 et même 20 kilom. à l'heure (4 m. à $5^m,50$ par seconde). Il est d'ailleurs prudent de n'admettre une vitesse aussi grande que si la voie et les berlines sont en bon état, sinon les déraillements qui se produisent amènent la destruction des berlines et des avaries sérieuses à la voie.

105. Force motrice. — La mise en mouvement de convois importants, à grande vitesse, exige une machine plus puissante que la traction lente et régulière d'un câble ou d'une chaîne sans fin.

C'est là un sérieux inconvénient.

Parmi les systèmes continus, on observe de même une différence sensible entre la chaîne et le câble ; ce dernier étant beaucoup plus léger permet d'employer une machine motrice moins forte ; en dehors de l'économie réalisée au moment de l'installation, il en résulte une diminution des frais d'exploitation.

106. Comparaison entre la chaîne et le câble. — Les systèmes discontinus sont actuellement peu employés, car on préfère adopter les locomotives, lorsqu'on fait la traction par convois.

Si l'on veut comparer les différents systèmes continus, on doit le faire à deux points de vue, en mettant en regard la chaîne et le câble, puis en choisissant entre chaînes ou câbles traînants et flottants.

La chaîne était seule employée autrefois ; elle se prête mieux à l'accrochage des berlines, que son poids suffit souvent à entraîner, lorsqu'elle repose sur la caisse.

Par contre elle est beaucoup plus lourde (6 à 8 fois), et par conséquent plus coûteuse, bien que le prix, au kilog, soit un peu moindre. Nous avons signalé plus haut qu'elle exigeait une machine plus forte.

Si les berlines sont trop écartées, la chaîne flottante traîne à terre, tandis que le câble reste mieux tendu ; il faut donc plus de constance dans l'espacement des berlines, ce qui oblige à les amener d'une façon plus régulière.

Enfin, le service des embranchements est plus difficile avec la chaîne, car elle ne peut se manœuvrer à la main.

De même, le câble est préférable dans les parcours qui présentent des courbes. Toutes ces raisons expliquent que les systèmes par câbles sont généralement préférés, malgré l'augmentation des frais d'entretien provenant de leur moindre durée et de l'usure provoquée par les dispositifs d'accrochage des berlines.

La comparaison entre les câbles (ou chaînes) traînants ou flottants conduit, en général, à préférer ces derniers, du moins lorsqu'il s'agit de transports souterrains.

La résistance offerte par la chaîne ou le câble traînants et leur usure sont coûteuses, et ne peuvent être évitées que par l'établissement d'une voie bien entretenue et de rouleaux nombreux et soigneusement graissés. Ces conditions sont difficiles à réaliser dans les mines, aussi adopte-t-on, presque toujours, la chaîne ou le câble flottants. A la surface, où l'entretien est plus facile et où l'on préfère éviter la gêne causée par la présence du câble ou de la chaîne du dessus des rails, on adopte souvent les systèmes dans lequel l'organe de traction est au niveau du sol.

107. Conditions d'emploi. — En résumé, la traction par chaîne ou câble sans fin n'est avantageuse que dans certaines conditions : débit considérable, trajet long et ne présentant que peu de courbes.

L'entrée des berlines dans le circuit peut se faire en un point quelconque, mais il est bien préférable qu'elle ne se fasse qu'à l'une des extrémités. En tous cas, pour que ce mode de traction soit choisi de préférence à l'emploi des chevaux ou des locomotives, il faut que le trafic soit assez intense et assez régulier pour utiliser pleinement les installations, que la voie soit facile à entretenir en bon état, et qu'il n'y ait que de rares courbes à grand rayon.

Les progrès réalisés dans la construction des locomotives réduit de jour en jour le champ d'application des traînages mécaniques, mais ces derniers peuvent encore, dans certains cas, rester plus avantageux.

108. Résumé. — Dans les installations de traction par moteur fixe, les berlines sont attachées à un chaîne ou à un câble, qui reçoit son mouvement du moteur, à l'une des extrémités du parcours, et passe, à l'autre extrémité, sur une poulie de renvoi.

Divers systèmes ont été imaginés.

Dans le système *cable-tête — cable-queue* les berlines pleines, dont le nombre dépasse parfois une centaine, sont tirées par le câble enroulé sur le tambour moteur, tandis qu'un brin de retour passe sur la poulie de renvoi et revient, parallèlement à la voie, jusqu'au deuxième tambour placé à côté du premier ; chacun des tambours est alternativement moteur.

Une seule voie suffit ; dans une autre disposition, à deux voies parallèles, le câble de retour traîne le convoi de berlines vides et un troisième câble relie ce dernier au deuxième tambour.

Ce système permet d'assez grandes vitesses, mais il exige une longueur totale de câble égale au triple du parcours, et nécessite des gares très longues. Il se prête au passage dans les courbes à grand rayon, et peut même desservir des embranchements, mais on lui préfère généralement la traction par locomotives.

Dans le système par *chaîne traînante*, celle-ci forme une boucle sans fin et elle est guidée, entre les rails, par des rouleaux. De distance en distance, les maillons portent des cornes qui entraînent les essieux des berlines ; ces dernières doivent être à roues folles.

La vitesse est faible, mais le mouvement est continu, et les berlines sont engagées individuellement sur la chaîne. Le débit peut être considérable.

Le passage des courbes et le service des embranchements exige des poulies sous les rails.

La chaîne traînante, d'application courante pour les transports à la surface, est à peu près abandonnée dans les galeries souterraines, où les voies sont toujours difficiles à maintenir en bon état et où l'usure de la chaîne est rapide.

La *chaîne flottante*, grâce à la forme des maillons, permet un entraînement facile des berlines ; une fourche reçoit un des maillons, et il suffit même parfois du poids de la chaîne pour produire une adhérence suffisante.

Les berlines doivent être régulièrement espacées, de telle sorte que la chaîne ne traîne pas à terre entre deux d'entre elles.

Au passage des courbes, et aux deux extrémités du trajet, des sections en pente, sur lesquelles les berlines roulent d'elles-mêmes, permettent de dégager les berlines, ou de les amener sous la chaîne. Pour cette dernière manœuvre, un ouvrier est cependant nécessaire pour engager la chaîne dans la fourche.

Le *câble traînant* est basé sur le même principe que la *chaîne traînante* ; l'accrochage des berlines se fait par une fourchette excentrée ou par une tenaille fixée à la berline.

Des rouleaux sur le sol guident le câble ; ce dernier, plus souple que la chaîne, peut se plier à des courbes de moindre rayon. Les poulies motrices doivent être à gorges multiples pour assurer une adhérence suffisante, à moins qu'on n'ait recours à des poulies à gorge spéciale, telle que la poulie Champigny.

Le câble traînant est peu employé dans les galeries souterraines. Au contraire le *câble flottant* est assez répandu, notamment en Allemagne. Des galets le guident, en particulier dans les courbes. La difficulté réside plutôt dans l'accrochage des berlines, moins simple qu'avec la chaîne. On a recours à des fourchettes excentrées, à des dispositifs à coin de serrage, ou à des manchons placés de distance en distance sur le câble et qui s'engagent dans une fourchette fixée sur la berline. Tous ces procédés fatiguent d'ailleurs plus ou moins le câble.

Pour assurer sa tension, le câble passe sur une poulie spéciale, dont l'axe est tiré par une vis ou par un contrepoids.

La *comparaison* des divers systèmes conduit à écarter, pour les transports souterrains, la chaîne et le câble traînants, sauf pour de courts trajets. Le câble est plus léger que la chaîne, et n'exige pas un moteur aussi puissant ; il est donc moins coûteux d'installation ; par contre, son usure est plus rapide.

La traction par moteur fixe tend à disparaître depuis que les locomotives de mines ont été perfectionnées. Il existe cependant des cas où elle est avantageuse : très grand débit, d'une alimentation régulière, long parcours presque horizontal, en droite ligne ou ne présentant que quelques courbes à grand rayon. Mais il faut que le trafic soit assez intense pour que les installations travaillent à plein rendement.

CHAPITRE V

PLANS INCLINÉS ET BEURTIATS

SOMMAIRE

§ 1. **Généralités.** — Transports en montant ou descendant. — Divers types de plans inclinés et de beurtiats.

§ 2. **Plans inclinés automoteurs.** — Conditions pour qu'un plan soit automoteur. — Plan à simple effet. — Plan à double effet. — Contrepoids. — Chariot porteur. — Creusement et disposition des plans inclinés. — Voie. — Recettes. — Recette inférieure. — Câble. — Poulie. — Frein. — Régulateur. — Utilisation d'un excédent de force motrice. — Plan bisautomoteur.

§ 3. **Plans armés d'un treuil.** — Conditions d'application. — Treuils d'extraction. — Treuils électriques.

§ 4 **Beurtiats.** Avantages des beurtiats. — Balances. — Résumé.

§ 1. — GÉNÉRALITÉS.

109. Transport en montant ou descendant. — Les modes de transport examinés dans les chapitres précédents, par berlines isolées ou formées en convois, traînées par chevaux ou locomotives, ou par un moteur fixe, supposaient les pentes peu importantes et s'appliquaient par conséquent au roulage dans les voies de fond et les travers bancs. L'exposé des méthodes d'exploitation a montré qu'avant d'aboutir à ces galeries, les produits doivent le plus souvent être transportés entre deux niveaux plus ou moins distants suivant la verticale. Ces transports se font le long des *plans inclinés*, ou dans de petits puits intérieurs (*beurtiats ou bures*).

Les berlines pleines descendent en général du niveau supérieur au niveau inférieur, mais dans certains cas il faut prévoir leur ascension en sens contraire, en particulier pour les berlines de remblais.

Nous aurons donc à examiner successivement des plans ou des beurtiats dont l'installation répondra à des besoins différents et qui se distingueront surtout par le mode de traction employé.

110. Divers types de plans inclinés et de beurtiats. — La majorité des plans inclinés servent à la descente des berlines pleines et à la remontée des berlines vides. Dès que la pente dépasse un certain chiffre, la gravité suffit pour provoquer le mouvement de descente. Le plan est dit *automoteur*. Pour empêcher l'accélération de devenir dangereuse, la poulie sur laquelle passe le câble à la partie supérieure du plan doit être munie d'un frein. Le câble, attelé à l'arrière de la berline pleine, fait remonter soit un contrepoids, soit une ou plusieurs berlines vides. Dans le premier cas le plan est dit *à simple effet*, dans le second cas à *double effet*. Le contrepoids est calculé de façon à peser plus qu'une berline vide, qu'il fera remonter lorsqu'il redescendra. Bien entendu, au lieu d'une seule berline pleine, on peut en atteler au câble plusieurs qui remonteront alors un contrepoids plus lourd ou un plus grand nombre de berlines vides.

Suivant l'inclinaison, les berlines seront directement attelées au câble, ou placées sur un *chariot porteur* dont la plate-forme sera horizontale. Cette dernière solution est indispensable dans les dressants, où la pente est telle que les berlines se videraient par suite de l'inclinaison de la voie.

La force motrice disponible, provenant de la gravité, est parfois en excès ; une partie suffit pour la remontée des berlines vides. Le reste sera employé à divers usages, notamment à la mise en mouvement d'une installation de traînage mécanique ou à l'extraction dans un plan ou un beurtiat où les berlines pleines doivent être transportées de bas en haut.

Une variante intéressante des plans automoteurs est celle qui consiste à faire remonter les berlines vides jusqu'à un niveau supérieur à celui où commence la descente des berlines pleines. Un tel plan est dit *bisautomoteur*.

Bien que plus rares, les plans qui servent à la remontée des berlines pleines sont cependant fréquemment employés dans certaines méthodes d'exploitation. La traction sur ces *plans armés d'un treuil* se rapproche beaucoup de l'extraction dans les puits, ce qui nous permettra de passer rapidement sur leur description.

Les *beurtiats armés d'un treuil* ne sont en somme que des puits d'extraction. Par contre les beurtiats automoteurs ou *balances* méritent une étude à part.

111. Importance des plans et beurtiats. — Dans les couches peu inclinées, on cherche parfois à supprimer les plans inclinés en les remplaçant par des galeries, obliques suivant la pente, le long desquelles la traction peut se faire au moyen de chevaux ou de locomotives. Cette solution a l'inconvénient d'exiger l'entretien de galeries longues et qui chargent souvent beaucoup. Aussi ne la rencontre-t-on qu'exceptionnellement.

Au contraire, dans l'exploitation des dressants, et surtout d'un faisceau de couches rapprochées en dressants, on a tendance dans certains pays, par exemple en Allemagne, à remplacer les plans inclinés par des beurtiats, plus faciles à entretenir et d'un débit plus considérable.

Notons enfin que les transports par couloirs oscillants ou par courroies sans fin, qui se sont beaucoup développés dans ces dernières années, ont comme conséquence la suppression des plans inclinés.

§ 2. — Plans inclinés automoteurs.

112. Conditions pour qu'un plan soit automoteur. — Nous avons donné au chapitre II (n° 31) la formule de l'effort de traction sur les voies en pente.

Cet effort est égal, pour une pente faible, à :

$$f \frac{d}{D} (p_u + p_m) + f' (p_u + p_m + p) - (p_u + p_m + p) \sin \alpha.$$

f le coefficient de frottement ;
f' le coefficient de roulement ;
p_m le poids mort de la partie de la berline portant sur les roues ;
p le poids des roues et essieux ;
p_u le poids utile chargé dans la berline ;
d le diamètre des essieux ;
D le diamètre des roues ;
α l'inclinaison du plan.

Pour les berlines vides qui remontent, on a :

$$f \frac{d}{D} p_m + f' (p_m + p) + (p_m + p) \sin \alpha.$$

Mais ici cette formule n'est plus assez précise et il faut tenir compte non seulement de l'influence de l'inclinaison sur le poids de la berline pleine, mais aussi de celle qu'elle exerce sur la résistance au frottement f, qui se trouve multipliée par $\cos \alpha$.

Le problème à résoudre, c'est-à-dire la recherche de la pente minima à partir de laquelle le plan est automoteur, est analogue, pour un plan à double effet, à la recherche de la pente d'égale résistance (n° 32), mais en tenant compte de résistances supplémentaires (frottements du câble sur les rouleaux ou le sol, roulement de l'axe de la poulie dans ses coussinets) et de la longueur du câble qui relie a berline vide à la poulie.

Lorsqu'au lieu d'une seule berline pleine on en attelle plusieurs, le calcul est modifié. De même lorsque le plan est à simple effet.

Il serait fastidieux de reproduire ces calculs, d'ailleurs faciles, dans chacun de ces cas. Nous nous bornerons à indiquer qu'en admettant pour les coefficients de frottement et de roulement, ainsi que pour les poids qui entrent en jeu, des valeurs analogues à celles que nous avons considérées au chap. II, on constate que les plans à simple effet ne deviennent automoteurs que pour une inclinaison sensiblement supérieure à celle qui suffit pour un plan à double effet (5 à 6° par exemple au lieu de 2 à 3°).

Ces pentes sont faibles ; ainsi qu'on le voit, on disposera en général d'un excédent de force motrice, qui devra être absorbé par un frein, ou utilisé pour un autre travail.

En pratique, pour vaincre la résistance au démarrage et mettre en mouvement les berlines, le plan doit avoir une pente sensiblement plus forte que ne l'indiquent les calculs théoriques précédents.

En augmentant le nombre de berlines en circulation, on peut du reste rendre automoteur un plan de faible inclinaison, sur lequel une seule berline serait insuffisante. Mais cette solution, appliquée sur des plans de grande longueur et de grand débit, complique les manœuvres aux recettes.

Un autre moyen consiste à donner au plan une pente plus forte au sommet qu'à la base, pour assurer le démarrage et pour diminuer au contraire l'accélération en fin de course. Ce dernier problème de la régularisation des moments moteur et résistant, pour compenser l'influence de la variation de longueur des deux brins du câble se pose avec une importance particulière pour l'extraction dans les puits, à propos de laquelle nous aurons à l'étudier plus en détail.

113. Plan à simple effet. — Nous avons indiqué plus haut que le plan à simple effet était caractérisé par l'emploi d'un contrepoids qui était remonté par la berline pleine lorsque celle-ci descendait, et qui remontait, au contraire, la berline vide lorsqu'il redescendait au pied du plan. Son poids doit donc être intermédiaire entre ceux de la berline pleine et de la berline vide (ou d'un certain nombre de pleines et de vides).

Ce poids ne sera pas la moyenne arithmétique entre les deux

poids considérés, car les efforts à absorber par le frein seraient sensiblement différents pendant la circulation des berlines pleines et des berlines vides. On choisit en général la *moyenne géométrique* entre les deux poids, qui égalise les forces motrices dans les deux cas, et rend égales les durées des trajets à plein et à vide.

Nous verrons plus loin la construction du contrepoids, qui varie suivant la position de la voie sur laquelle il circule. Celle-ci péut être latérale ou comprise à l'intérieur de la voie principale. Dans le premier cas, la largeur du plan est plus grande, mais on peut donner au contrepoids une forme plus courte et plus haute. Cette solution est seule acceptable pour les plans à faible pente, où les berlines sont attachées directement au câble. La hauteur des essieux au-dessus du sol est, en effet trop faible pour qu'on puisse faire passer le contrepoids sous les berlines. Un moyen de tourner la difficulté consiste, dans ce cas, à installer trois rails seulement, avec une double voie d'évitement au centre ; le plan n'a besoin d'être élargi que sur une faible longueur.

Dans les plans à chariot porteur, la voie du contrepoids est au contraire disposée, le plus souvent, au milieu du plan, avec un faible écartement de rails ; le contrepoids est bas et étroit. Pour qu'il ait un poids suffisant, on peut être conduit à lui donner une grande longueur.

Le contrepoids latéral a l'inconvénient de gêner les manœuvres sur le côté du plan où il circule.

On peut enfin faire descendre le contrepoids, non plus dans le plan lùi-même, mais dans un puits spécial, creusé derrière la poulie au sommet du plan. En diminuant le rayon d'enroulement du câble auquel est attelé le contrepoids, et en augmentant au contraire le poids de ce dernier, on peut d'ailleurs réduire la profondeur du puits. La dépense qu'entraîne le creusement explique que cette solution ne soit que rarement adoptée.

114. Plan à double effet. — Les plans à double effet, dans lesquels les berlines pleines font remonter les berlines vides sur une voie parallèle, ont un débit beaucoup plus considérable, mais ils exigent le creusement d'un vide plus large, même si l'on adopte la la disposition à trois rails, avec croisement au milieu du plan, ou même à deux rails, avec aiguilles à l'entrée et à la sortie du croisement.

Les plans à double effet présentent un inconvénient, qui est de rendre plus difficiles les manœuvres aux recettes intermédiaires (sauf à mi-longueur). Tout d'abord l'existence du câble gêne les manœuvres d'entrée et de sortie des berlines ; en outre un réglage des câbles est nécessaire pour le service de chaque recette.

Le problème est d'ailleurs différent avec les divers types de câbles employés.

Avec les câbles sans fin, passant sur une poulie à chaque extrémité du plan, la difficulté provenant de la présence du câble qui traverse la recette existe encore, mais elle ne constitue qu'une gêne assez facile à combattre — on n'a pas à faire de réglage du câble pour le service à chaque recette ; le brin du câble qui remonte avec les berlines vides s'est déplacé d'une longueur égale à celle dont est descendue la berline pleine depuis la recette jusqu'au bas du plan. Dans ces conditions, une berline vide se retrouvera à la recette au moment où l'on décrochera, à la recette inférieure, la berline pleine, sans qu'on ait à faire subir aucune modification à la longueur du câble.

Au contraire, un câble à deux bouts est réglé de telle sorte que l'extrémité inférieure soit au bas du plan (en B) quand son autre extrémité est à la recette supérieure (A) (*fig 61*).

Lorsqu'une berline pleine doit être attelée en A′ et que l'on tire le câble de A en A′, l'autre extrémité du câble n'est plus en B, mais en un point B′ tel que

$$BB' = AA'.$$

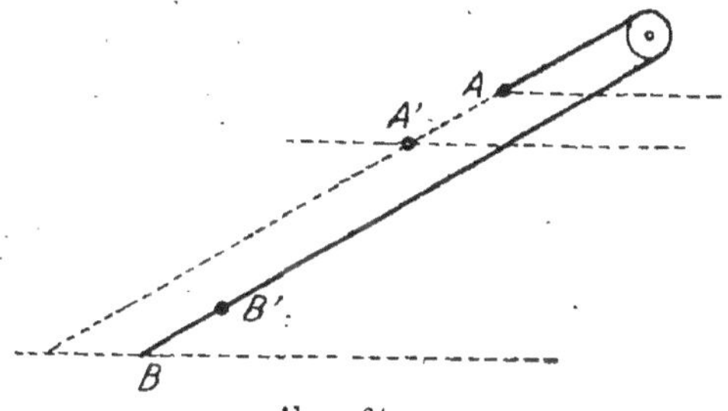

FIG. 61.

Il faut alors ajouter au câble un tronçon BB′, au moyen d'un assemblage comportant un manchon de raccord, à vis par exemple. S'il y a plusieurs recettes, le câble doit être composé de plusieurs tronçons, dont les longueurs sont égales aux distances entre les recettes, et il faudra, suivant les cas, ajouter ou supprimer un ou plusieurs de ces tronçons, ce qui cause une perte de temps et nécessite un personnel plus nombreux.

On préfère en général employer un autre système, analogue à celui que nous retrouverons dans le service des puits d'extraction. Au lieu d'une poulie et d'un câble unique, on utilise deux câbles, qui s'enroulent sur deux tambours montés l'un à côté de l'autre sur le même axe. L'un de ces deux tambours peut être rendu indépendant de l'axe, de façon à allonger ou raccourcir le câble qu'il porte jusqu'à ce que l'extrémité de celui-ci soit amenée au point voulu.

115. Contrepoids. — Le contrepoids, lorsqu'il circule sur une voie latérale, peut être constitué par un wagonnet long et étroit, que l'on charge de pierres ou de blocs de fonte. Mais s'il doit passer sous le chariot porteur, il doit s'élever très peu au-dessus de la voie. Il se compose d'un châssis surbaissé, dans lequel on dispose des blocs de fonte (*fig. 62*). Le châssis est lui-même en fonte ou en fers profilés. Le nombre des blocs varie suivant la pente du plan et le nombre de berlines à équilibrer.

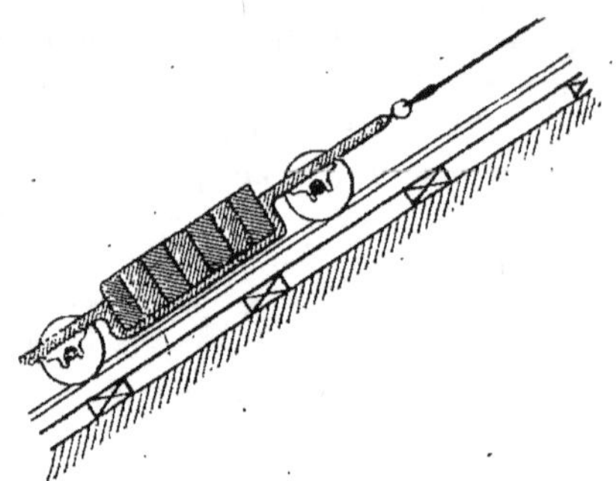

Fig. 62. — Contrepoids.

116. Chariot porteur. — Le chariot porteur est indispensable dès que la pente du plan dépasse 25° environ. Au-dessus de ce chiffre, on ne pourrait plus remplir la berline que très incomplètement, si on l'attachait directement au câble.

Avec un chariot porteur, dont la plate-forme fait avec la voie un angle égal à l'inclinaison moyenne de celle-ci, on peut desservir des plans dont la pente atteint 75° ou 80°. On peut remplir complètement les berlines et le chariot porteur, qui reste constamment attelé au câble, rend les manœuvres aux recettes beaucoup plus faciles et plus rapides. Aussi utilise-t-on parfois ce système avec des inclinaisons inférieures à 25°, si le débit doit être consi-

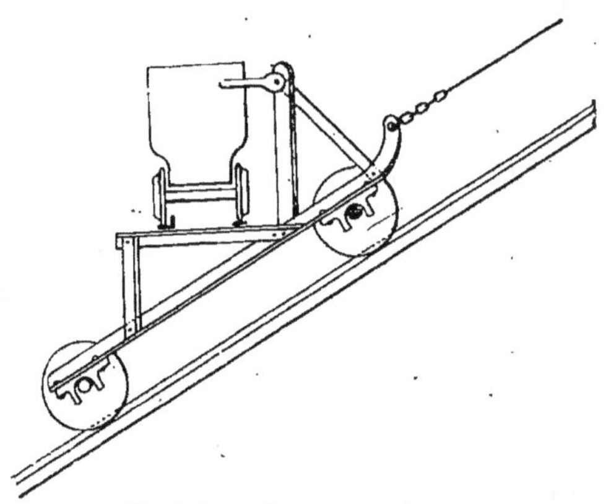

Fig. 63. — Chariot porteur.

dérable, ou s'il y a plusieurs recettes intermédiaires.

Le chariot porteur se compose essentiellement d'un châssis en fers profilés reliant les deux essieux et portant une ou deux plate-formes sur lesquelles les berlines pleines sont maintenues par un dispositif de sûreté quelconque.

Les types de châssis peuvent présenter un grand nombre de variantes.

Dans les modèles les plus simples, le châssis est indéformable et l'angle de la plate-forme avec la voie est fixé une fois pour toutes. Un tel chariot ne peut évidemment servir que pour une pente donnée, avec une tolérance de quelques degrés en plus ou en moins.

La plate-forme sera à une seule berline, ou à deux berlines l'une à côté de l'autre.

Dans d'autres modèles, le châssis porte deux plate-formes à des niveaux différents, ce qui nécessite une manœuvre supplémentaire aux recettes.

On a imaginé des dispositifs tels que le même chariot puisse servir sur des plans d'inclinaisons très différentes. Pour cela, il faut que l'angle de la plate-forme et de la voie puisse être modifié. On peut par exemple terminer l'une des extrémités de la plate-forme par une charnière tandis que l'autre repose sur une clavette que l'on engage dans un des trous percés dans un fer plat en arc de cercle.

Dans le système *à berceau* (*fig. 64*), la plate-forme est solidaire d'un cercle en fer portant un certain nombre de trous. Le châssis affecte une forme semblable, et porte aussi des trous également écartés ; on boulonne ensemble ces deux pièces après avoir donné à la plate-forme l'inclinaison désirée.

Les chariots porteurs écartent les berlines de la voie et obligent à donner plus de hauteur à la section du plan. On cherche à diminuer cet inconvénient en donnant au châssis une forme appropriée ; c'est en particulier pour cette raison que l'on préfère souvent placer les deux berlines sur des plate-formes distinctes plutôt que de les mettre côte à côte.

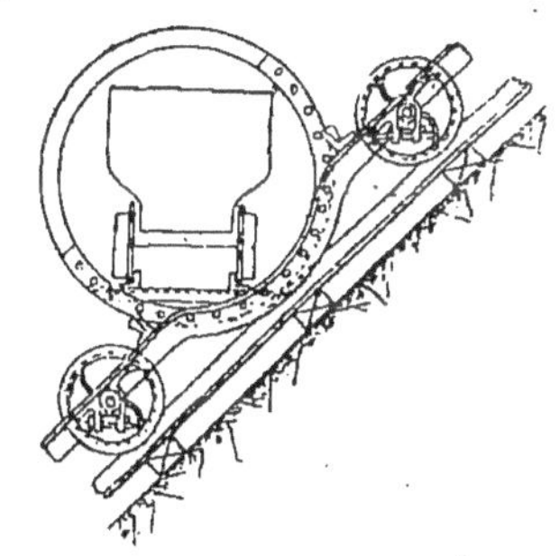

Fig. 64. — Chariot porteur à berceau.

117. Creusement et disposition des plans inclinés. — Nous avons décrit, dans les volumes précédents du Cours, le creusement et le soutènement des plans inclinés, qui se rapprochent beaucoup de ceux des galeries à grande section. Leurs dimensions sont déterminées par les conditions dans lesquelles se fera la traction. La hauteur peut être inférieure à celle d'une galerie lorsque les berlines sont attelées directement au câble, tandis qu'elle est souvent supérieure lorsqu'on fait usage d'un chariot porteur.

La largeur est maxima pour les plans à double effet, avec deux chariots porteurs. Les dimensions de ces derniers dépendent du type de berlines employées. Nous avons indiqué qu'on s'efforçait, dans certains cas, de réduire la largeur du plan, sur la plus grande partie de sa longueur, par l'adoption de voies à trois rails ou à deux rails avec croisement. Ce dernier système est peu recommandable, à cause des risques de déraillements.

La longueur des plans inclinés est très variable suivant la différence de niveau entre les galeries à desservir et suivant la pente. Il existe des plans longs de plusieurs centaines de mètres; il faut alors, pour que le débit soit suffisant, faire circuler de véritables convois de 10 ou 15 berlines. On préfère en général fractionner le parcours entre plusieurs plans, qu'on ne dispose pas dans le prolongement les uns des autres, mais avec un décalage suffisant pour faciliter les manœuvres de passage des berlines de l'un à l'autre.

Les plans sont souvent tracés suivant la ligne de plus grande pente de la couche, mais il faut éviter les changements d'inclinaison trop sensibles. Pour les plans au rocher, on est maître de choisir l'inclinaison la plus favorable suivant les circonstances notamment suivant la *nature des terrains*.

118. Voie. — La pose de la voie ne présente rien de particulier tant que la pente reste modérée. Mais dans les dressants il faut combattre la tendance au glissement de la voie. Les traverses sont appuyées sur les montants du boisage ou mieux encastrées dans les parois

Les rails plats, qui se tordent trop facilement, ne sont pas admissibles. On n'emploie que des rails à patin, fixés sur les traverses au moyen de crampons ou de tirefonds, et d'une résistance suffisante. Il faut en effet que la voie soit solide et soigneusement établie, car les déraillements ont de graves conséquences, tant pour la voie et le boisage du plan que pour le matériel lui-même. Il faut en particulier que la voie soit parfaitement rectiligne: les sinuosités seraient une cause certaine d'accidents; il n'est d'ailleurs pas possible de tracer un plan en courbe, même de grand rayon. La traction du câble, en exerçant un effort oblique par rapport à la voie, amènerait presque infailliblement un déraillement.

Le câble repose sur des rouleaux, entre les rails; à moins d'un entretien très soigné, ces rouleaux s'encrassent; le câble frotte sur leur surface sans les faire tourner et les résistances augmentent sensiblement.

119. Recettes. — L'installation des *recettes*, c'est-à-dire des croisements du plan et des galeries horizontales, pose d'abord des problèmes de creusement et de soutènement, sur lesquels nous n'avons pas à revenir ici ; nous n'avons à examiner que les dispositifs nécessaires pour la manœuvre des berlines.

Dans les galeries, il faut pouvoir garer les berlines prêtes à être introduites dans le plan, ou qui viennent d'en sortir, et les engager sur les voies pour la formation des convois, (si le roulage ne se fait pas à la main). On dispose pour cela des plaques de fonte sur une certaine longueur, comme dans les gares au voisinage des puits. Mais il faut en outre prévoir des dispositifs de sûreté pour empêcher la chute des berlines dans le plan et empêcher les ouvriers de traverser celui-ci pendant les manœuvres. Nous décrirons ces appareils au chapitre VI.

Dans le plan lui-même, la recette doit comporter un palier permettant l'accrochage ou le décrochage des berlines, leur rotation à 90° et les manœuvres d'introduction ou d'évacuation.

Remarquons d'abord que lorsque le plan est à chariot porteur, le problème est très simple, puisqu'il suffit d'amener la berline sur la plate-forme ou de l'en extraire. sans la tourner ni l'atteler au câble. Le chariot se présente en prolongement de la voie de la galerie ; la manœuvre est facile et rapide, au moins du côté opposé au contre-poids. S'il faut faire passer la berline par dessus le câble de ce dernier, un pont mobile est rabattu pour la manœuvre et relevé ensuite.

Dans les plans où les berlines sont accrochées au câble, un palier devient indispensable, mais on voit que le profil du plan n'est plus

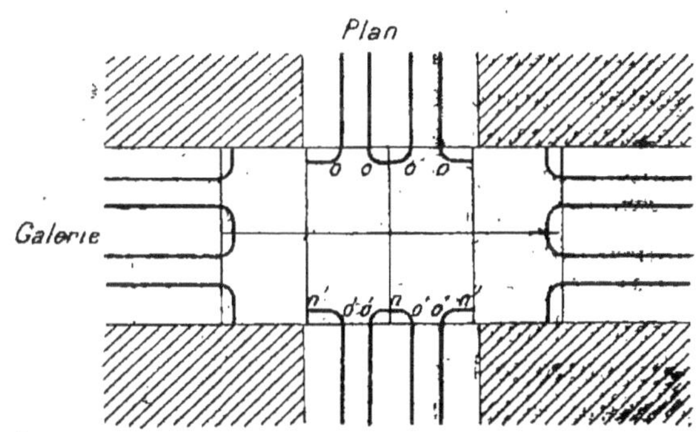

Fig. 65. — Recette intermédiaire.

régulier, puisqu'il est coupé de distance en distance par des sections horizontales dont le franchissement ne se fait pas facilement.

Tout d'abord, bien que les plaques qui le constituent soient munies d'oreilles *o o'* (*fig. 65*) pour guider les berlines, des déraillements sont à craindre. Mais surtout la berline pleine, se trouvant sur un plan horizontal, s'arrête et il faut la pousser à bras pour l'engager sur la voie inclinée au dessous de la recette ; si, à l'autre extrémité du câble, la berline vide se trouve engagée dans le plan, cette manœuvre est très pénible. Au contraire, si la berline vide se présente à la recette alors que la berline pleine qui l'entraîne est entre deux recettes, il faut ralentir considérablement la vitesse en agissant sur le frein de la poulie, à la partie supérieure, pour éviter un brusque accroissement de vitesse et permettre aux ouvriers de la recette de guider sans danger la berline vide jusqu'à l'entrée de la voie en amont. Toutes ces opérations compliquent grandement le service du plan et ne sont pas sans danger lorsque la pente est un peu forte.

Les plaques de la recette sont complètement planes, ou portent des rainures guidant les roues, mais d'une profondeur assez faible pour qu'on puisse facilement tourner les berlines. On peut également se borner, si la pente est faible, à tracer un court palier horizontal et à poser des plaques entre les rails, qui sont sans solution de continuité, et à tourner les berlines sur ces plaques en les faisant sauter hors des rails. Il est prudent, en tous cas, de munir les plaques de nervures *n, n'* (*fig. 65*) qui empêchent les berlines de glisser dans le plan.

On a cherché divers moyens de réaliser des recettes à plate-forme mobile ; celle-ci est disposée suivant la pente du plan lorsque la recette n'est pas en service, et on peut la rendre horizontale lorsqu'on veut y faire une manœuvre.

On peut par exemple supporter le palier par un segment denté en arc de cercle ; en position inclinée, une liaison est établie, à l'aide d'une clavette, entre le bord du palier et la voie amont. Pour recevoir une berline, on arrête celle-ci sur le

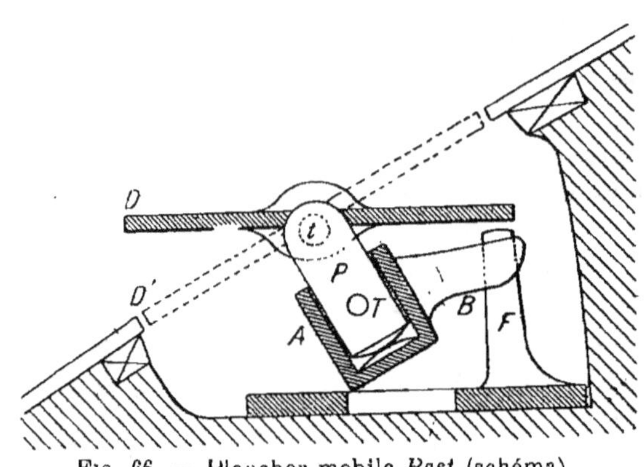

Fig. 66. — Plancher mobile *Best* (schéma).

palier, on supprime la liaison, on pousse légèrement la berline pour produire le basculement du palier, qu'on immobilise dans la position horizontale. Il n'y a plus alors qu'à décrocher le câble, à faire tourner la berline et à la pousser dans la galerie.

Le plancher imaginé par *Best* est un peu plus compliqué.

Il comporte un cylindre A incliné normalement à la pente du plan (fig. 66) et dans lequel tourne le pivot P qui supporte le plancher. Le cylindre est soutenu au moyen de tourillons T qui tournent dans des coussinets et d'une branche B que l'on immobilise au moyen de boulons entre deux plaques F pour obtenir l'inclinaison désirée du pivot P.

Le plancher D n'est pas perpendiculaire au pivot, mais incliné suivant un angle tel (réglable au moyen de tourillons t et de boulons de fixation) que par une rotation de 90° du pivot on puisse amener le plancher soit à s'orienter dans le prolongement du plan (position D' pointillée), soit à être horizontal (D). La première position permet la circulation dans le plan, la seconde les manœuvres d'entrée et de sortie des berlines.

La *recette supérieure* du plan ne nécessite pas d'installations aussi compliquées, puisqu'on n'a pas à prévoir la traversée des berlines. Elle comporte un palier horizontal assez large pour les manœuvres et, en prolongement du plan, la chambre de la poulie.

120. Recette inférieure.

— La *recette inférieure* est également formée d'un simple palier pour l'accrochage et le décrochage des berlines, mais elle peut présenter divers aspects au point de vue du raccordement avec la galerie horizontale, qui est généralement perpendiculaire à la direction du plan (*fig. 67* I, II et III).

La disposition I est rare, car elle oblige à interrompre la circu-

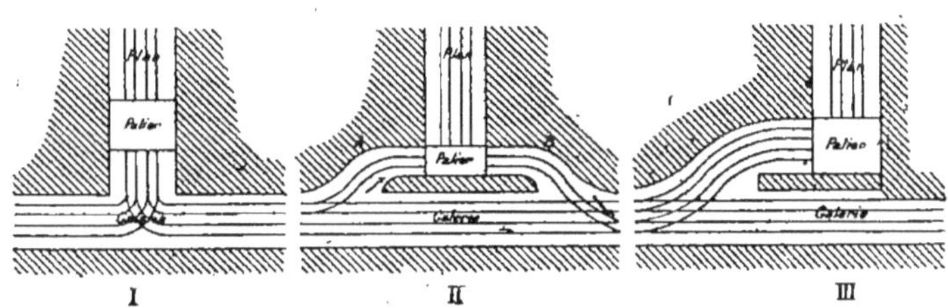

FIG. 67. — Recettes inférieures.

lation dans la galerie pendant le service du plan, ce qui est une gêne sérieuse si le trafic est intense. On a donc soin de laisser un massif de protection entre le bas du plan et la galerie (II).

La disposition III assure la même protection de la galerie contre les chutes de berlines dans le plan, mais elle rend les manœuvres plus compliquées, surtout s'il n'y a qu'une voie de roulage dans la galerie et la déviation. La disposition II permet un débit plus considérable, surtout si on a soin d'établir la déviation avec une pente assez forte, de A vers B, pour que les berlines roulent d'elles-mêmes.

Avec les plans à chariot-porteur, la recette doit comporter une fosse pour recevoir le chariot. La disposition I devient donc inadmissible, sauf dans le cas de très faible trafic, où le chariot reste normalement à la base du plan.

121. Câble. — Les câbles employés sont uniquement des câbles ronds en fils d'acier. Nous étudierons dans la VIIIe partie du Cours (*Extraction*) la constitution de ces câbles, leur calcul et les mesures de surveillance indispensables pour éviter les ruptures inopinées.

Les câbles plats (végétaux ou métalliques), utilisés dans les puits verticaux, ne se rencontrent pas dans les plans inclinés. On n'emploie pas non plus les chaînes, sauf pour des plans très courts.

L'attelage se fait à l'aide de crochets fixés au bout du câble, et d'un tronçon de chaîne fixé à la berline. Pour éviter le soulèvement de la berline et son déraillement, on ajoute parfois une chaîne supplémentaire reliant l'extrémité du câble au haut de la caisse, sur le bord de laquelle on engage un crochet.

Si l'on fait circuler plusieurs berlines accrochées l'une à l'autre, il est prudent de renforcer les attelages entre ces dernières par des crochets de sûreté, ou même de relier chacune des berlines à l'extrémité du câble par des tronçons de chaîne ou de câble.

On remédie souvent au danger de chute d'une berline à la suite d'une rupture de câble ou d'attelage, en munissant l'arrière du wagonnet d'une fourche (fixée à la base de la caisse) qui traîne par terre et qui se fiche dans le sol si la berline recule; mais cette solution n'est applicable qu'aux convois montants, de même (à moins de modifications compliquées) que le système qui consiste à placer sur la voie montante, de distance en distance, des taquets effacés par les berlines pendant leur ascension, et qui les retiennent si elles redescendent.

Une solution plus complète réside dans l'emploi d'un parachute intercalé entre le câble et le convoi (voir le chapitre suivant), mais la meilleure précaution est encore de surveiller attentivement les câbles et de les remplacer dès que leur usure devient dangereuse.

122. Poulie. — La poulie, placée à la partie supérieure du plan au-dessus de la recette, est à axe horizontal si la voie du contrepoids est à l'intérieur de celle du chariot porteur. Elle est au contraire à axe normal à l'inclinaison, et présente ses faces parallèlement aux voies, si le contrepoids circule sur une voie latérale, ou si le plan est à double effet. Son diamètre est alors tel que les deux brins du câble soient rigoureusement dans l'axe des deux voies.

Le frottement du câble sur la poulie est souvent insuffisant pour donner une adhérence satisfaisante, si l'on se borne à faire passer simplement le câble autour de la poulie, surtout si celle-ci est à gorge cylindrique. Le contact n'existe, en effet, que sur une moitié de la circonférence.

L'adhérence sur une fourrure en chanvre ou en bois est un peu meilleure, mais cette disposition n'est pas toujours suffisante. On obtient de meilleurs résultats en plaçant ce garnissage dans une gorge tronconique. On est, le plus souvent, obligé d'adopter des poulies spéciales, analogues à celles que nous avons décrites à propos des traînages par câble sans fin : poulie Champigny ou autres, doubles poulies mouflées. Une solution simple consiste à enrouler deux fois le câble sur la poulie, ce qui donne comme longueur du contact une fois 1/2 le périmètre.

Fig. 68.

A Somorostro (Espagne), on a réalisé la même longueur d'enroulement en employant deux poulies dont la distance est égale à l'écartement des axes des deux voies (*fig. 68*).

123. Frein. — La poulie comporte toujours, comme organe essentiel, un frein destiné à absorber l'excédent de force vive et à empêcher la berline descendante de prendre une vitesse exagérée, c'est-à-dire de dépasser 4 ou 5 m. par seconde.

A cet' effet, la poulie porte une jante cylindrique, venue de fonte avec celle qui reçoit le câble (*fig. 69*). Sur cette jante on fait agir le sabot du frein constitué par deux longues pièces de bois courbes ou par un ruban d'acier (*fig. 70*). Les deux extrémités du sabot sont reliées à un levier L, maintenu abaissé par le contrepoids P. Le frein est donc normalement serré, et pour permettre le mouvement de rotation de la poulie, le machiniste est obligé de soulever le levier L.

Cette disposition est infiniment préférable à celle où l'ouvrier est obligé d'appuyer sur le levier pour agir sur un frein normalement desserré. En effet, dans ce dernier cas, une inattention ou un moment de faiblesse de l'ouvrier amènent une accélération exagérée de la rotation de la poulie et un accident. Au

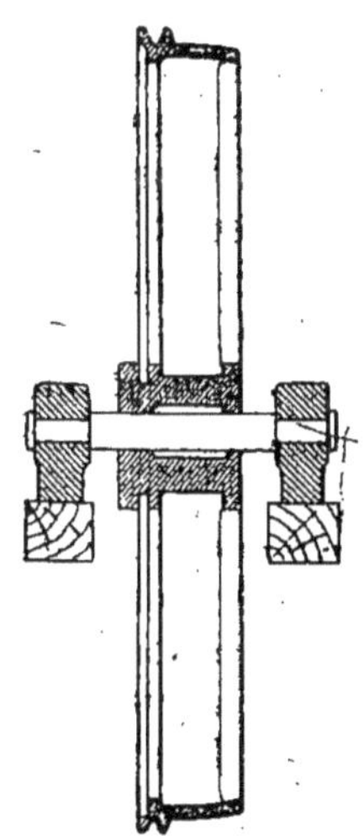

Fig. 69. — Poulie.

contraire, avec le frein normalement serré, si le machiniste est distrait ou indisposé, le frein se serre et la circulation s'arrête dans le plan.

Il est cependant nécessaire que la manœuvre ne soit pas confiée à un ouvrier inexpérimenté, car un freinage trop brusque et un arrêt brutal des berlines, lancées à grande vitesse, pourraient causer une rupture du câble.

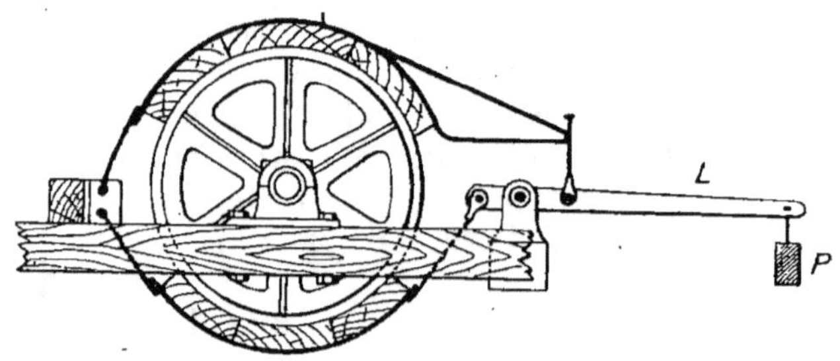

Fig. 70. — Frein à sabot.

Il existe un grand nombre de modèles de poulies à frein ; dans certains d'entre eux, on ajoute, au freinage sur la jante, un freinage sur le câble, pour empêcher le glissement de ce dernier dans la gorge de la poulie.

124. Régulateur. — La conduite du roulage dans un plan incliné oblige l'ouvrier qui manœuvre le frein à porter toute son attention à son travail, car il doit éviter deux écueils : laisser les berlines prendre une vitesse trop grande, dont il risquerait de ne plus être maître sans un freinage brutal — exagérer la prudence, ce qui ralentirait trop la descente et réduirait le débit du plan.

On a cherché à empêcher la vitesse de dépasser une certaine limite, en faisant agir un dispositif qui ajoute à l'effort du frein une résistance croissante avec la vitesse.

Pour réaliser ce perfectionnement, on peut mettre en mouvement, au moyen d'un train d'engrenages, un régulateur à palettes tournant dans l'eau ou dans l'huile. Au fur et à mesure que la vitesse de rotation de la poulie augmente, la résistance opposée par le liquide au mouvement des palettes s'accroît ; elle devient telle, au bout d'un certain temps, qu'elle s'oppose à une nouvelle accélération.

On ne peut d'ailleurs penser à remplacer le frein par le régulateur, car celui-ci n'agit efficacement qu'à partir d'une certaine vitesse ; le frein reste nécessaire pour arrêter le mouvement avant l'arrivée aux recettes et pour parer aux incidents imprévus. Nous retrouverons d'ailleurs le régulateur dans l'installation des puits servant à la descente des produits.

125. Utilisation d'un excédent de force motrice. — Au lieu d'absorber, au moyen du frein, tout l'excédent de force motrice provenant de la descente des berlines pleines, on a cherché à l'utiliser de diverses manières.

On peut d'abord actionner, par l'intermédiaire de la poulie, un moteur dont le service s'accommode d'un travail intermittent, une pompe par exemple, qui puisera dans un réservoir assez grand pour recueillir les eaux pendant les périodes d'arrêt de la circulation dans le plan. Mais il faut que celle-ci soit assez fréquente pour que la durée de fonctionnement de la pompe, pendant une journée, assure un débit suffisant. En outre, l'épuisement est interrompu pendant les chômages du dimanche ou des jours fériés. Enfin, à moins de transformer la force motrice en courant électrique au voisinage de la poulie, cette solution n'est applicable que si le plan est rapproché du point où les eaux s'accumulent.

Une utilisation plus rationnelle consiste à relier, par un engrenage ou une courroie, la poulie de frein à la poulie motrice d'un traînage mécanique par câble sans fin. Ce traînage servira à amener les berlines à la tête du plan (ou au pied si la poulie est à la base et actionne un câble sans fin dans le plan).

On peut également employer la poulie à assurer la traction dans un autre plan ou dans un beurtiat, situés au voisinage et dans lesquels les produits doivent être remontés. La difficulté à laquelle se heurtent tous ces systèmes est de rendre solidaires les roulages dans les différents plans ou galeries. Il est toujours possible, si le service qui utilise l'excédent de force motrice est peu actif, de supprimer la liaison et de travailler dans le plan principal uniquement au frein. Mais s'il y a des à-coups dans l'exploitation et qu'il faille assurer pendant un moment un trafic plus intense, on risque de ne plus disposer d'une force motrice suffisante.

On ne peut donc penser à de telles installations que pour des plans à grand trafic, et dont l'exploitation dure pendant une période assez longue.

Un dernier exemple d'utilisation de la force motrice en excès se rencontre dans les plans connus sous le nom de plans *bisautomoteurs*, appliqués en particulier dans certaines mines où l'on a organisé le roulage circulaire.

126. Plan bisautomoteur. — Un plan incliné est dit bisautomoteur lorsque la descente des berlines pleines provoque l'ascension des vides, non pas jusqu'à la recette d'où sont parties les pleines, mais jusqu'à un niveau supérieur.

La fig. 71 représente la disposition des câbles et poulies d'un semblable système.

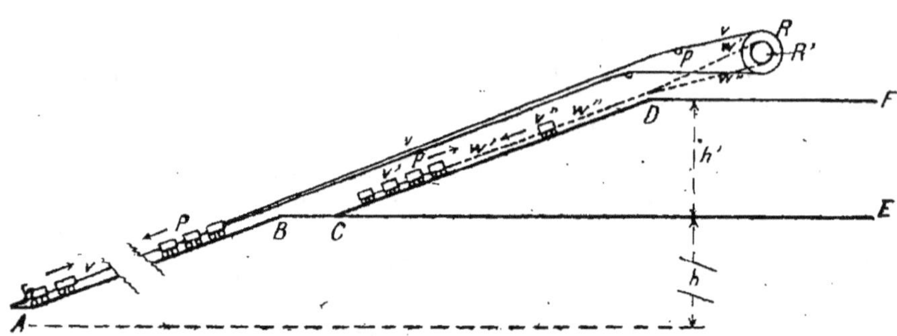

FIG. 71. — Plan bisautomoteur.

Sur le plan principal A B circulent un convoi de berlines pleines P et un convoi de berlines vides V, composés du même nombre de véhicules. Les brins v et p du câble continuent au-dessus de la recette intermédiaire BC et viennent s'enrouler sur une poulie R au sommet de la travée supplémentaire C D. Sur le parcours BR, ce câble est guidé par des galets supportés par des piliers en maçonnerie.

Sur le même axe que la poulie R est calée une autre poulie R' autour de laquelle s'enroule un 2e câble dont l'un des brins (w') est attaché à un convoi de berlines vides V', qui comporte une berline de plus que les convois V et P. A l'autre brin w'' est attelée une seule berline V'', vide également.

Les berlines pleines arrivent par la voie C E, dont le tracé est oblique par rapport au plan incliné A B C D. On voit de suite, en examinant les manœuvres, que la descente de n berlines pleines de B vers A provoque l'ascension de n berlines vides de A vers B, et de $(n+1)$ vides de c vers D ; mais en même temps une berline vide redescend de D à C. En résumé, tout se passe comme si n berlines vides étaient montées de A à D. La berline vide V'' joue simplement le rôle de contrepoids.

Le calcul montre (en négligeant les résistances passives du système) que la limite de la hauteur supplémentaire h' suivant laquelle on peut faire remonter les vides, au-dessus du niveau de la recette BC, est donnée par la relation

$$\frac{h'}{h} = \frac{\text{poids utile}}{\text{poids mort}} \text{ d'une berline.}$$

Quant aux longueurs totales des câbles elles sont : pour le plan principal AB + 2 BR, et pour le plan supérieur : CR.

Les rayons des deux poulies R et R′ doivent être proportionnels aux longueurs AB et CD, pour que les trajets sur les deux plans aient exactement la même durée.

§3. — PLANS ARMÉS D'UN TREUIL.

127. Conditions d'application. — Les plans automoteurs s'appliquent dans les exploitations où les produits abattus descendent continuellement depuis les chantiers jusqu'aux voies de roulage par lesquelles ils sont amenés au puits d'extraction, et où l'on n'a à faire remonter en sens inverse que des berlines vides, soit que les dépilages fournissent suffisamment de remblais, soit qu'on opère par foudroyage ou par abandons de massifs, soit encore que les remblais, eux aussi, n'aient qu'à descendre des niveaux supérieurs jusqu'aux chantiers. Il n'en est pas toujours ainsi dans les exploitations de couches moyennes ou épaisses, avec remblayage. Sauf le cas, assez exceptionnel, où le roulage circulaire est strictement appliqué, il faut prévoir la remontée, le long des plans inclinés, de berlines de remblais. Inversement, dans les exploitations en vallée, on aura à faire remonter les produits abattus.

Le pesanteur n'agissant plus dans le sens de la circulation des produits, une force motrice étrangère est indispensable ; il faut armer le plan, non plus d'une simple poulie à frein, mais d'un treuil.

128. Treuil d'extraction. — Ce treuil peut être à vapeur, à air comprimé ou électrique. Nous avons exposé, dans la première partie du Cours, les raisons qui font abandonner de plus en plus l'emploi de la vapeur dans les travaux souterrains : condensations dans les conduites d'amenée, échauffement de l'atmosphère, inconvénients de la vapeur d'échappement, rendement défavorable par suite de la difficulté d'appliquer la condensation.

L'air comprimé est au contraire tout indiqué pour le service des treuils d'extraction : le rendement global des installations de force motrice est faible, mais le transport de l'air n'entraîne pas d'ennuis comme celui de la vapeur, les appareils sont simples et robustes, et peuvent être conduits par des ouvriers peu expérimentés ; l'air qui s'échappe dans l'atmosphère n'a que des effets salutaires pour l'aérage de la mine. En outre, nous avons vu que cette source d'énergie était très employée pour la perforation mécanique, et la même canalisation servira à amener le fluide nécessaire aux appareils de perforation et aux treuils, comme aux pompes ou ventilateurs secondaires.

Les treuils à air comprimé sont à poulie ou à tambour. Malgré leur encombrement supérieur, ces derniers sont les plus fréquents. Nous n'entrerons pas dans le détail de leur construction ; dans les types les plus courants, le tambour est entre les deux cylindres, et la transmission se fait par engrenages. Un frein énergique, à sabot de bois circulaire ou à ruban agit sur une jante au centre du tambour, entre les deux parties où s'enroulent les câbles (*fig. 72*).

Dans certains cas, les treuils comportent des tambours coniques ou spiraloïdes, qui seront décrits dans la partie du Cours relative à l'*Extraction*, mais cette complication se rencontre rarement dans les travaux souterrains.

Les treuils souterrains doivent être construits de façon à pouvoir se monter et se démonter facilement, et ne pas comporter de pièces de grandes dimensions, qui ne pourraient passer dans les puits ou les galeries.

Lorsque la durée de l'installation est courte, ou qu'il faut prévoir un allongement progressif du plan qui entraînerait le démontage du treuil, on emploie parfois des appareils mobiles, montés sur châssis à roue. Mais leur puissance est forcément limitée.

129. Treuils électriques. — Les treuils électriques, qui ne peuvent être employés qu'avec des précautions spéciales dans les mines grisouteuses, ont divers avantages : remplacement des canalisations, qui sont une cause de fuites et dont l'entretien demande une surveillance attentive, par un câble ; rendement beaucoup meilleur du moteur ; suppression de toute perte d'énergie pendant les arrêts ; fonctionnement silencieux. Quant à l'encombrement, il est à peu près le même, car la vitesse de rotation du moteur étant considérable, sa réduction exige un train d'engrenages plus complexe.

Comme construction, l'ensemble du treuil doit satisfaire aux mêmes conditions de robustesse et de simplicité de montage exigées des appareils à air comprimé.

§ 4. — BEURTIATS.

130. Avantages des beurtiats. — Les beurtiats, sauf dans le cas exceptionnel de filons tout à fait verticaux, ou d'amas de grande épaisseur, sont creusés au rocher, tandis que les plans inclinés sont souvent tracés dans la couche. Leur établissement est donc plus coûteux. Par contre leur soutènement exige beaucoup moins d'entretien.

Fig. 72. — Treuil d'extraction.

La circulation ne se fait plus par roulement, sur des rails, des berlines ou d'un chariot porteur, mais à l'aide de cages guidées, dont la vitesse peut être plus grande : l'usure est moindre et le débit du système est sensiblement plus élevé, d'autant plus que, pour une même différence de niveau, la longueur à parcourir est moindre. Il est vrai qu'il faut tenir compte des trajets horizontaux supplémentaires à la tête et au pied du beurtiat.

Comme pour les plans, on peut distinguer deux grandes classes : beurtiats à simple effet (une cage et un contrepoids), ou à double effet (deux cages). Dans le premier cas le contrepoids, haut et de section horizontale réduite, circule dans un petit compartiment spécial.

Mais la grande différence à retenir est celle entre les beurtiats dans lesquels les produits sont remontés de bas en haut (beurtiats armés d'un treuil) et ceux dans lesquels ces produits descendent du niveau supérieur au niveau inférieur (*balances*), qu'il s'agisse du minerai ou du charbon, des remblais ou de matériaux divers. Les premiers exigent une chambre de machines et l'installation de molettes au haut du beurtiat, à une distance suffisante au-dessus de la recette, à moins qu'on ne place le treuil à la base du puits, avec poulie de renvoi au sommet.

131. Balances. — Les balances comportent au sommet une poulie à frein, à laquelle on adjoint parfois un régulateur.

Le mouvement des cages étant vertical, c'est leur poids total qui entre en jeu, et non plus seulement une composante variable avec l'inclinaison du plan. Le freinage doit donc être particulièrement énergique et les cages doivent être munies de parachutes pour empêcher les accidents en cas de rupture du câble.

La question d'adhérence de ce dernier sur la poulie se pose avec plus de force encore que dans les plans. On emploiera donc des poulies à gorge spéciale, ou à plusieurs gorges avec contre-poulie ; cette dernière est placée

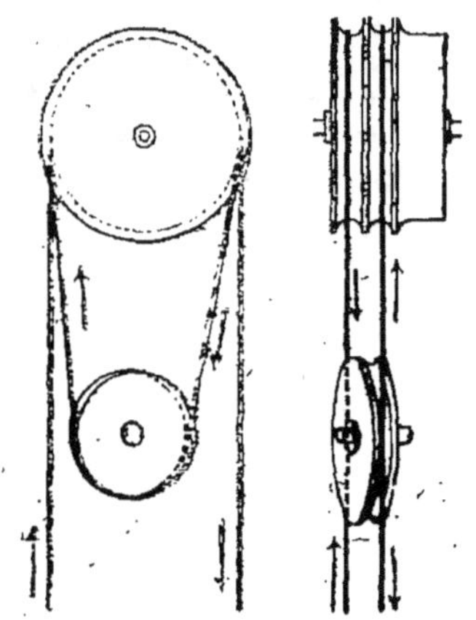

Fig. 73.
Contre-poulie oblique.

obliquement pour éviter l'usure du câble par frottement contre les parois de la gorge, à l'entrée et à la sortie de la poulie auxiliaire.

La fig. 73 permet de se rendre compte du mouvement du câble.

Le poids de ce dernier, qui s'ajoute au départ à celui de la cage contenant la berline vide, passe progressivement du côté de la cage pleine qui descend et accroît ainsi le moment moteur; cet inconvénient, généralement négligé dans les plans inclinés, augmente l'effort demandé au frein; il peut être combattu par l'adjonction d'un câble d'équilibre fixé sous les deux cages et passant, au bas du beurtiat, sur une poulie de renvoi.

On trouvera, dans la VIIIᵉ partie du Cours, une description plus détaillée des divers procédés d'équilibrage des câbles d'extraction.

132. Résumé. — Le transport des produits, dans la mine, doit souvent assurer le passage d'un niveau à un autre, soit le long d'un *plan incliné*, soit dans un puits intérieur (*beurtiat*). Dans les exploitations où l'on n'a pas à prévoir l'introduction de remblais, ou dans celles qui appliquent le roulage circulaire, ces transports se font presque toujours de haut en bas. On se sert alors, pour assurer la circulation dans les plans ou les beurtiats, de la différence de poids entre les berlines pleines et les vides.

Dans le cas contraire, qui se présente surtout dans les exploitations de couches épaisses ou dans celle de quartiers *en vallée,* les plans ou beurtiats doivent être armés d'un treuil d'extraction à air comprimé ou électrique.

Les plans inclinés sont *automoteurs* dès que la pente est suffisante pour vaincre la résistance au roulement et celles qui proviennent des frottements du câble sur les rouleaux ou de l'axe de la poulie sur ses coussinets. Cette pente est faible et, dans la majorité des cas, on dispose d'un excédent de force motrice qu'il faut absorber au moyen d'un frein, si on ne l'utilise pas pour un travail utile.

Les plans sont dits *à simple effet*, si les berlines descendantes font remonter un contrepoids, à *double effet*, si elles tirent des berlines vides.

Dans ce dernier cas, le débit du plan est doublé, mais le service des recettes intermédiaires est plus compliqué, car il exige un réglage du câble; celui-ci s'obtient par l'adjonction de tronçons de longueur voulue, ou par l'emploi de deux tambours, portant chacun un câble, et dont l'un peut être rendu indépendant de l'axe commun.

Lorsque la pente dépasse 25° environ, on ne peut plus atteler directement les berlines au câble; on les place sur des *chariots-porteurs ;* les dimensions du plan doivent être plus grandes, mais les manœuvres aux recettes deviennent très simples.

Les manœuvres aux recettes intermédiaires, dans les plans sans chariot porteur, exigeant un palier horizontal, qui gêne pour la circulation des berlines, on a imaginé divers systèmes de paliers mobiles, qui assurent la continuité de la voie tant que l'on n'utilise pas la recette et peuvent être amenés à la position horizontale, lorsqu'on veut engager une berline dans le plan ou l'en retirer.

Les plans inclinés ne doivent pas déboucher directement, à la base, sur la galerie de roulage, car il est interdit de traverser la recette inférieure pendant la circulation des berlines dans le plan. On établit donc une déviation de la galerie, en laissant un massif de protection entre elle et la recette.

Le câble passe, à la partie supérieure du plan, sur une *poulie* munie d'un frein normalement serré, d'autant plus énergique que la pente est plus forte.

Pour obtenir une adhérence suffisante, on doit employer des poulies à gorge spéciale ou des poulies moufflées.

L'*excédent de force motrice* disponible est utilement employé, dans certaines mines, pour actionner un traînage mécanique ou même des pompes d'épuisement. On peut également en profiter pour faire monter les berlines vides jusqu'à un niveau supérieur à celui auquel les berlines pleines sont introduites (plans *bisautomoteurs*).

L'armement des *puits intérieurs* est analogue à celui des plans inclinés, mais la pesanteur exerçant une action plus complète que dans les plans, le freinage doit être plus énergique.

Les puits intérieurs ont l'avantage de coûter moins d'entretien et d'avoir un débit plus considérable, aussi les préfère-t-on dans certaines régions malgré les frais qu'entraîne leur établissement.

CHAPITRE VI

ORGANISATION GÉNÉRALE DU ROULAGE ET MESURES DE SÉCURITE

SOMMAIRE

§ 1. — ORGANISATION GÉNÉRALE DU ROULAGE.

133. Importance de la question. — Dans les anciennes exploitations, à production limitée, qui ne comportaient en général que des parcours réduits, la question du roulage était surtout dominée par la préoccupation de faire travailler dans les meilleures conditions les ouvriers chargés du transport des produits. Il fallait adopter des véhicules (traîneaux, brouettes, wagonnets) dont le maniement n'absorbât pas la plus grande partie de l'énergie des ouvriers. On choisissait leurs dimensions de façon à pouvoir employer pour le roulage, des garçons, voire même des femmes, trop faibles pour accomplir les travaux d'abatage, mais dont les salaires réduits rendaient économiques les transports souterrains. Dans certains cas, il était d'ailleurs plus économique de confier le roulage aux mineurs eux-mêmes.

Dans les exploitations actuelles, dont les chantiers s'étendent sur une étendue considérable et dont la production atteint des chiffres très élevés, le problème est plus compliqué.

A côté de la recherche d'un matériel perfectionné et cependant économique, il faut se préoccuper du mode de traction le plus avantageux, soit au voisinage des chantiers, soit dans les galeries de fond et les travers-bancs.

Il faut en outre déterminer le nombre total de berlines nécessaires, organiser le service de façon à assurer l'évacuation des produits et le retour des berlines vides, fixer la composition des convois, les points de croisement, aménager les gares, enfin établir les consignes réglant le fonctionnement de ce service et sa surveillance.

L'organisation des transports souterrains est subordonnée à celle de l'abatage, qui reste le problème fondamental de l'exploitation. Elle doit satisfaire aux besoins des chantiers, et se plier aux variations d'intensité ou de répartition de la production. Toutefois, les conditions du roulage influent sur la conduite de l'abatage, car il n'est pas possible, surtout dans les mines importantes, de les modifier assez rapidement pour suivre tous les à-coups d'une exploitation qui serait poursuivie sans s'inquiéter des bouleversements apportés dans le service des transports.

La préoccupation de maintenir le prix de revient dans des limites raisonnables, qui domine tout l'art des mines, empêche d'organiser le roulage de façon qu'il réponde à des changements brusques dans la production des divers quartiers ou dans les trajets à parcourir. Elle oblige à réduire au minimum les creusements de galeries au rocher, les frais d'installation et d'entretien des voies ferrées, le nombre de berlines ou de moteurs.

Le choix d'une méthode d'exploitation dépend en grande partie de cette question du roulage, qui est elle-même étroitement liée à celle de l'extraction par le puits. La capacité de ce dernier, une fois fixée d'après la production escomptée, doit être utilisée aussi complètement que possible, et elle limite l'importance des tonnages à abattre et à transporter au fond.

A côté de l'évacuation des produits et de l'approvisionnement des chantiers en berlines vides, il faut prévoir le transport des remblais, des bois, des matériaux ou appareils de toute nature, tels que les rails et traverses, briques, mortier, béton, paille, foin, outils, etc...

Nous ne pouvons qu'indiquer les données du problème, dont les conditions changent d'une mine à l'autre, et attirer l'attention sur sa complexité et son extrême importance. Faute de prévoyance dans l'aménagement des transports, de méthode dans l'organisation et la circulation des convois ou de discipline dans l'exécution des consignes, les chantiers d'abatage voient leur travail gêné par l'encombrement provenant des produits non évacués à temps, ou par le manque de matériaux indispensables. Le rendement des piqueurs et le prix de revient de toute l'exploitation en sont directement influencés.

134. Choix du mode de traction. — Nous avons indiqué, en passant en revue les divers modes de traction, leurs avantages et leurs inconvénients. L'invention des couloirs oscillants ou des courroies de transport a modifié sensiblement les conditions de la desserte des chantiers. Mais ces procédés ne sont pas encore d'un emploi très général ; le plus souvent les produits abattus sont roulés à la main depuis les chantiers d'abatage jusqu'à la galerie qui dessert le quartier ; tantôt ce travail est fait par les mineurs, tantôt par des ouvriers spécialisés si le nombre de berlines à manœuvrer suffit à occuper un ou plusieurs hommes.

Dans les galeries de quartier, le roulage par chevaux est le plus courant. Dans les galeries principales, conduisant au puits, on a souvent avantage à installer des traînages mécaniques par chaîne ou câble flottants, ou par locomotives. Rappelons que les premiers sont avantageux lorsque le trafic est intense, la galerie droite et horizontale, avec embranchements, les secondes préférables si les trajets sont longs ou sinueux, sans embranchements sur le parcours, et que le trafic n'est pas très régulier. On estime en général qu'il n'y a avantage à remplacer les chevaux par un traînage mécanique que si le transport atteint 150.000 tonnes kilométriques utiles dans l'année.

135. Nombre de berlines nécessaires. — Le nombre de berlines nécessaires, pour une production donnée, varie suivant le parcours à effectuer, au fond et au jour.

Lorsqu'elles doivent passer dans une carrière éloignée du puits, redescendre au fond, et être conduites dans des chantiers à grande distance, elles ne font qu'une fois ce trajet dans un poste. Au contraire, si elles redescendent dans le puits aussitôt après avoir été vidées au jour, et que le champ d'exploitation est réduit, elles font 3 ou 4 circuits dans le même temps.

En moyenne, chaque berline resservira 2 ou 3 fois par poste. Pour une production journalière de 1000 berlines il en faudra donc 350 à 500. Il faut en outre ajouter un certain nombre de berlines pour tenir compte de toutes les causes d'indisponibilité : réparations, berlines aux gares ou pleines de matériaux, encombrements et irrégularités dans la circulation.

Lorsque le remblayage est fait seulement l'après-midi, un grand nombre de berlines, pleines de terre, sont immobilisées pendant le poste au charbon. De même si les bois et matériaux divers ne sont introduits dans la mine qu'au poste du soir.

Il n'est donc pas rare que pour une production journalière de 1000 tonnes il faille 1200 ou 1500 berlines.

§ 2. — CIRCULATION DANS LES GALERIES.

136. Conditions d'un bon roulage. — Pour que le roulage dans une galerie se fasse dans de bonnes conditions, il faut d'abord que le profil en long de la voie soit régulier et sa pente convenablement calculée suivant les besoins de la circulation. Le rayon des courbes ne sera pas trop court.

La section doit être suffisante pour que les chevaux (ou les locomotives) et les berlines n'accrochent pas les montants du boisage dès que ceux-ci, sous l'effet des pressions, se fendent et se coudent. Les ouvriers doivent pouvoir se garer sans danger contre les parois.

La voie elle-même doit être établie avec soin et bien entretenue. Le matériel roulant doit être léger, mais en même temps solide et stable, de dimensions appropriées aux conditions du travail, le graissage surveillé attentivement.

Si toutes ces précautions sont bien observées, on évitera des frais de traction et d'entretien qui grèveraient lourdement le prix de revient du roulage. Pour que ce prix soit aussi réduit que possible, il faut que l'organisation générale, dont nous avons parlé plus haut, soit rationnellement conçue. Il faut en outre prendre les mesures nécessaires pour empêcher les accidents de roulage, ou tout au moins pour réduire au minimum leurs conséquences.

137. Contrôle des résistances à la traction. — Les défauts dans l'observation des règles précédentes, tant pour l'établissement de la voie ou le choix du matériel que pour leur entretien se traduisent par une augmentation des résistances à la traction ; l'effort nécessaire pour les vaincre devient très supérieur à celui qui résulterait des calculs théoriques. Il y a donc intérêt à contrôler les résistances.

Celles qui proviennent du profil ou de l'état des voies se mesurent à l'aide d'une *berline dynamomètre*.

Elle comporte un tambour, dont le mouvement est commandé par l'un des essieux de la berline, et sur lequel est enroulé un papier quadrillé. Le déplacement de la berline fait tourner le tambour et lui fait subir en même temps un mouvement lent suivant son axe. Un crayon immobile, au contact du papier, tracerait une spirale régulière de longueur proportionnelle au trajet parcouru.

Mais ce crayon est fixé à l'extrémité d'un système de leviers articulés à l'autre extrémité duquel est le crochet d'attelage de la berline. Les variations de résistance à la traction se traduisent par un déplacement du crayon parallèlement à l'axe du tambour. La courbe tracée présentera donc des irrégularités, qui décèleront l'existence des points où les résistances sont faibles, ou au contraire particulièrement élevées.

On peut également se servir de la berline-dynamomètre, en l'intercalant entre le moteur et le convoi, sur une voie de résistance régulière, pour mesurer l'effort exigé du moteur, que celui-ci soit fixe ou mobile.

Pour vérifier l'état des berlines, au point de vue de leur résistance au roulement, on emploie des moyens plus simples. On installera par exemple au jour une voie de faible pente ; les berlines en bon état descendront d'elles-mêmes, tandis que celles qui sont usées ou mal graissées s'arrêteront au bout de quelques mètres ou refuseront même de démarrer.

On peut encore laisser rouler les berlines sur une pente plus forte et mesurer jusqu'à quelle hauteur elles remontent sur une voie inclinée en sens contraire.

§ 3. — CIRCULATION DANS LES PLANS INCLINÉS.

138. Exécution des manœuvres. — Les détails donnés plus haut sur l'installation des recettes ont déjà permis de se rendre compte du fonctionnement d'un plan incliné ; il nous suffira donc de rappeler rapidement les manœuvres à effectuer aux recettes.

Dans les plans automoteurs à câble sans fin, il n'y a pas de réglages de câble à faire pour desservir une recette ou l'autre ; la circulation est interrompue pendant le temps nécessaire pour que les hommes s'engagent dans le plan, retirent la berline vide et attachent la berline pleine. Toutefois avec une recette passante, c'est-à-dire desservant une galerie de chaque côté, il faut passer une des deux berlines sous le câble ; on peut éviter cet inconvénient du côté du câble des berlines pleines en remontant la berline qui devrait traverser le plan jusqu'en haut et en la redescendant sur l'autre voie ; mais c'est une complication qui diminue le débit du plan ; elle est de plus inapplicable pour introduire une berline pleine du côté du câble des vides, à moins que l'excédent de force disponible ne permette de la faire remonter jusqu'en haut, ce qui n'est pas toujours le cas.

Avec les plans munis d'un câble à deux bouts, il faut, comme nous l'avons vu, ajouter une rallonge au câble ; s'il y a deux câbles, il faut débrayer un des tambours et allonger ou raccourcir le câble de la longueur voulue.

D'une façon générale, l'existence de recettes intermédiaires, même munies de planchers mobiles, ralentit la desserte et la complique. Au contraire, les manœuvres sont beaucoup plus simples avec chariot porteur, surtout dans les plans à simple effet. Il en est de même dans les plans armés d'un treuil.

Les conditions à remplir pour que le roulage se fasse d'une façon sûre et économique sont les mêmes que dans une galerie, mais l'importance de la stabilité de la voie et de son bon entretien est plus grande encore, en raison de la gravité des déraillements.

Les dangers que présente la circulation dans les plans inclinés rendent indispensables des mesures de sécurité minutieuses et l'observation de consignes sévères, sur lesquelles nous reviendrons au paragraphe suivant.

139. Position du plan desservant un quartier. — La position d'un plan desservant un quartier varie suivant les méthodes d'exploitation. On peut le placer soit au centre du panneau à dépiler, soit à l'une des extrémités. Dans le premier cas, il y a des galeries des deux côtés et les recettes sont passantes ; dans le second, les galeries ne se développent que d'un côté.

Les plans au centre du panneau, devant desservir un nombre double de chantiers, ont donc à assurer un trafic plus considérable, et ne peuvent avoir une longueur aussi grande.

Ils restent toutefois plus avantageux ; en effet, pour arriver à une même production, les plans ne recevant de berlines que d'un côé devraient avoir une longueur double ; le parcours moyen serait deux fois plus grand et le temps employé à la circulation serait allongé d'autant, et même plus que doublé si le passage des recettes exige un ralentissement.

Cet avantage est en partie compensé par la complication des manœuvres aux recettes passantes, si le plan est à double effet et qu'il n'y a pas de chariot-porteur.

Les plans à contrepoids et à simple effet, ne desservant qu'un seul côté, sont les plus simples au point de vue des manœuvres, mais leur débit est faible, si leur longueur dépasse certaines limites.

§ 4. — MESURES DE SÉCURITÉ.

140. Dans les galeries. — Les accidents dus au roulage atteignent rarement plus d'un homme à la fois, et attirent moins l'attention que les catastrophes comme les coups de grisou, ou même que les accidents par éboulement. Mais leur fréquence conduit à rechercher les moyens de les éviter par des appareils de protection et par des règlements rigoureusement appliqués.

Tout d'abord, les galeries doivent être assez larges ou munies de niches assez rapprochées pour que les ouvriers qui rencontrent un convoi puissent se garer et ne pas être atteints, même si un déraillement se produit. Cette précaution est d'autant plus nécessaire que les convois circulent à plus grande vitesse. Une lampe doit être placée à l'avant du train, si le conducteur ne précède pas celui-ci avec une lampe à la main.

Lorsque la pente de la galerie risque d'amener une accélération exagérée des berlines, il est prescrit d'*enrayer* un certain nombre de roues en les bloquant au moyen d'une cale en bois ; le roulement se transforme en glissement et l'augmentation de résistance qui en résulte diminue l'accélération.

Les conducteurs ont tendance à monter sur la première berline du convoi ; même si celui-ci est traîné par un cheval, à vitesse modérée, ils risquent de tomber et d'être écrasés ; à plus forte raison, si la traction se fait par une locomotive, est-il interdit de se tenir sur une berline en marche.

L'accrochage et le décrochage des berlines ne doivent se faire qu'à l'arrêt complet ; le cheval doit être dételé ou tenu par le conducteur.

Dans les galeries basses, les rouleurs doivent manœuvrer les berlines au moyen de poignées qui garantissent leurs mains contre les blessures.

Il est interdit de remettre sur les rails une berline déraillée sans avoir dételé le cheval ou arrêté le moteur en cas de traction mécanique.

Il est interdit de rouler plusieurs berlines sans les avoir accrochées les unes aux autres.

Si la traction se fait par chaîne ou par câble, la circulation du personnel ne peut avoir lieu, pendant que le traînage fonctionne, que par un passage, large de $0^m,50$ au moins, matériellement séparé de la voie de roulage. Des signaux doivent être disposés de manière à pouvoir communiquer avec le machiniste d'un point quelconque du trajet.

141. Consignes à observer dans les plans inclinés. — La circulation du personnel est absolument interdite dans les plans inclinés en marche, ainsi que la traversée des recettes, en particulier de la recette inférieure. Si des barrières ne les ferment pas, des ouvriers doivent être placés aux recettes pour empêcher qu'on ne s'engage dans le plan.

Les communications avec le machiniste se font à l'aide de signaux, suivant un code établi par une consigne spéciale.

En cas de déraillement, il faut aller remettre sur les rails les berlines qui en sont sorties. Ce travail doit toujours être fait par les ouvriers placés en amont ; lorsque ceux-ci ont à descendre au dessous de berlines restées sur la voie, ils ne le font qu'après avoir immobilisé celles-ci par un câble fixé à une traverse ou au boisage ; ils sont ainsi protégés contre les conséquences d'une rupture possible du câble.

Avant de toucher aux berlines déraillées, les ouvriers les attachent de même au moyen d'une chaîne de secours. Dans certaines mines, une chaîne est établie, tout le long du plan, pour qu'on puisse y fixer ce dispositif de sûreté.

Lorsque le personnel doit circuler par le plan, aucune berline ne doit être attelée au câble. Pour éviter tout risque d'accident, et pour ne pas immobiliser le plan pendant un temps plus ou moins long, on installe parfois, à côté du plan, un montage exclusivement consacré à la circulation des hommes. En Westphalie, cette mesure est réglementaire.

En tous cas, lorsque la pente dépasse 25°, des marches sont taillées pour faciliter l'ascension, et un câble est placé contre la paroi, pour éviter les chutes.

Dans les plans dont l'inclinaison est supérieure à 45°, on ne peut procéder à des travaux que sur des planchers ou sous la sauvegarde d'une ceinture de sûreté.

142. Fermeture des recettes. — Une des précautions les plus essentielles à prendre pour éviter les accidents est d'empêcher qu'une berline ne parte en dérive dans le plan, soit parce qu'elle n'a pas été attachée au câble, soit parce que ce dernier s'est rompu.

Pendant les manœuvres aux recettes, il convient donc que celles-ci soient fermées, c'est-à-dire munies d'un dispositif qui empêche les berlines de s'engager sur les voies en aval.

Le moyen le plus simple, qui était seul employé autrefois, consiste à placer une chaîne, un câble ou une barre en travers de ces voies, avant de décrocher les berlines, et à ne l'enlever qu'après s'être assuré que les accrochages sont bien effectués. Pour protéger efficacement le plan, il est d'ailleurs essentiel de les replacer aussitôt que la berline a quitté la recette, et qui oblige à les enlever avant l'arrivée de la berline montante.

L'inconvénient de ce système est de compliquer et d'allonger les manœuvres ; on risque toujours de voir les ouvriers négliger ces mesures de précaution. Il est bien préférable d'avoir un appareil automatique, qui permette le passage de la berline montante. Aux recettes intermédiaires, la présence de ces barrières automatiques n'est pas possible, la plupart du temps, car elles s'oppose-

raient à la circulation des berlines descendantes ; de plus si le câble,
par suite du profil du plan, s'élève à une certaine hauteur, il vient frotter contre les barrières et s'use rapidement.

On se borne donc à installer des appareils automatiques à la recette supérieure.

Un grand nombre de types différents ont été imaginés, qu'il serait fastidieux de décrire en détail. On en trouvera des exemples dans les revues techniques ou dans des ouvrages spéciaux (1). Nous en citerons seulement deux ou trois, qui donneront une idée suffisante des procédés employés pour résoudre le problème.

La barrière de *Courrières* (*fig. 74*) est formée d'un taquet T maintenu fermé, perpendiculairement à la voie, par la chaîne C chargée d'un contrepoids P. Cette chaîne n'étant pas tendue, la berline montante (circulant dans le sens de la flèche) peut repousser le taquet et continuer sa course. Après son passage, le contrepoids ramène le taquet en place. Au contraire, la berline descendante heurte le taquet, qui l'arrête. Si l'on veut disposer un semblable arrêt à une recette intermédiaire, il faut qu'un ouvrier efface le taquet, par l'intermédiaire d'un câble, au moment où une ber-

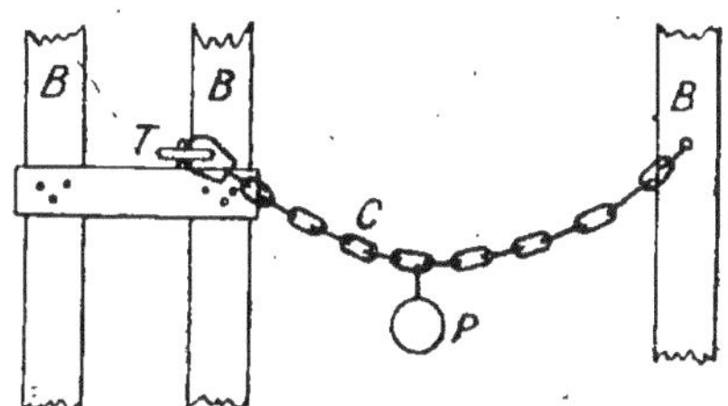

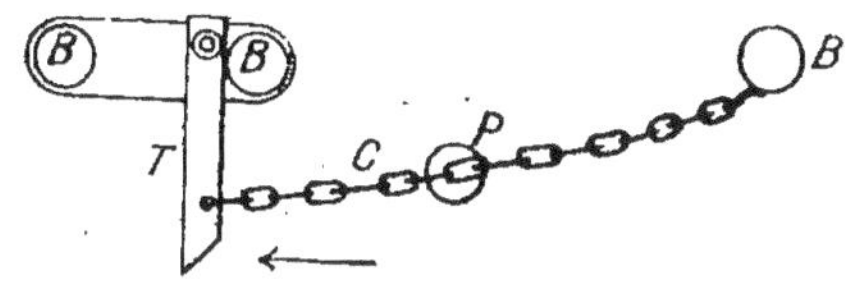

Fig. 74. — Barrière de Courrières.

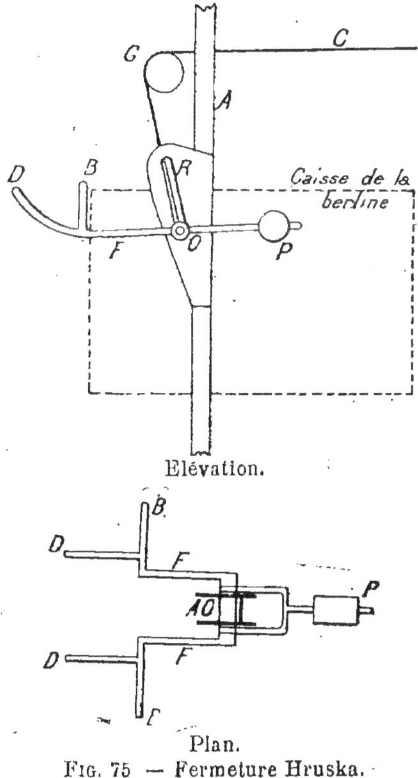

Élévation.

Plan.

Fig. 75 — Fermeture Hruska.

(1) Voir en particulier l'ouvrage de M. Schmerber : *La sécurité dans les mines.*

line descendante va arriver, et laisse ensuite le contrepoids ramener le taquet.

Dans le système *Hruska*, le fonctionnement de la barrière est lié à celui du frein de la poulie (*fig. 75*).

Entre les deux bois, une colonne A porte deux plaques en tôle verticales, percées de rainures R dans lesquelles peut coulisser un axe O portant à chaque extrémité une barre F qui se termine par deux fers B et D. Le premier, dans un plan perpendiculaire aux rails, arrête la caisse de la berline descendante, le second, dont le bout est relevé, sera soulevé par la berline montante, qui l'effacera en arrivant à la recette.

Un contrepoids P équilibre ces barres. Un câble C, passant sur le galet G, relie l'axe O au levier de la poulie de frein.

Lorsque ce dernier est serré, l'axe O est au bas de la rainure R. Au moment où l'on desserre le frein pour faire démarrer la berline, le câble C relève l'axe O jusqu'au haut de la rainure et la berline peut passer sous le fer B. Une fois cette dernière engagée dans le plan et le frein remis en serrage, la barrière redescend et la recette est de nouveau fermée.

Au lieu de barrières qui encombrent le plan, on emploie souvent des *clichages*, qui obstruent la voie devant les roues, mais ne s'élèvent pas beaucoup au-dessus des rails. Ces appareils ne sont pas aussi sûrs pour arrêter une berline lancée avec une certaine vitesse, mais ils n'occasionnent pas de frottements supplémentaires pour le câble.

L'appareil inventé à *Seegraben* (1) (*fig. 76*) se compose d'un sabot S, pivotant autour d'un axe O et maintenu au dessus du rail R par un levier coudé

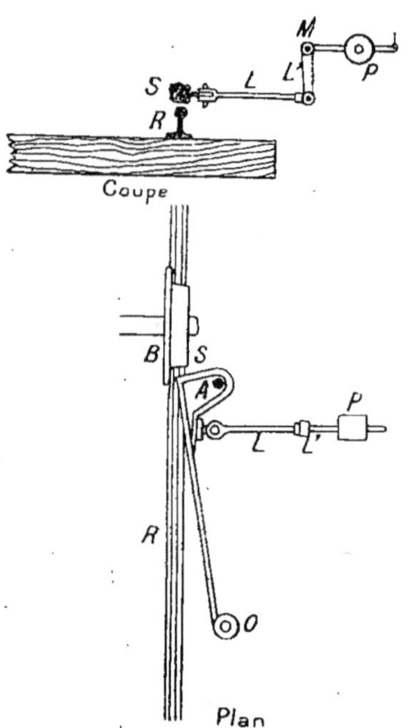

FIG. 76. — Clichage de Seegraben.

L L' tournant autour de l'axe M et terminé par un contrepoids P. La course du sabot est limitée par un arrêt A.

Dans cette position le sabot fait obstacle au déplacement de la roue B

____

(1) SCHMERBER : ouvrage cité.

de la berline descendante. Pour ouvrir le plan, il faut soulever le contrepoids, qui ramène le sabot en place dès qu'on l'abandonne à lui-même.

Au contraire la berline montante efface progressivement le sabot, que la roue atteint obliquement ; aussitôt après le passage de la roue d'arrière, le contrepoids referme la voie.

143. Parachutes. — Les appareils précédents n'empêchent les dérives que pendant les manœuvres aux recettes. Malgré la surveillance à laquelle sont soumis les câbles, ces derniers risquent toujours de se rompre sous l'effet d'un effort brusque. On a donc cherché des appareils capables d'arrêter la course des berlines rendues libres par cette rupture.

Nous avons déjà signalé le moyen rudimentaire qui consiste à fixer, à l'arrière de la berline, une fourche qui traîne sur le sol et empêche cette dernière de reculer. Mais ce système, d'une sûreté douteuse si la pente est forte, n'est applicable qu'aux berlines montantes.

Les véritables parachutes, installés dans le plan, comportent soit des barrières, soit des taquets.

Les barrières peuvent être automatiques ou non ; dans ce dernier cas elles sont normalement ouvertes et il faut agir sur un câble pour les fermer, dès qu'on s'aperçoit qu'une dérive se produit. Mais si l'ouvrier préposé à cette manœuvre est négligent, la berline a déjà parcouru un certain trajet et pris une grande vitesse avant de rencontrer une barrière fermée ; dans ce cas, le choc amènera la destruction de la barrière ou de la berline.

Les barrières peuvent être normalement fermées et ouvertes seulement au passage des berlines ; ce dispositif n'est admissible qu'à la base du plan et pour un trafic peu intense.

Les *appareils automatiques* comportent, par exemple, un dispositif de butée (fixé sur la caisse de la berline) qu'un ressort tend à relever, mais que la tension du câble maintient baissé, de façon à permettre le libre passage de la berline sous des cames disposées de distance en distance dans le plan. Si le câble se rompt, sa tension diminue brusquement, l'action du ressort devient prépondérante et relève le butoir, qui vient heurter une came et provoquer la fermeture des barrières au-dessous de ce niveau. Ce système demande un réglage assez minutieux, d'après la vitesse et le poids des berlines qui déterminent la tension du câble.

Difficiles à appliquer à toutes les berlines, ces dispositifs sont au contraire bien appropriés à la circulation par chariots-porteurs.

Au lieu de barrières, on peut disposer dans le plan des taquets agissant sur les essieux des berlines. Pour la voie montante, il suffira de taquets à contrepoids, placés de distance en distance, que la berline effacera en montant et qui se redresseront aussitôt après son passage. Pour la voie descendante, il faut un système plus compliqué, qui permette le passage des berlines circulant à vitesse normale, mais arrêtant celles qui s'emballeraient par suite de la rupture du câble. On y arrivera par exemple en faisant agir l'essieu de la berline sur un levier qui commande le taquet ; un ressort abaisse ce taquet pendant le temps qui s'écoule entre le passage de la berline sur le levier et son arrivée au taquet ; en cas de rupture du câble, ce ressort n'a pas le temps d'agir et la berline vient heurter le taquet avant son effacement.

144. Fermeture des voies d'accès. — Il ne suffit pas d'empêcher la descente intempestive des berlines dans le plan ; il faut encore barrer les voies d'accès aux recettes, pour éviter que le personnel s'y engage et qu'une berline y soit poussée par négligence.

On peut se borner à barrer l'entrée de la galerie par une chaîne, mais il est facile de rendre la fermeture automatique, aussi de nombreux dispositifs ont-ils été imaginés.

Dans certaines mines de Moravie, on installe des barrières à contrepoids, maintenues fermées, tant que les berlines circulent dans le plan, par une chaîne manœuvrée de la recette supérieure. Lorsque la circulation est arrêtée et qu'il faut pénétrer dans le plan pour les manœuvres, le machiniste laisse aller la chaîne et les contrepoids relèvent les barrières ; la chaîne est disposée de manière à retomber à ce moment en travers du plan pour le barrer.

La barrière de Courrières, décrite au n° 142 peut être modifiée de façon à commander un arrêt qui barre la galerie si le plan est ouvert ; inversement le déplacement de cet arrêt qui ouvre la recette ferme le plan.

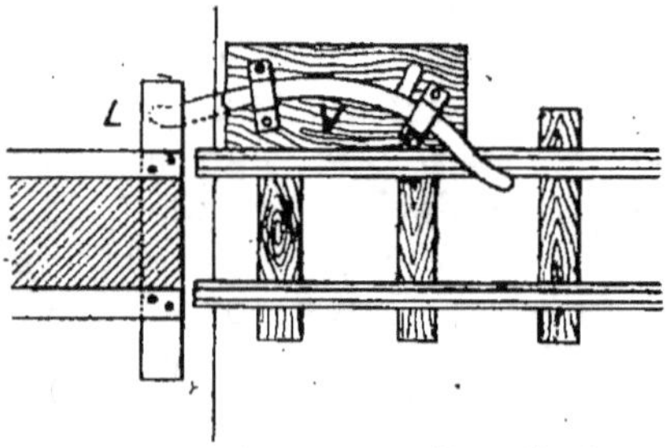

Un autre groupe d'appareils est basé sur l'action du chariot-porteur sur un organe, installé à la recette, qui ferme celle-ci tant que le chariot n'est pas en place, et qui s'oppose par contre à la mise en mouvement du chariot tant que la barrière n'a pas été refermée.

Le chariot soulèvera, par exemple, une barre normalement

Fig. 77. — Verrou à coulisse Best.

fermée qui retombera après son départ. Il peut également être immobilisé par un taquet manœuvré par l'ouvrier à la recette ; en dégageant le chariot pour permettre son départ, on refermera automatiquement le plan. Un type très simple de ce genre d'appareils est représenté sur la fig. 77. Le verrou V vient s'engager dans un logement L dans le châssis du chariot porteur, et dégage alors la voie d'accès (position pointillée). Au contraire, lorsqu'on le ramène en arrière pour libérer le chariot, on ferme la voie d'accès.

145. Fermeture des beurtiats. — Les recettes des beurtiats comportent des appareils de sécurité analogues à ceux que nous retrouverons plus loin, en étudiant l'installation des accrochages des puits d'extraction, ce qui nous dispense de les décrire en détail.

En particulier, on barre les voies d'accès au moyen de barrières automatiques, normalement fermées, qui ne sont ouvertes que lorsque la cage est à la recette.

La fig. 78 représente un système très simple, en usage à Eschweiler (près Aix-la-Chapelle).

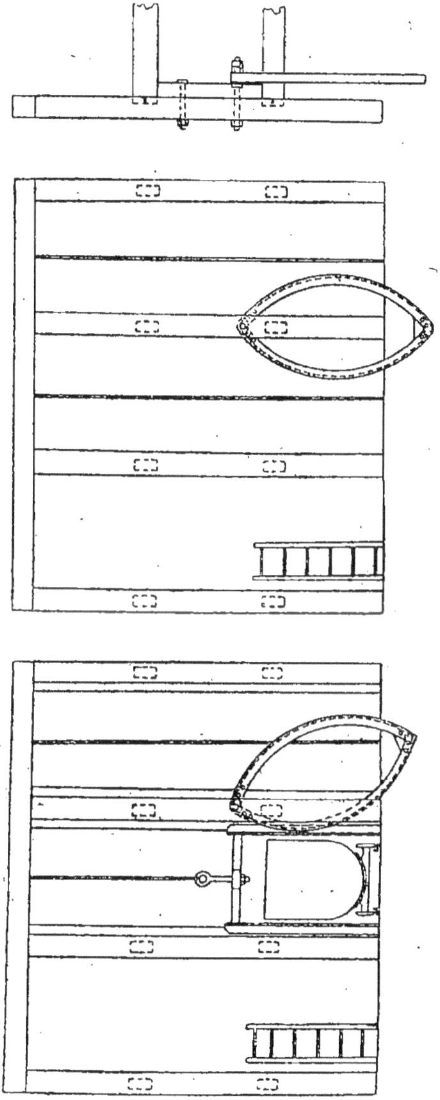

Fig. 78. — Fermeture pour recettes de beurtiat.

C'est un balancier en fer, en forme d'ellipse, qui obture une partie suffisante de chaque compartiment et qui barre complètement le compartiment vide quand la cage est à la recette supérieure.

146. Résumé. — Une bonne organisation des transports souterrains, dans les grandes exploitations, est essentielle pour arriver à un rendement satisfaisant des chantiers d'abatage et des moyens d'extraction, et pour réduire au minimum le chapitre « roulage » du prix de revient. La question de l'évacuation des produits influe sur le choix de la méthode d'exploitation, car il n'est pas possible de modifier rapidement une organisation aussi complexe, qui a nécessité en général le creusement d'un réseau étendu de galeries au rocher, de plans inclinés ou de beurtiats.

Le *nombre de berlines* nécessaires pour une production donnée dépend du nombre moyen de voyages que fera une berline pendant la durée du poste d'extraction. Ce nombre est plus élevé lorsqu'il faut prévoir des parcours importants à la surface, ou quand les remblais sont accumulés en berlines, pendant le poste du matin, pour être descendus seulement au poste du soir.

Pour que le roulage se fasse dans de bonnes conditions, les galeries doivent être assez larges, sans courbes brusques, et leur pente bien calculée. La voie doit être bien établie, stable et maintenue propre.

Dans les *plans inclinés*, il est plus essentiel encore que les voies soient en bon état, à cause de la gravité des conséquences qu'entraîne un déraillement.

La *position d'un plan* dans le quartier à desservir est variable suivant les conditions d'arrivée des berlines de remblais ou de matériaux. Les plans situés au milieu du panneau en dépilage permettent un débit plus intense, mais au prix de certaines complications dans le service aux recettes.

Les *mesures de sécurité* prescrites par les règlements doivent être observées avec soin, tant dans les galeries que dans les plans, car les accidents occasionnés par le roulage sont nombreux, et entraînent des frais de réparations faciles à éviter, sans parler des blessures, trop souvent mortelles, qui en sont la conséquence. En particulier, il faut empêcher toute circulation du personnel dans les plans inclinés pendant que ceux-ci sont en service. De nombreux appareils ont été imaginés pour éviter qu'une berline ou un charriot-porteur parte en dérive dans le plan, ou qu'une berline soit engagée intempestivement dans ce dernier. Autant que possible ces appareils sont automatiques, pour qu'on ne soit pas à la merci d'une négligence des ouvriers chargés du service de la poulie ou du treuil et des manœuvres aux recettes.

HUITIÈME PARTIE

EXTRACTION

CHAPITRE I

GÉNÉRALITÉS

INTRODUCTION

L'étude du problème de l'Extraction, c'est-à-dire du transport des produits dans les puits, comporte d'abord la description de l'armement des puits : guidages, cages, chevalements, puis celle des organes qui servent à assurer la circulation : câbles et moteurs, enfin des installations aux recettes et des dispositifs de sécurité : parachutes et évite-molettes.

Pour être complète, l'étude des machines d'extraction devrait comprendre les calculs relatifs aux dimensions du moteur, et la description des différentes parties de ce dernier. Mais ces matières faisant l'objet des ouvrages spéciaux sur la construction des machines, nous ne nous y arrêterons pas. Nous donnerons par contre quelques indications sur les divers systèmes imaginés pour régulariser le moment moteur pendant la course des cages dans le puits.

§ 1. — LE PROBLÈME DE L'EXTRACTION.

1. Services à assurer. — Les puits servent, en première ligne, au transport au jour des produits abattus, depuis les galeries de fond et les travers-bancs de l'étage en exploitation, et en même temps à la descente des berlines vides qui doivent être ramenées aux chantiers.

Le plus souvent, les berlines redescendent par le puits d'extraction jusqu'à la recette inférieure ; les remblais sont introduits par la même voie, soit en même temps que les berlines vides, pendant le poste principal, soit pendant le poste du soir.

Mais dans certaines mines, la descente des remblais se fait par des puits spéciaux, qui ne sont plus armés d'une machine d'extraction, mais d'une poulie à frein.

Il faut également assurer l'introduction des matériaux de toutes sortes : bois, traverses, rails, briques, mortier, outils, nourriture des chevaux, essence pour les moteurs, etc..., et la circulation du personnel.

Ce sont là des services variés, qui placent la machine et les câbles dans des conditions très différentes et compliquent la détermination de leurs caractéristiques.

2. Difficultés à surmonter. — L'importance d'un fonctionnement régulier de l'extraction est fondamentale dans les grandes mines modernes, où la production atteint quelques milliers de tonnes par jour et où la profondeur des travaux se compte par centaines de mètres. La capacité d'évacuation du puits doit être utilisée au maximum, sous peine de voir la production gênée et limitée, et le prix de revient augmenté dans des proportions notables.

L'extraction à grande profondeur oblige à accroître la vitesse de circulation des cages, et en même temps leur contenance, pour que le tonnage utile transporté, par voyage, soit suffisant. Il en résulte une augmentation du poids du câble et une surcharge correspondante pour le travail du moteur.

Les installations de guidage des cages dans le puits et les cages elles-mêmes doivent être établies de façon à permettre cette circulation à grande vitesse sans risques d'accidents. La durée des manœuvres aux recettes, tant au fond qu'au jour, doit être réduite au minimum.

Les dispositifs de sécurité et les signaux prennent une grande importance, en particulier pour la circulation du personnel.

3. Régularisation du travail de la machine. — Nous avons signalé qu'une des particularités du travail d'une machine d'extraction était d'être très irrégulier. En effet, au début d'une *cordée*, c'est à-dire d'un trajet des cages dans le puits, la machine doit soulever la cage chargée de berlines pleines, et toute la longueur de câble depuis

la recette inférieure jusqu'au jour ; ce poids n'est équilibré qu'en
partie par la cage vide (ou contenant des berlines), qui commence à
descendre. L'effort demandé à la machine est donc considérable. Au
contraire, en fin de cordée, le poids à soulever est diminué de celui
du câble, tandis que celui de la cage descendante est augmenté
d'autant. Si le puits est profond et la cage de grande capacité, le
câble devient très lourd et l'effort moteur est remplacé par un effort
négatif, contre lequel la machine doit lutter pour éviter de s'emballer. La grandeur de l'écart total entre les deux efforts oblige à chercher des dispositifs spéciaux pour régulariser le travail de la
machine. Nous verrons au chapitre V les différents procédés imaginés pour y arriver.

§2. — INSTALLATIONS NÉCESSAIRES.

4. Systèmes employés pour l'extraction. — Les transports dans
les puits sont presque uniquement assurés au moyen de cages guí-
dées, dans lesquelles on place les berlines, et qu'on fait circuler en
les attelant à des câbles passant sur des poulies (ou *molettes*) à
l'aplomb du puits. Mais nous aurons à signaler rapidement les autres
systèmes qui se rencontrent dans certaines installations : extraction
par *cuffats* non guidés ou par *skips*, c'est-à-dire par des récipients,
attelés aux câbles, dans lesquels on déverse au fond le contenu des
berlines et vidés au jour.

On a cherché à supprimer les câbles en plaçant la cage dans
un cylindre en tôle, et en la munissant à la partie supérieure d'un
piston étanche. En faisant un vide partiel au-dessus de ce piston,
on provoquait l'ascension de la cage sous l'effet de la pression atmosphérique. Ce système *d'extraction pneumatique* a été réalisé dans
une mine du centre de la France, mais a bientôt été abandonné et
ne paraît pas susceptible de se développer.

5. Disposition des sièges d'extraction importants. — Les puits
des mines peu profondes sont souvent isolés les uns des autres et
servent à la circulation des matériaux ou du personnel aussi bien
qu'à l'extraction. Mais les sièges des mines importantes comportent
fréquemment deux ou même trois puits à peu de distance, dont les
installations de surface forment un même ensemble de bâtiments.
L'un de ces puits sert à l'extraction, un autre à la descente des matériaux ou du personnel ; un d'entre eux est disposé pour la sortie du
courant d'air qui pénètre par les autres. Dans certains cas, deux
puits voisins servent à l'extraction à des niveaux différents ; parfois

un même puits contient quatre cages, pour permettre une extraction plus intense tout en évitant les frais de creusement de deux puits distincts. Le choix entre les différentes solutions possibles est plutôt une question d'aménagement général et dépend des conditions particulières à chaque mine : richesse et profondeur du gisement, étendue du champ d'exploitation, production probable, nature des terrains dans lesquels doivent se faire les fonçages, nécessités de l'aérage, situation de la surface au point de vue de communications ou de l'installation des bâtiments, etc...

On ne peut envisager le problème de l'extraction sans se préoccuper de toutes ces considérations.

Il faut en particulier se rappeler que la création d'un puits à grande profondeur, capable d'extraire un tonnage important, entraîne des dépenses très élevées, et qu'on doit à la fois concilier les possibilités de développement dans l'avenir avec les capacités financières de l'entreprise ; tandis que les travaux souterrains n'ont qu'une durée limitée et se renouvellent constamment, les installations des puits et la machine d'extraction serviront de longues années. Leur parfaite appropriation aux besoins à satisfaire est un des indices les plus frappants de l'intelligence avec laquelle est dirigée une exploitation minière.

CHAPITRE II

ARMEMENT DU PUITS

SOMMAIRE

§ 1. **Guidage.** — Nécessité du guidage. — Disposition de la section du puits. — Guidage longitudinal ou latéral. — Guides en bois, en fer, en câbles. — Comparaison des divers guidages.

§ 2. **Cages.** — Contenance. — Poids — Construction. — Immobilisation des berlines dans la cage. — Guidage de la cage.' — Attelage au câble.

§ 3. **Skips.** — Principe. — Culbutage à la surface. — Avantages et inconvénients.

§ 4. **Systèmes divers d'extraction.** — Cuffats. — Berlines accrochées au câble. — Extraction pneumatique.

§ 5. **Chevalement et molettes.** — Chevalement. — Forme. — Chevalements métalliques, en bois, en maçonnerie. — Chevalements en béton armé. — Molettes. — Résumé.

§ 1. — GUIDAGE.

6. Nécessité du guidage. — Le *guidage* des cages d'extraction est nécessaire pour empêcher qu'elles ne tournent sur elles-mêmes sous l'effet de la torsion du câble, et pour permettre une circulation rapide sans risque de rencontre des cages au moment de leur croisement. Sans cette précaution, on ne pourrait faire circuler ces dernières qu'à vitesse réduite, et on serait obligé de ralentir encore au croisement ; le rendement de l'extraction tomberait à un chiffre très faible.

Pour guider les cages, on les munit de mains-courantes qui glissent le long d'une ligne continue de pièces en bois ou en fer, ou encore de câbles tendus du haut en bas du puits.

On distingue donc trois systèmes différents de guidages : en bois en fer, en câbles. Les deux premiers sont parfaitement rigides, mais plus encombrants et nécessitent la pose de pièces de charpente (*moises*) sur lesquelles sont fixés les guides. Le troisième est simple et rapidement placé, mais n'empêche pas complètement les mouvements latéraux, ce qui exige que la distance entre les cages soit plus grande.

7. Disposition de la section du puits. — Nous avons indiqué (V^e partie du Cours) les dispositions les plus usitées pour la bonne utilisation de la section du puits.

Lorsque ce dernier est rectangulaire, il est facile de le partager en trois compartiments dont deux sont réservés à la circulation des cages, le troisième aux échelles et aux canalisations d'eau, d'air comprimé ou de vapeur, d'électricité, etc...

Dans un puits circulaire, les compartiments des cages occupent la plus grande partie de la section, sauf les deux segments laissés libres sur les côtés des cages ; on les utilise pour y placer les échelles les canalisations, parfois des cages secondaires, à moins qu'on ne ménage un goyot d'aérage.

Les moises qui traversent le puits déterminent les dimensions de ces compartiments et supportent au besoin, en outre des guides, les parois de séparation, les planchers, et les canalisations elles-mêmes. Suivant le type de guidage adopté, ces moises se trouveront sur les côtés extérieurs des cages, ou entre elles, ou simultanément des deux côtés ; dans ce dernier cas, on aura une triple ligne de moises superposées. On verra plus loin des croquis de ces diverses dispositions.

Les cages longues et étroites laissent libre une plus grande partie de la section pour les services auxiliaires ; le coefficient d'utilisation de la surface, c'est-à-dire le rapport entre la surface des cages et celle de la section totale tombe parfois à 25 % seulement. Il atteint 44 % avec des cages à 4 berlines par étage avec guidage en fer suivant le diamètre.

Nous nous bornons à rappeler ces questions d'aménagement, et abordons immédiatement la description des divers types de guidage.

8. Guidage longitudinal ou latéral. — Le guidage des cages peut

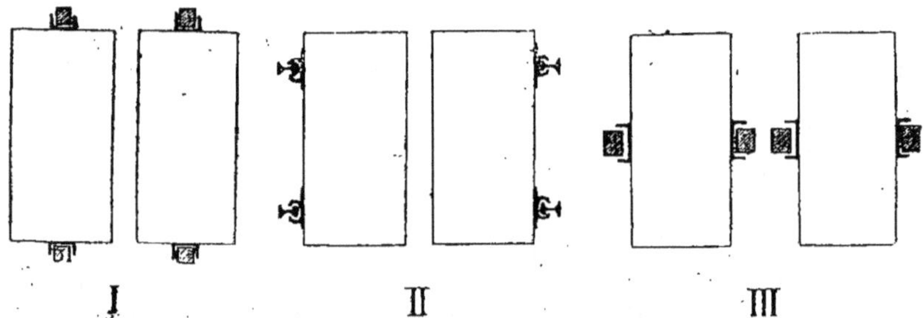

FIG. 79. — Disposition du guidage.

être disposé soit sur les petits côtés des cages *(fig. 79-I)*, soit sur les grands côtés *(fig. 79* II et III).

Dans la III° disposition, il faut, pour supporter les guides, une moise centrale, qu'on évite avec les dispositions I et II. Cette dernière n'est possible qu'avec des mains courantes qui embrassent le guide, sinon la cage peut s'écarter vers le centre du puits ; elle n'est réalisable qu'avec des guides dont la coupe est analogue à celle d'un rail à champignon.

Quant à la disposition I, elle oblige à interrompre le guidage aux recettes pour permettre la sortie des berlines, qui se fait presque toujours par le petit côté de la cage ; mais elle a l'avantage de réduire au minimum les ballottements. Aux recettes, on guide les cages par les angles.

9. Guides en bois. — Les guides en bois sont constitués par des pièces en chêne ou en sapin, longues de 5 à 10 m. parfois davantage, parfaitement verticales, de section rectangulaire.

Cette section doit être suffisante pour assurer une rigidité complète ; ses dimensions varient donc suivant la longueur de la pièce et l'écartement des moises.

Elles seront, par exemple de 13 × 18 cm. pour 5 m. de longueur 15 × 20 cm. pour 10 m. de longueur. Le guide est disposé de façon à présenter sa face la plus large à la main courante. Il est supporté par des moises en bois ou en fer, distantes de 2 ou 3 m. Les pre-

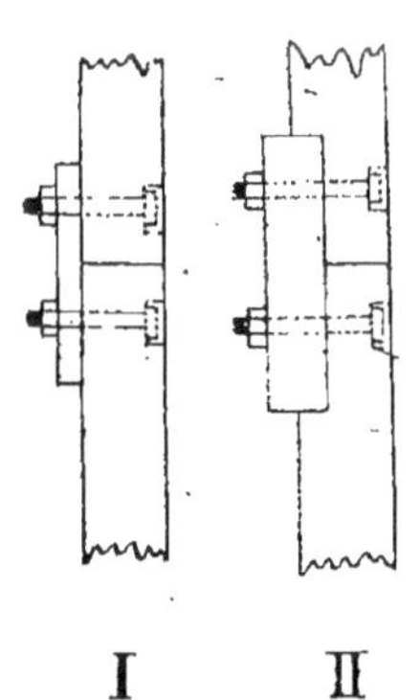

I   II

Fig. 80. — Assemblage des guides
avec éclisse.

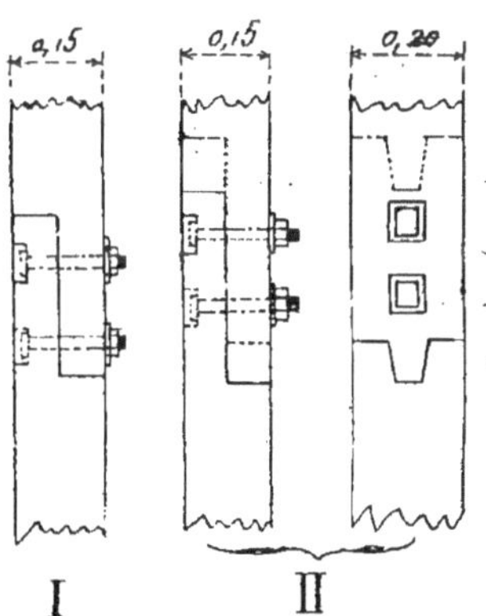

I   II

Fig. 81. — Assemblages
à mi-bois.

mières, généralement en chêne, ont une section de 20 × 20 cm. ou 25 × 25 cm.

En augmentant la longueur des guides et en la portant à 15 ou 20 m., on diminue le nombre de joints, mais on augmente beaucoup les difficultés de la mise en place et l'importance des réparations.

lorsqu'une avarie ou une usure locale oblige à changer un guide.

Les assemblages des guides entre eux doivent être faits avec beaucoup de soin, pour éviter des chocs au passage d'un guide à l'autre et une usure exagérée.

Si ces joints ne sont pas juste en face d'une moise qui sert d'éclisse les deux guides doivent être réunis par une éclisse spéciale, fixée au moyen de boulons à tête noyée (*fig. 80 — I*).

L'éclisse peut être formée d'un fer en U qui coiffe les deux guides (*fig. 80 — II*) ; le recouvrement de cette pièce doit être faible pour ne pas gêner le passage de la main courante.

Pour mieux assurer la liaison des deux guides, on peut tailler leurs extrémités à mi-bois, ce qui permet de supprimer l'éclisse (*fig. 81-I*) ; l'assemblage est encore plus sûr lorsqu'on le complète en taillant l'extrémité des guides en tenons et mortaises (*fig. 81-II*).

De toutes façons, lorsque le joint n'est pas sur une moise, il ne doit pas y avoir trop d'écartement entre ces dernières, et le joint doit être à mi-distance entre deux moises consécutives.

La fixation des guides sur les moises peut se faire simplement au moyen d'un boulon, à tête noyée pour permettre le passage de la main courante (*fig. 82*). Chaque guide doit être supporté par deux moises au moins.

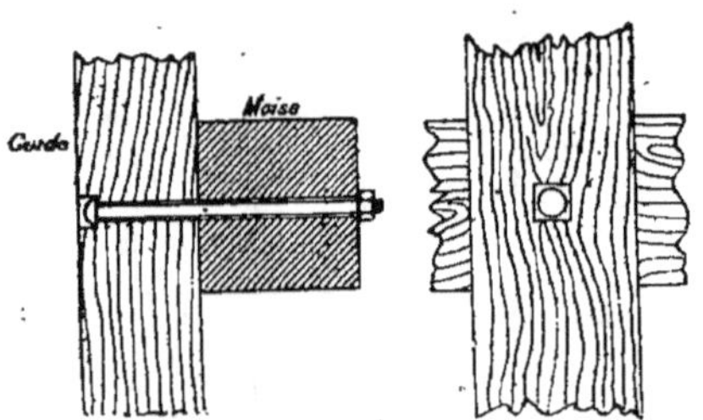

Fig. 82. — Fixation du guide sur la moise.

On emploie parfois des coins au lieu de boulons (*fig. 83*). Mais ces coins ont tendance à se desserrer ; le guidage est moins solide, notamment lorsque le puits est soumis à des mouvements de terrains.

Lorsque la moise est constituée par un fer à I, la fixation du guide se fait au moyen de tasseaux en chêne placés entre la moise et le guide, à l'extérieur de la moise, tout l'ensemble étant mis en serrage au moyen d'un boulon à tête noyée dans le guide (*fig. 84*).

La fixation des guides aux moises centrales présente une difficulté spéciale. Les boulons de fixation communs doivent être à têtes noyées dans les deux guides (*fig. 85 — I*), ce qui diminue la solidité et rend les réparations plus compliquées ; on a eu l'idée de tourner la difficulté en ne plaçant pas les deux guides en face l'un de l'autre (*fig. 85 — II*). Mais alors les deux cages n'occupent plus une position symétrique, ce qui complique l'installation des recettes. Si on veut employer des boulons séparés tout en respectant la symétrie, on peut adopter deux moises centrales rapprochées (*fig. 85. — III*) mais on augmente aussi la consommation de bois et on perd une partie de la section du puits.

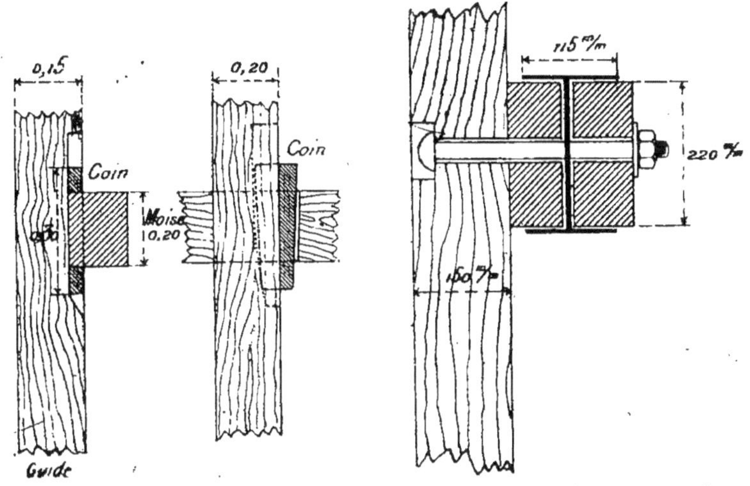

Fig. 83. — Assemblage par coins.　　Fig. 84. — Assemblage avec moise en fer.

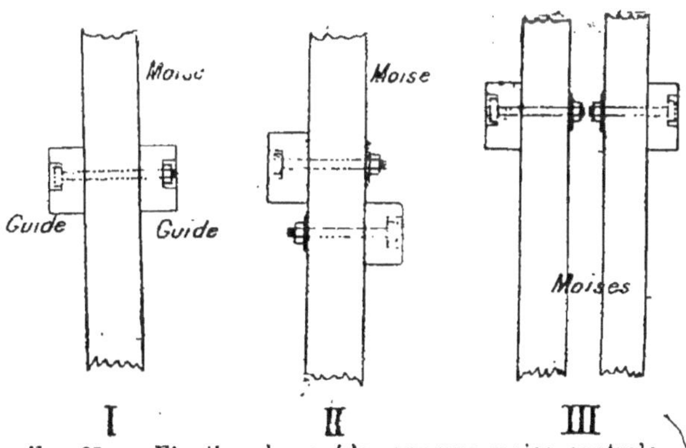

Fig. 85. — Fixation des guides sur une moise centrale.

Nous verrons plus loin que la liaison des guides métalliques et des moises centrales ne présente pas la même difficulté.

Les moises sont encastrées, aux deux extrémités, dans la maçonnerie ou fixées dans des sabots venus de fonte avec les anneaux de cuvelage. Avec les cuvelages à nervures intérieures, on se sert de ces dernières pour supporter les moises.

10. Guides en fer. — Les guides en fer sont cons itués quelquefois par des fers à T, mais presque toujours par des rails du type vignole, dont lé champignon est embrassé par les mains courantes de la cage. Ces rails ont 8 à 12 m. de long, et pèsent 30 à 45 kg, par mètre courant. Ils sont assemblés entre eux au moyen d'éclisses.

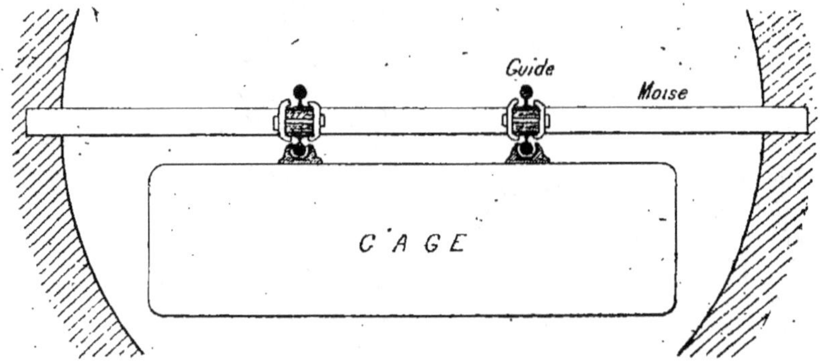

Fig. 86. — Guidage Briart.

Les moises peuvent être en bois, mais en général on adopte des fers à I de 25 à 40 kg., espacés de 2 à 4 m.

La fixation des guides sur les moises se fait à l'aide de cornières boulonnées ou de mâchoires qui serrent le patin du rail.

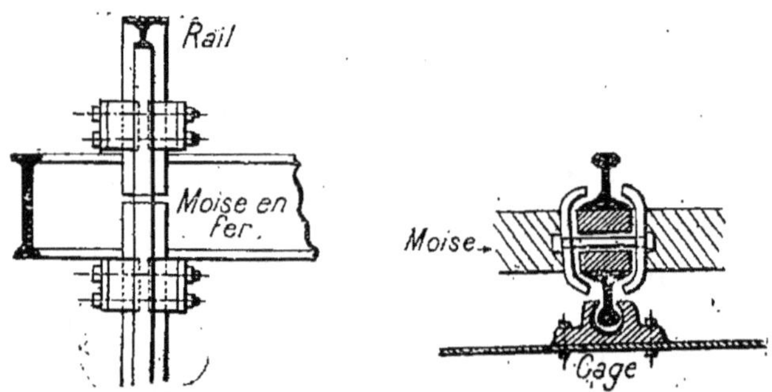

Fig. 87. — Guidage Briart. — Fixation des guides.

Le type de guidage en fer lé plus répandu est celui de *Briart* dans lequel les cages ne sont guidées que par deux files de rails sur le côté le plus voisin du centre du puits (*fig. 86*). Il suffit d'une seule file de moises centrales. Les patins des rails se logent dans des entailles des ailes de la moise; ils sont pris dans deux mâchoires qui réunissent les deux patins, au-dessus et au-dessous de la moise (*fig. 87*), et sont serrées à l'aide d'un boulon qui traverse un bloc en bois.

Les joints se placent en face d'une moise ; avec des rails de 9 m. et des moises à 4^m,50, ces joints se trouvent toutes les deux moises, et on peut les faire alterner d'une file de rails à l'autre.

On peut d'ailleurs appliquer le même système avec des rails de 12 m. de longueur.

Il ne s'applique qu'à des cages longues et étroites, pour que le centre de gravité ne soit pas trop loin des guides.

Dans certaines mines, on place horizontalement l'âme du fer à I, qui constitue la moise et on fixe indépendamment les guides au moyen de crampons qui saisissent le patin et sont boulonnés sous l'aile de la moise (*fig. 88*).

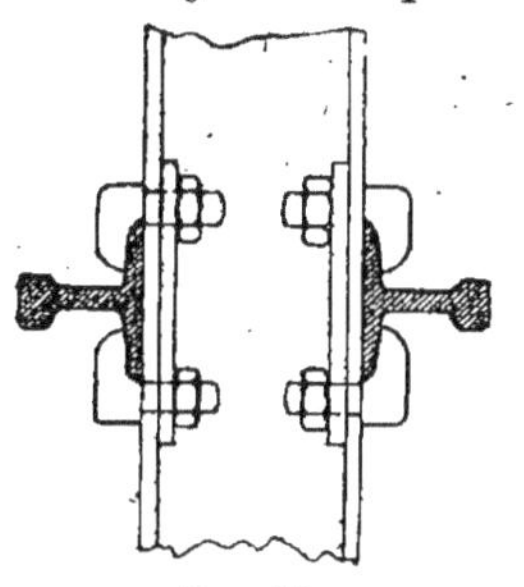

Fig. 88.
(Coupe horizontale).

11. Guidage en câbles. — Le guidage par câbles tendus dans le puits se rencontre rarement, en France, dans les puits importants, mais on l'emploie fréquemment dans les puits secondaires ou les beurtiats.

Les câbles, ronds, sont en fils d'acier, de 30 à 50 $^m/_m$ de diamètre, en gros fils de 3 à 8 $^m/_m$ dont la torsion est faite suivant une hélice allongée. La résistance est assez grande, et l'usure moindre qu'avec des câbles formés de petits fils. On utilise parfois de vieux câbles d'extraction.

Les câbles sont amarrés à la partie supérieure dans le chevalement et tendus à la base par des poids de quelques tonnes. On peut aussi les amarrer, à la base du puits, au moyen de colliers placés sous de fortes moises en fer solidement ancrées ; à la partie supérieure, on les fait passer à travers une vis creuse et on les serre dans des colliers reposant sur la tête de la vis.

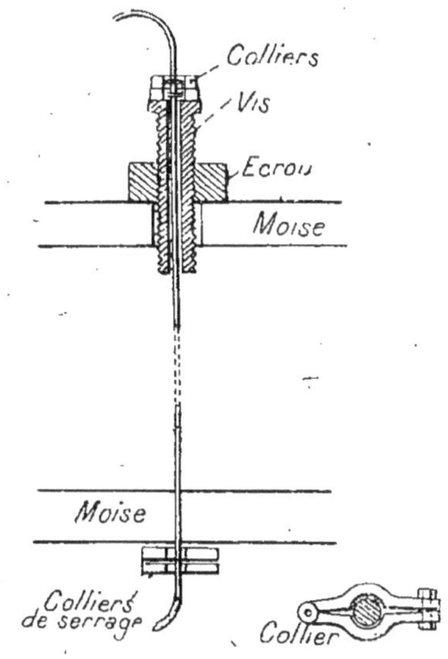

Fig. 89. — Fixation des câbles guides.

En tournant l'écrou qui supporte la vis sur une moise, on fait monter la vis et on tend le câble.

La cage porte des mains courantes cylindriques en bronze, formées de deux pièces allongées, démontables pour permettre l'enlèvement de la cage.

Les câbles-guides ne peuvent pas se mettre sur les petits côtés

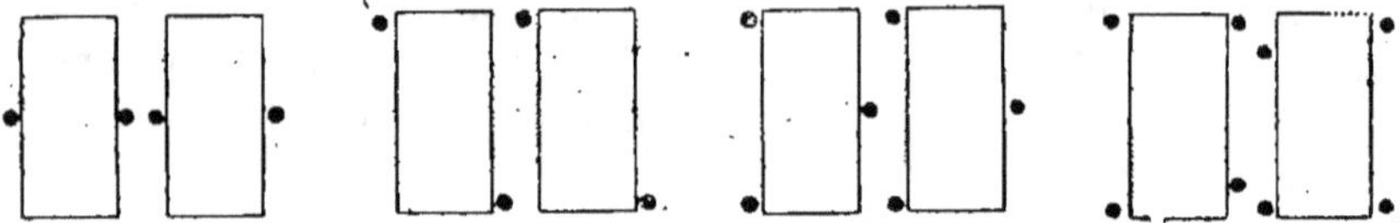

FIG. 90. — Dispositions diverses des câbles-guides.

des cages, car on ne peut les interrompre aux recettes, mais il existe plusieurs dispositions possibles *(fig. 90)* suivant qu'on emploie.2, 3 ou 4 câbles par cage.

12. Comparaison des divers guidages. — Les *guides en bois* sont simples, rigides, peu coûteux et se prêtent bien à l'emploi de parachutes, mais ils prennent de la place et s'usent vite, principalement aux joints. Grâce à leur élasticité ils assurent un glissement facile ; ils n'exigent pas de graissage, mais ont tendance à pourrir dans l'humidité.

Les *guides en fer* prennent peu de place, s'usent peu, demandent peu d'entretien, et conviennent particulièrement aux grandes vitesses, donc aux puits profonds.

Par contre ils sont attaqués par les eaux acides, et leur remplacement, en cas de rupture, est plus difficile. Dans les puits soumis à des mouvements de terrains, ils se tordent et perdent leur verticalité.

Ils exigent un graissage très soigné.

On leur reproche souvent de mal se prêter à l'emploi de parachutes, qui mordent difficilement sur le métal ; par contre ils sont moins facilement arrachés par ces appareils et peuvent résister à un effort plus violent lorsque ceux-ci provoquent un arrêt brusque de la cage.

Les *câbles-guides* sont peu coûteux, se posent très rapidement et laissent libre la section du puits, ce qui est un avantage au point de vue de la circulation du courant d'air. Comme ils sont indépendants des parois, ils ne sont pas affectés par les mouvements de terrains. Leur usure est faible à condition que le graissage soit bon, leur entretien insignifiant. Le mouvement est doux, mais ne peut être aussi rapide, car la rigidité est insuffisante.

Il est cependant à noter qu'en Angleterre, ce type de guidage est très répandu, même dans des puits à grande production. On y emploie des câbles *enclavés* (voir n° 37) fortement tendus par des contrepoids pesant plusieurs tonnes.

Le jeu entre les cages, et entre ces dernières et les parois doit être plus grand qu'avec les guides en bois ou en fer. Tandis qu'avec ces derniers on peut se contenter de 100 $^m/_m$, parfois même un peu moins, il faut 250 ou 300 $^m/_m$ avec les câbles-guides.

Ils ne permettent que difficilement l'emploi de parachutes, et les conséquences qu'entraîne leur rupture sont très dangereuses.

§ 2. — CAGES.

13. Contenance des cages. — Dans les exploitations peu importantes, ou dans les mines métalliques où les berlines chargées sont très lourdes, on rencontre fréquemment des cages qui ne contiennent qu'une seule berline. Il en est de même dans les beurtiats. Mais dans les puits à grande profondeur, qui doivent assurer une extraction intense, on cherche à augmenter le nombre de berlines enlevées à chaque cordée, et à le porter à 4, 6 ou 8.

On peut adopter, dans ce but, des dispositions très diverses. On peut d'abord multiplier le nombre des étages de la cage, en ne mettant qu'une berline dans chacun. On est arrivé ainsi à Marchienne (Belgique) à 12 étages, pour un puits de plus de 1000 m., et de faible diamètre. Mais on complique le service aux recettes.

On préfère donc mettre au moins 2 berlines par étage, généralement bout à bout, plus rarement côte à côte. La cage devient alors beaucoup plus longue que large.

Lorsqu'on n'a que 4 berlines par cage, on adopte ainsi généralement 2 étages à 2 berlines bout à bout. Pour 6 berlines, on aura 3 étages.

Pour 8 berlines, on peut avoir 4 étages à 2 berlines ou 2 étages à 4 berlines en deux files parallèles ; ce dernier système permet des manœuvres d'encagement et de décagement rapides, mais augmente les dimensions de la cage et oblige à adopter pour le puits un grand diamètre.

14. Poids des cages. — Le poids dés cages varie suivant le nombre et la contenance des berlines à enlever, mais le rapport entre le poids mort et le poids utile est d'autant plus faible que ce dernier est plus considérable.

En moyenne on peut admettre que le poids mort (cage + berlines) représente au moins 50 °/₀ du poids total enlevé ; le rapport *poids mort* est au moins égal à 1, généralement plus grand, surtout dans les houillères.

Voici quelques chiffres relatifs à des cages à 4, 8 ou 12 berlines de charbon.

MINE	BERLINES		POIDS		Poids mort total	Poids utile total	RAPPORT : Poids mort Poids utile
	Par étage	Total	Cage vide	1 berline vide			
			kg.	kg.	kg.	kg.	
Collard (Seraing-Belgique) . . .	2	4	900	275	2.000	2.160	0,93
Ronchamp (puits 1000 mètres) . .	2	4	3.500	260	4.540	2.280	1,98
Lens	4	8	2.600	160	3.880	3.400	1,14
Harpen (Westphalie)	2	8	4.000	350	6.800	4.400	1,55
Marchienne (Belgique)	1	12	4.000	250	7.000	6.000	1,17
Anzin	3	12	5.000	250	8.000	6.000	1,33

On voit qu'il y a de grandes différences pour un même nombre de berlines.

Pour des puits à grande profondeur, contenant 8 berlines (pesant vides 430 kg. et contenant 750 kg.) le poids de la cage peut atteindre 7.500 kg. et le poids total pendu au câble 17.000 kg.

Dans les mines métalliques, où les berlines ont parfois une contenance de 2.500 à 3000 kg., le rapport du poids mort au poids utile peut tomber à 0,6 ou 0,7, bien qu'on n'extraie que 1 ou 2 wagonnets par voyage.

15. Construction des cages. — Les cages sont constituées par un châssis en fers à T assemblés par les cornières. La fig. 91 indique les dimensions principales d'une cage à deux étages de 4 berlines, guidée par les milieux des petits côtés.

La partie supérieure, qui porte l'attache du câble et le parachute, est particulièrement renforcée. Au besoin, des fers en diagonale répartissent sur toute la charpente l'effort de traction du câble.

La distance entre les planchers est parfois réduite au maximum nécessaire pour loger les berlines ; mais le plus souvent on augmente cet écartement pour permettre la descente du personnel, soit accroupi, soit debout. Cette dernière disposition oblige à placer les étages à 1^m,70 ou 1^m,80 les uns des autres, mais elle rend plus rapides l'entrée et la sortie des hommes aux recettes.

L'étage supérieur est généralement plus élevé et le toit de la cage peut s'ouvrir pour loger des bois ou des pièces de grandes dimensions.

Les côtés de la cage doivent être fermés par des tôles perforées, si elle sert à la descente des ouvriers. On cherche aussi à alléger la cage en remplaçant les planchers par des grilles.

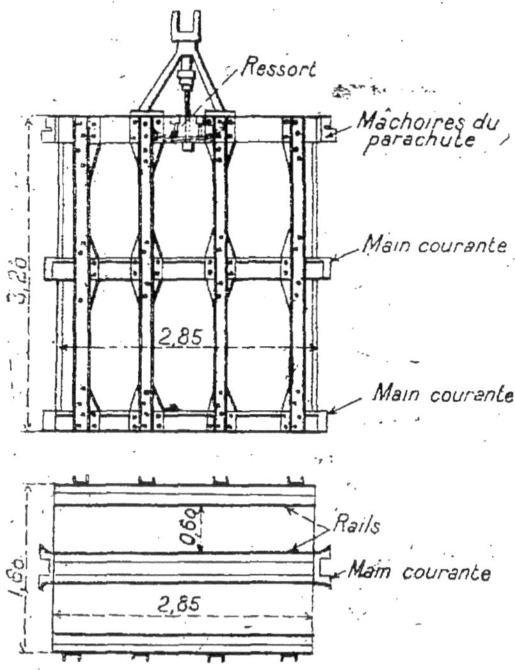

Fig. 91. — Cage à 2 étages de 4 berlines.

Nous verrons plus loin (chapitre VII) les mesures de sécurité indispensables pour éviter les dangers dans la circulation du personnel.

16. Immobilisation des berlines dans la cage. — Les cages ont juste les dimensions nécessaires pour recevoir les berlines, qui s'engagent sur la voie disposée sur le plancher. Il faut donc arrêter les berlines exactement à la position voulue et les empêcher de sortir de la cage pendant le trajet, sous l'effet d'une secousse, ou simplement des vibrations dues aux passages sur les joints du guidage.

Un moyen simple consiste à munir les deux entrées de la cage de barres en fer coudées, que le receveur doit relever pour sortir les berlines, et qu'il rabat avant de donner le signal du départ. Mais une négligence reste possible ; de plus un choc peut relever la barre en cours de route, et il peut arriver qu'elle ait été rabattue hâtivement et soit restée accrochée à la caisse de la berline.

Il est préférable de caler en outre les roues ou les essieux, par

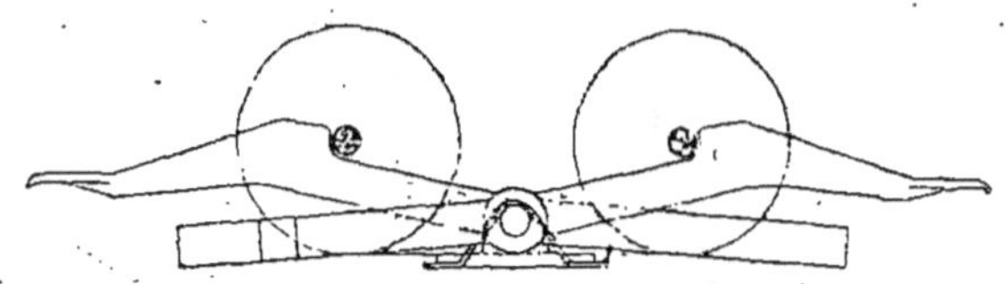

Fig. 92. — Taquets.

exemple au moyen de taquets que le receveur abaissera en appuyant sur une pédale (*fig. 92*).

Pour faciliter le décagement et le rendre plus rapide, on fait parfois usage de planchers qui se soulèvent automatiquement aux recettes. Ces dispositifs seront décrits au chapitre VI.

17. Guidage de la cage. — Les *mains courantes*, qui coulissent le long des guides ont la forme de fers en U lorsque ces guides sont en bois ; elles sont en général recourbées lorsqu'elles doivent embrasser le champignon d'un rail en fer.

Il faut au moins deux mains-courantes superposées sur la hauteur de la cage ; on en place même trois si cette dernière est à plusieurs étages.

Le jeu entre la main-courante et le guide est de 5 à 10 $^m/_m$; pour éviter les secousses provenant des mouvements de la cage, on munit parfois la main courante de ressorts, mais ceux-ci ne doivent pas occasionner un frottement exagéré contre les guides.

Pour changer une cage qui a besoin de réparations ou simplement pour la remplacer par une benne à eau, il faut démonter les mains courantes ; ces dernières sont formées de deux pièces faciles à déboulonner. Mais on préfère le plus souvent laisser les mains fixées à la cage et rendre mobiles, autour des gonds, les parties des guides en face desquelles s'arrêtent les mains courantes, à la recette. Avant l'arrivée de la cage, on fait tourner de 90° à 180° ces tronçons mobiles, et on amène lentement la cage à la recette. On peut alors la dégager perpendiculairement aux lignes de guides. On peut même prévoir l'enlèvement de la cage dans la direction parallèle au plan du guidage, en faisant pivoter une longueur de guide égale à celle de la cage autour d'un axe placé à une distance telle qu'on dégage entièrement l'entrée de la recette. Mais il faut alors terminer très doucement l'ascension de la cage, qui n'est plus du tout guidée. Ce cas se présente d'ailleurs rarement, car on sort gé-

néralement les cages du puits par leur côté le plus étroit ; ce dernier étant
en même temps celui de l'entrée des berlines, les guides sont remplacés à
la recette par des contre guides aux angles de la cage, qu'il suffit de faire
pivoter comme nous l'avons indiqué ci-dessus.

18. Attelage de la cage au câble. — La liaison du câble et de
la cage comporte presque toujours l'intercalation de chaînes attachées aux quatre coins de la cage ou aboutissant à une tige de suspension centrale.

Lorsque la cage repose sur les taquets de la recette, les chaînes
se détendent et viennent reposer sur le toit de la cage ; on évite

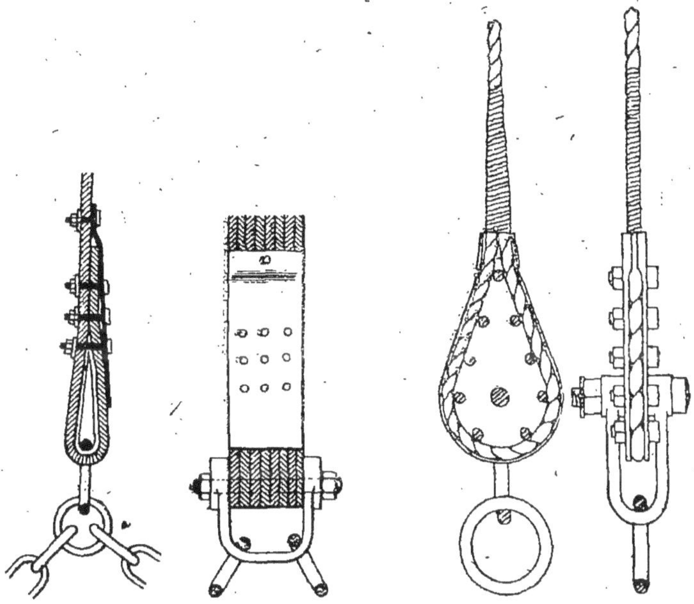

FIG. 93.
Attache de câble plat.

FIG. 94.
Attache de câble rond avec cosse.

ainsi que le câble se replie, ce qui augmenterait considérablement
son usure. Les chaînes sont calculées très largement, vérifiées fréquemment et changées au bout de quelques années. Il est bon de les
recuire de temps à autre.

Lorsqu'on emploie une tige de suspension centrale, elle se termine sous une forte traverse au haut de la cage, ou mieux sous le
ressort du parachute. Mais il est utile de la surmonter d'une certaine
longueur de chaîne, et de compléter l'attelage par des chaînes de
sûreté aboutissant aux angles de la cage.

Quel que soit le système employé, il se termine, à la partie supérieure, par un anneau ou un étrier très solide qui est relié lui-même à l'extrémité du câble.

Le problème est différent suivant que ce dernier est plat ou rond, et des dispositifs variés ont été imaginés pour assurer une fixation qui ne risque pas de céder.

Avec un *câble plat*, on n'a qu'à replier le câble sur lui-même, sur 1 m. environ, autour d'une fourrure qui enveloppe l'axe d'un étrier auquel sont fixées les chaînes.

Les deux parties du câble repliées l'une sur l'autre sont serrées

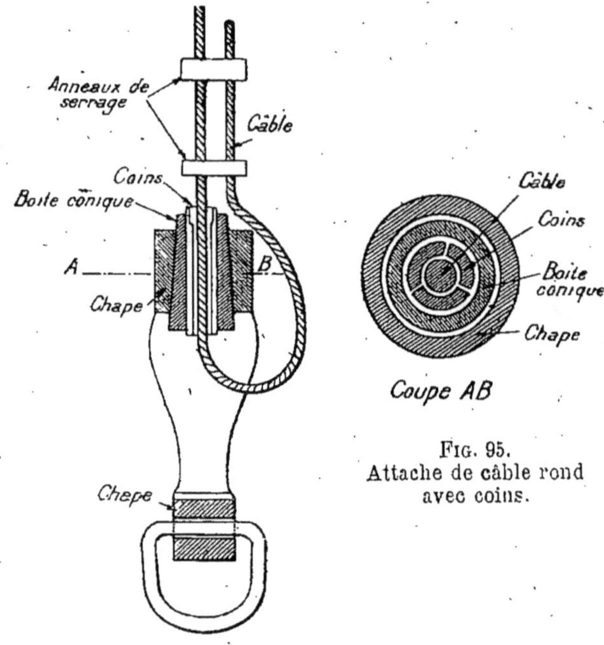

FIG. 95.
Attache de câble rond
avec coins.

au moyen de boulons dont les têtes prennent appui sur une plaque en tôle (*fig. 93*).

Cette dernière a l'inconvénient d'empêcher la surveillance du câble.

Avec les *câbles ronds*, on fait usage d'une *cosse*, c'est-à-dire d'une pièce métallique plate, circulaire à la base et étroite au sommet, munie d'une gorge dans laquelle on place le câble. L'extrémité libre de ce dernier, repliée le long du brin principal, est fortement attachée au moyen de fil de fer ou d'anneaux serrés par des boulons.

La cosse est traversée par l'axe de l'étrier.

La courbure du câble autour de la cosse diminue sa résistance ; de plus, on perd ainsi une longueur assez notable du câble, d'autant plus qu'il faut de temps en temps couper l'extrémité ainsi soumise à des efforts plus intenses et refaire l'attache.

Cette opération, dont nous reparlerons dans le chapitre suivant porte le nom de *coupage de la patte* du câble.

On peut aussi reprocher à ce système de pouvoir se desserrer si la ligature est mal faite ou les anneaux insuffisamment serrés.

On préfère donc souvent faire passer la boucle du câble entre des coins qui seront mis en serrage par une boîte conique autour de laquelle est enfilée la chape qui supporte l'étrier de fixation des chaînes (*fig. 95*).

On coule entre les coins et le câble un alliage dur qui assure une liaison parfaite. Sous le poids de la cage, la chape descend sur la boîte conique et serre les coins. Le câble ne peut échapper de l'attache. Il arrive toutefois qu'il glisse un peu entre les coins. Il faut alors couper la patte et refaire l'attache. Cette opération ne prend d'ailleurs que deux ou trois heures.

Dans un autre dispositif, usité en Allemagne, on attache les chaînes, à la partie supérieure, à des mâchoires qui serrent d'autant plus sur le câble que le poids de la cage est plus grand. En donnant un bras de levier assez grand aux pièces qui mettent en serrage les mâchoires, on obtient un fonctionnement très énergique. Il est bon toutefois de desserrer de temps à autre les écrous de serrage pour rendre un jeu suffisant aux leviers.

L'avantage de ces mâchoires est de pouvoir se desserrer facilement, à condition que les cages reposent sur les taquets, et de permettre de modifier le point d'attache de la cage sur le câble, ce qui est précieux dans les systèmes d'extraction avec câble continu.

§ 3. — SKIPS.

19. Principe. — Le skip est un récipient, attelé au câble, dans lequel on déverse le contenu des berlines au fond et qu'on vide au jour. Ce système est peu employé dans les installations modernes, sauf pour des puits inclinés, mais il mérite d'être étudié rapidement, car il a le grand avantage de réduire considérablement le poids mort à extraire, ce qui n'est pas indispensable dans les exploitations actuelles, mais pourrait constituer une solution intéressante pour l'extraction à grande profondeur.

20. Culbutage à la surface. — Dans les puits inclinés, les skips ont la forme de wagonnets bas et assez longs, montés sur quatre roues dont les deux intérieures courent sur une voie plus étroite. Le câble est attaché à un long étrier fixé à la partie arrière de la caisse (*fig. 96*).

A la recette supérieure, la voie extérieure continue suivant la pente du plan, tandis que la voie intérieure s'infléchit brusquement pour devenir horizontale.

Le câble continuant à tirer sur l'étrier, les roues d'avant s'en-

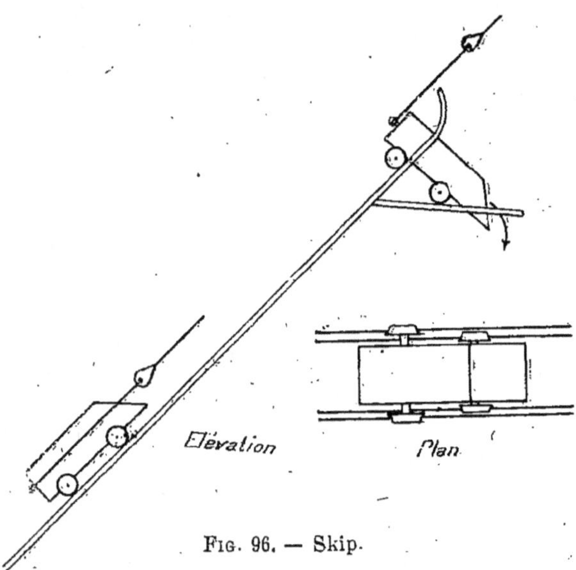

FIG. 96. — Skip.

gagent sur cette voie plane, tandis que les roues d'arrière poursuivent leur ascension: Le skip bascule et déverse son contenu dans une trémie.

21. Avantages et inconvénients. — Le skip exige une manœuvre supplémentaire au fond pour le déversement des berlines, mais elle est de courte durée ; par contre cette opération augmente la proportion de menus avec les charbons ou les minerais friables.

La circulation du personnel ne peut se faire que dans des wagonnets spéciaux.

Dans les puits verticaux, on peut se contenter du roulement sur des rails et il faut prévoir des dispositifs de guidage plus compliqués.

Nous avons signalé l'avantage que procure la réduction du poids mort ; il en est d'autres qui ne sont pas négligeables : diminution du nombre de berlines nécessaires, réduction de la section des compartiments d'extraction dans le puits, facilité de desserte des étages intermédiaires : chacun d'eux gardant les berlines qui lui sont nécessaires, on n'a pas à prévoir le retour des berlines vides ; la rapidité de chargement est suffisante pour qu'on puisse souvent présenter le skip à des étages différents sans se préoccuper de régler les câbles pour que l'un des appareils soit en chargement pendant que l'autre se déverse au jour.

Ce mode d'extraction se rencontre dans des mines métalliques à grande profondeur, par exemple dans certains puits inclinés de la région du lac Supérieur, qui dépassent 1500 m. suivant la pente.

La comparaison entre l'extraction par skip et par cages guidées, pour des puits profonds, permet de faire quelques remarques intéressantes :

Pour un même poids total de 17.000 kg. pendu au câble, la cage ou le skip pèseront tous deux 7.550 kg. mais il faut y ajouter dans le premier cas 3.450 kg. pour 8 berlines vides et il ne reste comme poids utile que 6.000 kg., tandis qu'on atteint 9.450 kg, avec le skip. Si on tient compte du poids du câble (à 1000 m. de profondeur : 23.800 kg.), ce poids utile n'est que de 25 % avec la cage, tandis qu'il est voisin de 40 % avec le skip.

La capacité d'extraction, dans un temps donné, est de 50 % plus élevée dans le cas des skips, car la charge utile pour le même poids total (câble compris) est égale dans ce cas à la charge utile dans le cas des cages multipliée par 1,58. Comme les manœuvres sont plus rapides (on met 5 secondes pour emplir un skip de 8 à 10 tonnes), l'avantage est en réalité encore plus considérable. A Kimberley la charge utile est de 8 à 11 T et on extrait 4.000 T en 11 heures de 475 m. de profondeur.

Un même poids de câble, qui permettrait d'extraire à 1000 m. avec des cages, permettra de dépasser 1500 m. avec des skips.

On doit tenir compte, en outre, des autres avantages du skip :

Suppression des pliages du câble à la patte, indépendance de la forme et de la grandeur des berlines au fond et de la section du puits, réduction possible de celui-ci. Ce dernier avantage n'est d'ailleurs pas à retenir pour les puits profonds où les nécessités de l'aérage obligent à donner au puits une section suffisante.

En résumé, bien que les skips soient peu usités dans les exploitations actuelles en Europe, il sera peut-être intéressant d'en envisager l'emploi dans l'avenir.

§ 4. — Systèmes divers d'extraction.

22. Cuffats. — Avant l'adoption des cages guidées, l'extraction se faisait par des tonnes, ou *cuffats*, pendus au câble par l'intermédiaire de chaînes. On a vu, dans l'étude du fonçage des puits, la description de ce mode d'extraction : on le trouve employé dans ces travaux préparatoires, et dans certains puits intérieurs.

Ses inconvénients l'ont fait abandonner dès qu'on a voulu réaliser des productions plus importantes.

Le cuffat n'a qu'un poids mort très réduit, mais il est lent à remplir et à vider, à moins de dispositifs particuliers ; n'étant pas guidé, il tourne sur lui-même et ne peut circuler qu'à vitesse très réduite (1 m. à 1^m,50 par seconde), pour éviter les accidents.

Lorsque la matière à extraire est friable, le remplissage du cuffat brise les blocs et diminue la valeur du produit si celui-ci est plus recherché en gros morceaux, ce qui est le cas du charbon.

23. Berlines accrochées au câble. — Pour supprimer cette cause de détérioration du charbon, on a cherché, dans les anciennes houillères, à remonter les berlines au jour en les attachant directement au câble. On donnait à celles-ci une forme bombée pour mieux résister aux chocs contre les parois. Mais les autres inconvénients de l'extraction par cuffats : lenteur de la circulation, mauvaise utilisation de la section par suite du jeu à laisser entre les berlines, durée des manœuvres, subsistaient.

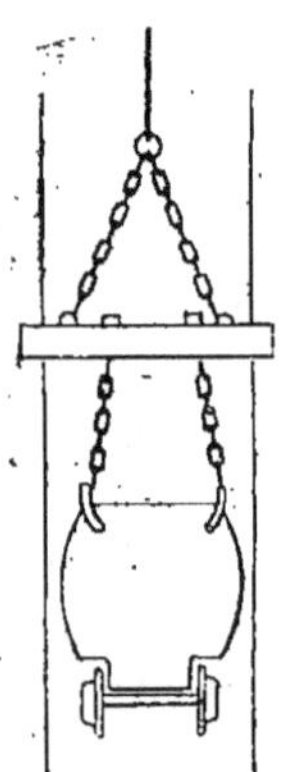

Fig. 97.
Berlines guidées.

C'est pour y parer qu'on a imaginé le guidage ; pour l'appliquer aux berlines, on faisait usage de câbles-guides, le long desquels circulait une traverse, à laquelle les berlines étaient attachées au moyen de chaînes (*fig. 97*).

La circulation dans le puits était plus rapide, mais on perdait du temps aux recettes : il fallait fermer le puits par un plancher, pour pouvoir amener la berline sous la traverse, ou pour la décrocher au jour et la rouler en dehors du puits. De plus, on n'extrayait qu'une seule berline à la fois. On a donc été conduit à l'invention des cages guidées, d'abord à une, puis à plusieurs berlines.

24. Extraction pneumatique. — Un autre système d'extraction, basé sur des principes tout différents, a été proposé par un ingé-

nieur des mines d'Epinac, Zulma Blanchet. Il repose sur la suppression du câble et sur la mise en mouvement de la cage, placée
dans un cylindre étanche en tôle, sous l'action d'un vide partiel produit au-dessus du piston qui la termine à la partie supérieure.

Cette invention a même été réalisée, et a fonctionné pendant
quelque temps, jusqu'à ce que le puits ait été abandonné par suite
de l'épuisement de son champ d'exploitation.

Le principe du système est simple : Le tube cylindrique peut être mis
en rapport, à la base, soit avec l'air de la mine, soit avec un tuyau spécial
d'évacuation, et à la partie supérieure soit avec la machine pneumatique,
soit avec l'atmosphère. La cage est comprise entre deux pistons.

Si l'on veut la faire monter, on ouvre la soupape qui conduit à la machine pneumatique ; cette dernière aspire l'air contenu dans le tube et la
cage est refoulée de bas en haut par la pression atmosphérique ; pour permettre à celle-ci de s'exercer, on ouvre la communication avec l'air de la
mine.

Au contraire, si la cage est en haut, immobilisée par des taquets, et
qu'on veuille la faire redescendre, on commence par relever la pression au-
dessus de la cage, car celle-ci, chargée de berlines vides, est beaucoup plus
légère et monterait au-dessus de la recette au moment où on lui rendrait sa
liberté en effaçant les taquets. Une fois cette manœuvre préparatoire accom-
plie, on provoque la descente en ouvrant, à la base du puits, la soupape qui
communique avec le tuyau d'évacuation ; la cage descend sous son propre
poids et on règle la vitesse en fermant plus ou moins l'orifice d'échappement
de l'air contenu, dans le tube, sous la cage.

A Epinac, la cage était à 9 étages d'une berline, qu'on desservait simultanément trois par trois. Le tube avait $1^m,60$ de diamètre, 7 à 8 mm. d'épaisseur, 603 m. de longueur, pour une hauteur d'extraction de $558^m,50$.

La durée de l'ascension était de deux minutes, celle de la descente de
6 minutes.

Ce système a été préconisé comme une solution possible de l'extraction à grande-profondeur, mais les progrès réalisés dans la fabrication des câbles permettent de pousser l'exploitation jusqu'à des
niveaux bien inférieurs à ceux qui sont actuellement atteints. Il
semble donc que le procédé n'ait qu'un intérêt historique.

§ 5. — CHEVALEMENT ET MOLETTES.

25. Chevalement. — Le puits est surmonté d'une tour qui répond
à deux buts : servir de point d'appui au guidage au-dessus de la recette, et suppporter les *molettes*, c'est-à-dire les poulies sur lesquelles
passent les câbles à l'aplomb du puits.

Le chevalement doit donc être assez haut pour permettre de soulever entièrement la cage au-dessus de l'orifice, tout en laissant une distance suffisante pour qu'elle ne risque pas, en cas de négligence du machiniste, de venir heurter les molettes.

Il faut en outre qu'il soit assez solide pour résister à l'effort produit par le poids du câble et de la cage et par la traction de la machine.

Les dimensions du chevalement dépendent de plusieurs facteurs : hauteur de la cage, poids des masses en mouvement, diamètre des molettes. Ainsi que nous le verrons plus loin, celles-ci sont parfois disposées l'une au-dessus de l'autre, ce qui contribue encore à augmenter la hauteur totale.

Enfin, pour faciliter les manipulations des berlines et l'emmagasinement des produits extraits, la recette est souvent à plusieurs mètres au-dessus du sol ; les dimensions de la charpente en sont augmentées d'autant.

Dans les installations modernes, l'axe des molettes est fréquemment à 30 ou 35 m. au-dessus du sol, à 20 m. au-dessus de la recette.

26. Forme du chevalement. — La forme à donner au chevalement est déterminée par les efforts à supporter.

Ceux-ci s'exercent dans deux directions : verticalement pour le brin du câble qui descend dans le puits, obliquement pour le brin qui va de la molette à la machine. Les tensions de ces deux brins étant égales, leur résultante est dirigée suivant la bissectrice de l'angle. Mais celle-ci n'occupe pas une position fixe : en effet au début d'une des cordées, le brin de câble qui soulève la cage se termine à la

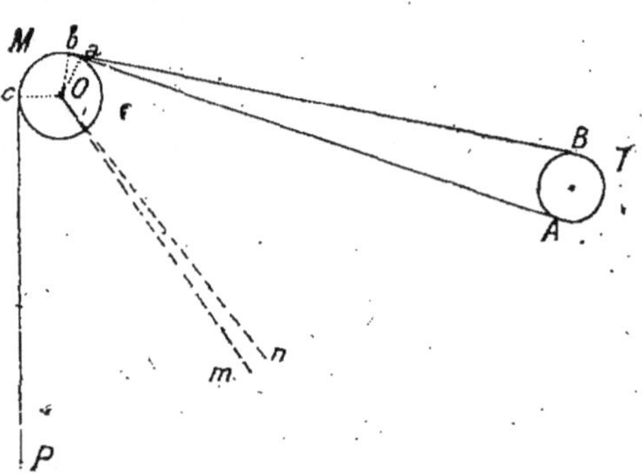

Fig. 98. — Direction des efforts à supporter par le chevalement.

partie inférieure du tambour (ou de la bobine) de la machine (position aA) ; au début de l'autre cordée, le brin en tension aboutit au haut du tambour (bB). Dans le premier cas, la résultante s'exerce suivant la ligne Om, bissectrice de l'angle formé par les deux lignes Pc et Aa dans le second suivant On, bissectrice de l'angle formé par Pc et Bb. Les *poussards* du chevalement, qui supporteront les efforts de traction, doivent être dirigés suivant une ligne comprise entre Om et On (*fig. 98*).

On donne en général aux poussards, dans le plan ainsi défini, une direction un peu divergente, pour mieux supporter l'ouvrage et on les appuie sur de solides fondations en maçonnerie ou en béton.

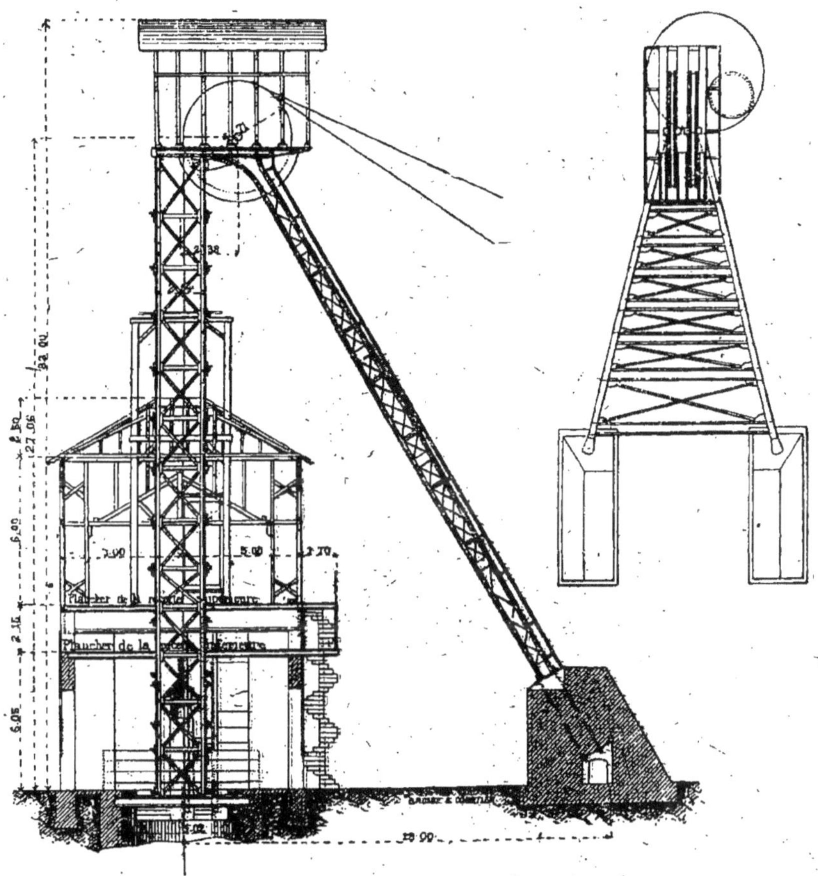

FIG. 99. — Chevalement métallique.

Le calcul de la force à leur donner est une question de construction qu'il serait trop long de traiter ici.

Le chevalement comporte en outre quatre montants verticaux, dont les pieds entourent l'orifice du puits, assez solides pour soutenir les molettes et le poids de la cage reposant sur la recette. Ces montants n'ont pas besoin d'être aussi robustes que les poussards.

L'axe des molettes se trouve souvent à la rencontre des deux poussards et des deux montants du côté de la machine ; les deux autres n'ont alors à supporter qu'une charge réduite et peuvent être beaucoup plus légers. Mais la position de l'axe des molettes est déterminée par le diamètre de ces organes et par celui du puits ; en outre,

Fig. 100. — Chevalement à molettes superposées.

l'une des molettes est à un niveau inférieur, son axe n'est plus dans le plan des poussards, et les montants devront être plus forts.

L'ensemble de la charpente est complété par des entretoises.

La fig. 99 montre l'aspect d'un chevalement métallique à deux molettes placées côte à côte.

On remarquera le toit qui le surmonte destiné à protéger les molettes.

La base en est enveloppée par le bâtiment de la recette.

Dans certaines installations, lorsque la hauteur totale n'est pas trop grande, la totalité de l'ouvrage est entourée d'un bâtiment qui le cache entièrement.

On rencontre d'ailleurs des chevalements d'aspect tout différent du type classique représenté sur la fig. 99, suivant les principes d'après lesquels a été dessinée la charpente, et suivant la construction du bâtiment de la recette.

En particulier, les chevalements à molettes superposées (pour extraction avec *poulies Kœpe*) ont une silhouette caractéristique. La fig. 100 représente celui de la fosse 11 de la Compagnie de Béthune (avant la guerre).

Les axes des molettes étaient respectivement à 35^m,50 et 28 m. au-dessus du sol, et la hauteur totale était de 46 m. Les molettes avaient 6 m. de diamètre.

Lorsque le puits contient deux paires de cages d'extraction, le chevalement porte quatre molettes, soit côte à côte, soit placées deux par deux dans des directions à 90°.

L'ouvrage est alors plus compliqué et comporte deux séries de poussards.

Sur d'autres puits, la charpente qui soutient les molettes est indépendante de celle qui prolonge le guidage et porte les recettes.

27. Chevalements en bois ou en maçonnerie. — Les chevalements métalliques sont les plus répandus, en raison de leur légèreté et de la facilité de leur calcul et de leur construction. Mais autrefois, on les faisait en maçonnerie ou en bois. Dans le premier cas, les molettes étaient placées au sommet d'une tour en pierre, percée de hautes ouvertures pour l'installation des recettes.

Dans le second cas, le dessin de la charpente comporte des poussards et des montants entrecroisés comme pour un chevalement métallique, mais l'ensemble était généralement recouvert d'un bâtiment protecteur.

L'inconvénient principal des chevalements en bois est le danger d'incendie, dont les conséquences sont particulièrement graves sur les puits d'entrée d'air. En outre, ils ne sont pas très durables et ne peuvent supporter de charges considérables.

28. Chevalement en béton armé. — Au contraire, les chevalements en béton armé prennent, à l'heure actuelle, un développement incontestable. Plus lourds d'aspect que les chevalements métalliques, mais robustes et durables, ils ont été adoptés sur plusieurs des puits du Nord et du Pas-de-Calais dont les installations étaient à reconstruire à la suite de leur destruction pendant la guerre.

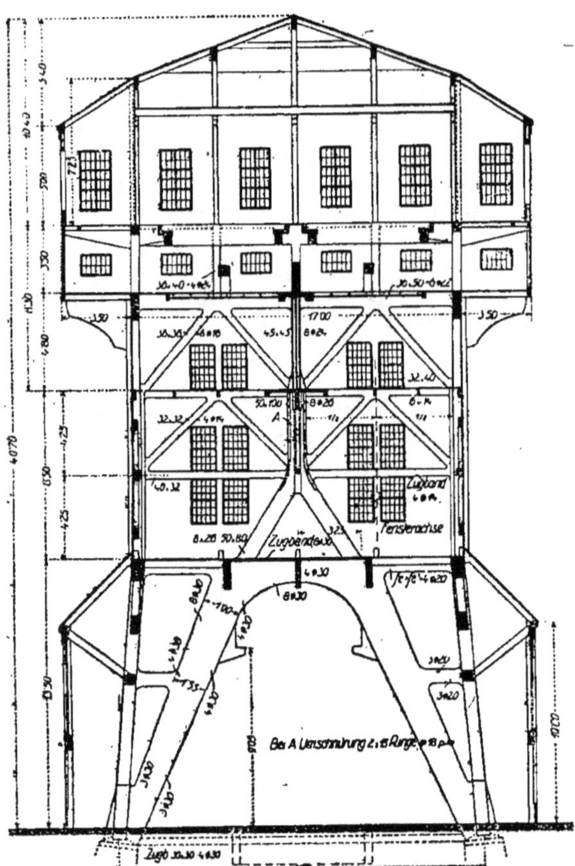

Fig. 101. — Coupe en long.

Il existait d'ailleurs déjà un certain nombre d'exemples de ce type de chevalement. A la mine *Camphausen* (Sarre), il en avait été élevé un en 1912, dont les fig. 101 à 103 donnent une idée, et qui présentait une autre particularité : les deux machines d'extraction (dont une seule est installée) sont placées au-dessus du puits, au sommet de l'ouvrage. Cette disposition est d'ailleurs favorable à l'emploi du béton armé, en raison de l'importance des forces verticales et de la faiblesse relative des forces horizontales qui entrent en jeu.

La hauteur totale est de 40^m,70. L'étage des machines mesure

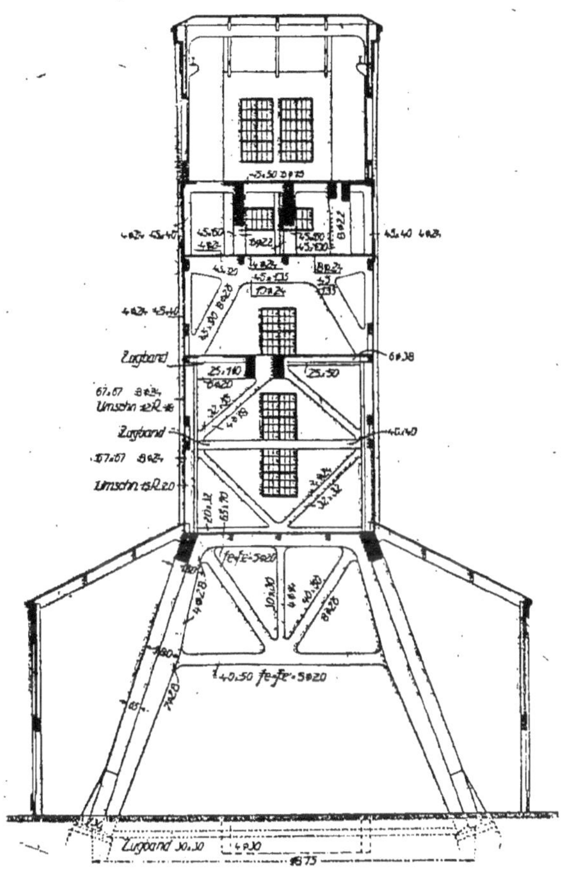

FIG. 102. — Coupe en travers.

17 m. $\times$ 9^m,30, non compris deux cabines de 3^m,50 $\times$ 5^m,80 aux deux extrémités. Il y a cinq étages superposés :

Étage de la recette du puits au niveau du sol, hauteur. 13^m,50
— intermédiaire. 8 50
— des molettes 4 80
— des fondations 3 50
— des machines d'extraction . . . . 10 - 40

Les fondations descendent à 10 m. au-dessous du sol, jusqu'au terrain solide ; la pression maxima sur le sol, y compris la pression supplémentaire due au vent, est de 6 kg. 07 par mètre carré.

Fig. 103. — Vue extérieure.

29. Molettes. — Les *molettes*, c'est-à-dire les poulies qui supportent le câble au haut du chevalement doivent avoir un diamètre aussi grand que possible, pour diminuer la fatigue du câble. Avec les câbles plats (en aloès), on admet en général que le diamètre doit être d'au moins 30 à 50 fois l'épaisseur du câble, avec un minimum de 2 mètres.

Avec les câbles ronds en acier, le diamètre de la molette doit être au moins égal à 100 ou 150 fois celui du câble, et au moins à 1500 fois celui des fils élémentaires du câble (2.000 fois pour les aciers à grande résistance).

On arrive ainsi fréquemment à 5 à 6 m. de diamètre. La jante est généralement en fonte, garnie parfois d'une fourrure en bois qu'on remplace lorsqu'elle est usée. Les rayons sont en acier, renforcés par des cercles en acier. La fig. 104 représente les molettes du puits *Gneisenau* (Westphalie), entièrement en acier, d'un diamètre de 6 m.

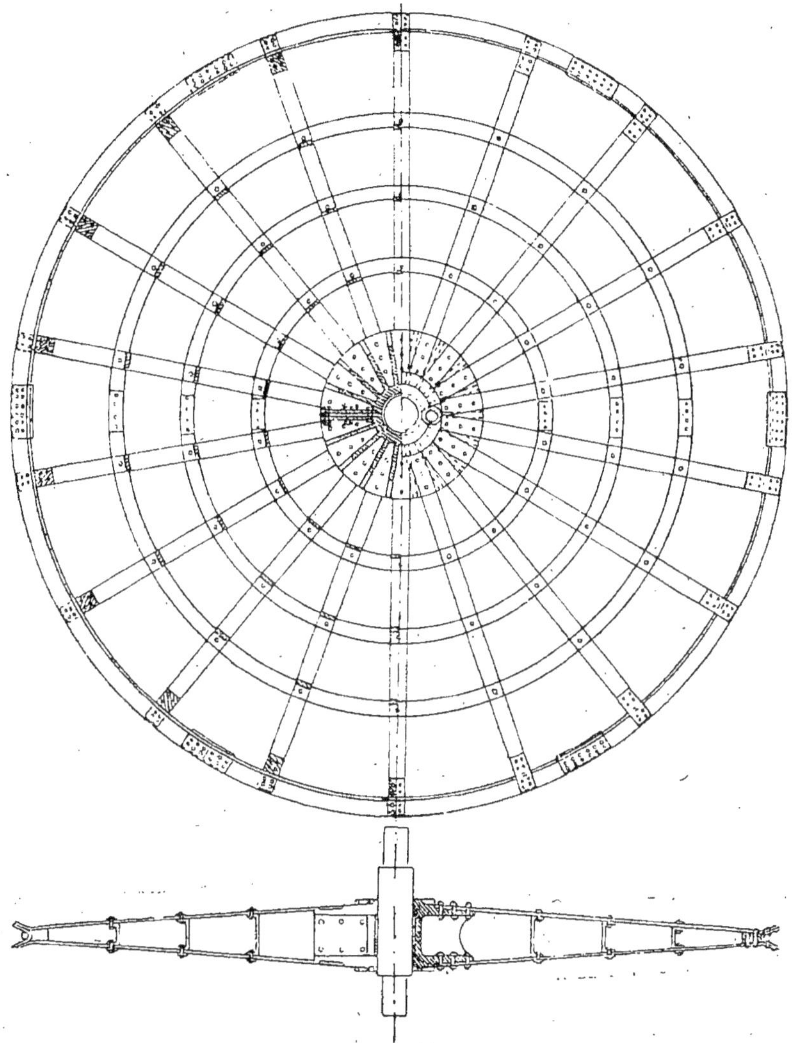

Fig. 104. — Molette pour câble rond.

30. Résumé. — Le transport des produits dans les puits se fait encore parfois par des cuffats, mais la circulation est lente et le débit insuffisant. On emploie presque uniquement des cages, dans lesquelles sont placés les berlines, et qui sont munies de mains-courantes glissant le long de guides en bois, en rails ou en câbles.

Les guides rigides (en bois ou en fer) sont fixés à des moises, en bois ou en fer à I encastrées dans les parois du puits. Ils sont disposés soit sur un seul côté, soit sur les deux côtés de la cage, en général sur les deux petits côtés pour les guides en bois, souvent sur le grand côté voisin du centre du puits pour les guides en fer.

Les *guides en bois* sont des pièces de section rectangulaire ou carrée, longues de plusieurs mètres, assemblées par des boulons, avec éclisses si les deux extrémités en contact sont simplement placées bout à bout. Ces boulons doivent avoir leur tête noyée dans le bois pour ne pas gêner le passage des mains-courantes. Les *guides en fer* sont constitués généralement par des rails Vignole.

Le *guidage en câbles* amarrés au haut et au bas du puits a l'avantage d'être indépendant des parois, vite placé et économique. Il manque de rigidité, ne permet qu'une vitesse moindre et exige un jeu plus grand entre les cages et entre celles-ci et les parois. De plus il se prête mal à l'emploi de parachutes. Aussi est-il peu en faveur en France ; son emploi courant en Angleterre permet de penser que les reproches qu'on fait à ce mode de guidage sont exagérés.

Les *cages*, formées d'un châssis en fers profilés, robuste mais aussi léger que possible, sont à un ou à plusieurs étages, ces derniers étant à une ou plusieurs berlines, au maximum 4 en deux files parallèles.

Leur poids atteint dans les puits importants 6 ou 8 tonnes à vide. Les berlines doivent y être immobilisées au moyen de barrières ou de taquets ; on les munit parfois de planchers qui se soulèvent automatiquement aux recettes pour faciliter les manœuvres.

L'*attelage du câble* se fait par l'intermédiaire de chaînes et d'un anneau très solide ; des dispositifs spéciaux empêchent le câble d'échapper de l'attache ; pour éviter les dangers provenant de l'usure de la *patte* du câble, on coupe celle-ci de temps à autre et on refait l'attache.

Les *skips* sont des récipients attelés au câble, dans lesquels on déverse au fond le contenu des berlines et qu'on culbute au jour. On ne les rencontre guère que dans les puits inclinés, mais grâce à la diminution du poids mort et à la rapidité des manœuvres, on peut en envisager l'emploi pour l'extraction à grande profondeur.

A la surface, les câbles passent sur les *molettes*, c'est-à-dire sur des poulies dont le diamètre doit être assez grand pour ne pas les fatiguer par les pliages répétés. Avec les câbles ronds en acier, lorsque l'extraction se fait à grande profondeur, ces molettes ont 5 ou 6 m. de diamètre. Elles sont supportées par une tour en maçonnerie, en bois ou plus généralement en fer, le *chevalement*, dont la hauteur dépasse 30 ou 35 m. dans les installations modernes.

Ce chevalement doit résister aux efforts provenant de la tension des câbles allant à la machine et descendant dans le puits. Il comporte donc essentiellement deux poussards inclinés, dont le plan contient la bissectrice de l'angle des deux brins du câble, et une charpente verticale formée de quatre montants qui entourent l'orifice du puits ; cette charpente porte les recettes supérieures lorsqu'elles ne sont pas au niveau du sol, et en tous cas le guidage prolongé jusqu'à une hauteur suffisante pour permettre les manœuvres d'encagement et de décagement.

Depuis quelques années les chevalements en béton armé prennent un grand développement ; il en existe en particulier de nombreux exemples dans les mines du Nord de la France reconstruites après la guerre.

CHAPITRE III

CABLES

---

§ 1. — NATURE ET CONSTITUTION DES CABLES.

31. Diverses sortes de câbles. — Les câbles sont fabriqués soit avec des matériaux végétaux comme le chanvre ou l'aloès, soit avec des fils de fer ou d'acier. Les câbles végétaux sont plats, formés de l'assemblage côte à côte d'une série de câbles élémentaires ronds ou *aussières* ; les câbles métalliques sont plats ou ronds.

En outre, il existe des types particuliers à section décroissante d'une extrémité à l'autre, utilisés dans les puits à grande profondeur, où la partie supérieure du câble a besoin d'être beaucoup plus résistante que la partie inférieure, qui ne supporte que la cage.

32. Câbles végétaux. — Les câbles végétaux sont constitués par un certain nombre d'*aussières* juxtaposées et cousues au moyen d'une machine spéciale.

Chaque aussière est formée elle-même par l'enroulement d'un certain nombre de câbles ronds ou *torons* tordus en hélice (*fig. 105*).

Les aussières, en nombre pair, ont des enroulements en sens contraire, afin d'empêcher le mouvement de rotation dù à la torsion et à la détorsion des hélices.

Suivant la force à donner au câble, celui-ci comporte 4, 6 ou 8 aussières, parfois davantage, et chaque aussière se compose en général de 3 torons, quelquefois de 6, chaque toron ayant lui-même 6 à 12 fils.

Le pas de l'hélice est de 12 à 16 fois le diamètre du toron ou de l'aussière.

La torsion réduit de 1/5 environ la longueur de la fibre ; en service les hélices ont tendance à se redresser, et par suite le câble à s'allonger. Ce phénomène est très net dans les premiers jours, puis il ne se manifeste que faiblement, jusqu'au moment où le câble est usé et voisin de sa limite de résistance : on constate alors un allongement rapide (qui peut atteindre 3 % en 24 heures) qui prévient qu'il est urgent de changer le câble.

La couture se fait au moyen de 2 ficelles qui vont d'une extrémité à l'autre du câble, en passant alternativement, et en sens contraire, d'un côté à l'autre, entre les torons. Elle doit être exécutée sur le câble soumis à une tension égale à celle qu'il aura en service, et produit une contraction qui réduit de 25 % environ la largeur du câble.

Les *matières employées* sont soit le chanvre, soit l'aloès (appelé aussi chanvre de Manille, car c'est la fibre d'un bananier qui pousse aux Philippines).

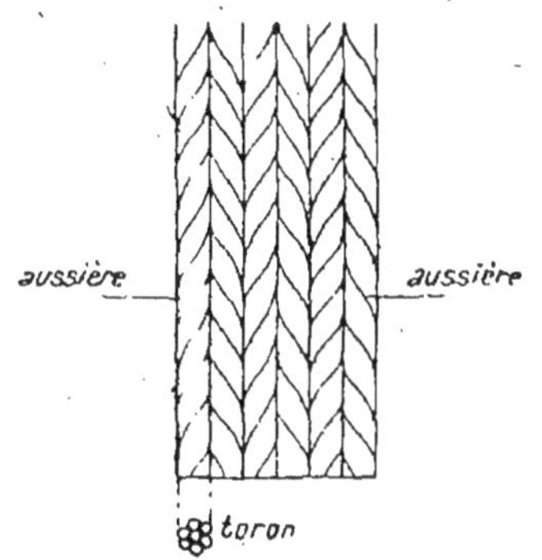

Fig. 105. — Câble plat.
(Elévation du câble et coupe d'une aussière).

Le chanvre est meilleur marché, mais s'altère rapidement à l'air vicié des mines et à l'humidité ; *l'aloès* résiste beaucoup mieux à celle-ci, et de plus il a une résistance à la traction plus grande de 10 % au moins. On protège le chanvre contre l'humidité en le trempant dans du suif bouillant. On augmente sa durée, ainsi que celle de l'aloès, en les imbibant de goudron (le chanvre en absorbe 17 %, l'aloès 15 %) ; il faut avoir soin de laisser reposer les câbles six mois après cette opération avant de les mettre en service.

Dans les puits secs et chauds, il convient d'arroser de temps en temps les câbles d'aloès.

La faible résistance du chanvre l'a fait abandonner dans les puits importants. L'aloès l'a complètement remplacé ; il reste en faveur dans le Nord de la France et en Belgique. Malheureusement il devient de plus en plus difficile de s'en procurer, et son prix a beaucoup augmenté, aussi les câbles végétaux ont-ils tendance à disparaître devant les câbles métalliques.

Nous n'avons parlé que des câbles plats ; en effet, pour obtenir une résistance suffisante avec des câbles ronds, il faudrait leur donner un diamètre tel qu'ils manqueraient absolument de souplesse.

33. Câbles métalliques. — Les câbles métalliques, autrefois en fils de fer, ne se font plus maintenant qu'en fils d'acier. La nature de celui-ci a une grande importance, car les fils doivent présenter à la fois une grande résistance et une flexibilité suffisante. L'acier trop dur est cassant à la flexion. On employait surtout des aciers ayant une résistance de 150 kg. par mm² environ, mais les aciers au creuset ont permis d'atteindre 180 à 200 kg par mm².

Le fer ou l'acier doux ne donneraient que 60 à 75 kg.

Dans les puits humides on emploie parfois des fils galvanisés.

Les câbles métalliques peuvent être plats ou ronds.

34. Câbles métalliques plats. — Les câbles plats sont composés de 4 à 10 aussières, réunies par une couture faite avec un fil moins dur que ceux du câble. Chaque aussière, à hélice très allongée, ne comporte en général que 4 torons.

Les torons eux-mêmes ont 6 à 8 fils, enroulés autour d'une âme en chanvre. Cette dernière donne plus de souplesse au câble et retient la matière grasse avec laquelle il est nécessaire d'enduire les câbles métalliques.

35. Câbles métalliques ronds. — Les câbles ronds sont formés de torons (6 à 8) entourés en hélice autour d'une âme en chanvre, chaque toron étant généralement composé lui-même de 6 à 12 fils autour d'une âme en chanvre.

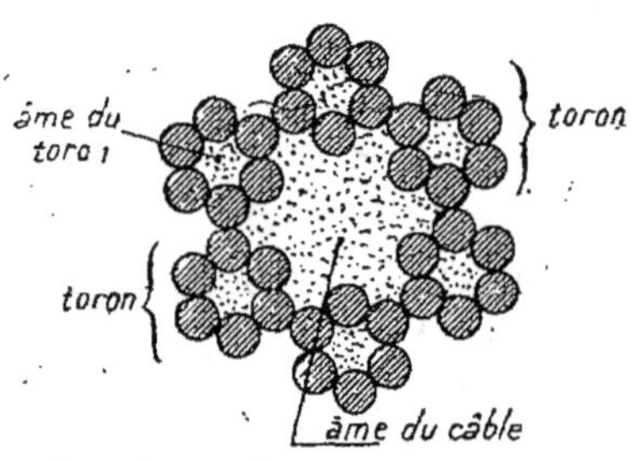

Fig. 106. — Câble rond à 6 torons de 6 fils.

Le diamètre des fils est habituellement de 1 $^m/_m$ 8 à 2$^m/_m$; des fils trop fins donneraient plus de souplesse, mais s'oxyderaient et se rompraient.

La fig. 106 représente un câble à 6 torons de 6 fils avec âmes en chanvre dans le câble et dans chaque toron.

L'âme du toron est parfois remplacée par un fil central en acier qui ne conserve pas l'humidité.

L'utilité de l'âme en chanvre au centre du câble est de donner plus de souplesse et de diminuer l'usure due au frottement des torons les uns sur les autres.

Le pas de l'hélice est d'environ dix fois le diamètre du fil dans le toron et de dix fois celui du toron dans le câble.

Les torons sont le plus souvent enroulés suivant des hélices parallèles ; la surface extérieure est assez lisse lorsque le nombre de torons est de 7 ou 8. Il en résulte une moindre usure pour les tambours ou poulies sur lesquelles s'enroule le câble. Par contre, sous l'effet d'une forte charge, le câble, dont toutes les hélices sont dans le même sens, a tendance à se détordre et à s'allonger.

On peut croiser les enroulements des divers torons, ce qui diminue les chances de détorsion et améliore la liaison des divers éléments. La résistance est meilleure pour les fortes charges, mais la surface extérieure étant plus irrégulière, l'usure des tambours est plus rapide.

Les câbles ne sont pas toujours aussi simples que celui qui est représenté sur la fig. 106. Lorsqu'on veut obtenir une résistance plus grande, on n'augmente pas le nombre de torons au-delà de 8 ou 9, pour ne pas compliquer la fabrication ; et on préfère augmenter le nombre de fils dans les torons, en les portant par exemple à 25, 30 ou 35 disposés en plusieurs couches concentriques.

La fig. 107 représente un câble composé de 6 torons autour d'une âme en chanvre, chaque toron comportant un fil central et trois couches de fils.

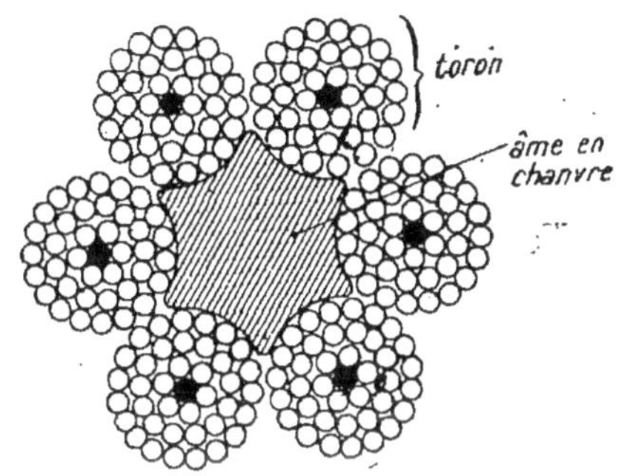

Fig. 107. — Câble à 6 torons composés de 3 couches de fils.

Si ces derniers sont fins, l'ensemble se plie facilement, malgré l'importance du diamètre total.

Pour augmenter encore la souplesse, on a parfois composé le câble d'une âme en chanvre autour de laquelle sont enroulées des aussières, composées chacune de torons

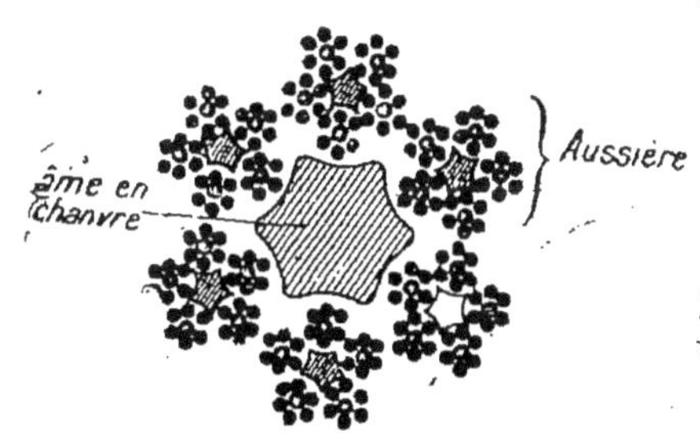

Fig. 108. — Câble greliné.

de 6 ou 8 fils. On obtient ainsi un *câble greliné* (*fig. 108*) très flexible, mais composé de fils très fins, ce qui le fait écarter en général de l'emploi dans les puits d'extraction.

36. Câbles végétaux décroissants. — Les câbles végétaux sont beaucoup plus lourds, à résistance égale, que les câbles métalliques. Ainsi qu'on l'a vu plus haut, les câbles ronds, en chanvre et même en aloès cessent très vite d'être utilisables lorsque la charge à supporter augmente, car leur diamètre deviendrait exagéré et ils manqueraient de souplesse. Avec les câbles plats, on peut aller plus loin mais, pour de grandes profondeurs, le poids du câble devient tel que la partie supérieure de celui-ci finit par ne plus pouvoir résister à ce poids, même sans y ajouter une cage.

Il existe un moyen de tourner la difficulté. En effet, la patte du câble ne porte que la cage et n'a pas besoin d'avoir une épaisseur considérable. Au contraire, la partie supérieure porte en plus toute la longueur du câble, dont le poids peut être double ou triple de celui de la cage.

Avec une section constante, le câble présente, à la patte, une résistance beaucoup plus grande qu'il n'est nécessaire. On a donc eu l'idée de ne donner à cette section, aux différents points de la longueur, que des dimensions telles que la résistance soit suffisante pour porter la cage et la portion de câble qui va du point considéré à la patte. Il en résulte que la section décroît du haut en bas du câble.

La fabrication de ces *câbles décroissants* est facile à réaliser pour les câbles végétaux. Il suffit de supprimer, de distance en distance, un fil élémentaire (*fil de caret*) dans chaque toron, au besoin un toron dans chaque aussière.

La solution absolue, dans laquelle chaque fibre conserve une tension constante du haut en bas du câble, aboutit à un profil courbe, de formule assez compliquée, d'après laquelle le type de câble a reçu le nom de câble *logarithmique*. On donne, en général, à la patte une largeur constante, sur une hauteur assez grande pour permettre plusieurs coupages et pour tenir compte de l'usure supplémentaire due aux pliages. En outre, la partie inférieure du câble supporte les chocs dus aux irrégularités de marche de la cage, et la fatigue provenant des effets de l'inertie. On prolonge donc le câble décroissant par une partie de section constante, dont les dimensions sont calculées d'après la résistance nécessaire au point où finit le profil décroissant, c'est-à-dire 100 ou 200 mètres au-dessus de la patte.

Une solution moins complète consiste à admettre pour les fibres une tension croissante du haut en bas du câble, tout en restant dans des limites prudentes. On renforce la partie supérieure qui fatigue davantage à l'*enlevage* des cages, ainsi que la patte, en diminuant la largeur et l'épaisseur entre ces deux parties. On a ainsi des *câbles* du type des *câbles légers Vertongen*.

En réalité, dans l'une comme dans l'autre de ces solutions, le câble est constitué par des tronçons de section de plus en plus faible, mais constante sur leur longueur.

Grâce à ces moyens, on a pu fabriquer des câbles d'aloès capables d'extraire à plus de 1500 mètres une cage pesant, chargée, 6.000 kg.

37. Câbles métalliques de forme spéciale. — Les câbles métalliques, plats ou ronds, peuvent également être calculés à section décroissante, d'après l'une des solutions indiquées plus haut. Toutefois, la suppression d'un fil dans les torons est plus délicate, en raison du petit nombre des fils élémentaires.

Mais il existe d'autres types, à section constante ou non, qui diffèrent nettement de ceux qui sont décrits au n° 35.

Pour augmenter la surface d'appui du câble dans la gorge des poulies ou sur les tambours, on peut donner aux torons une âme allongée, perpendiculairement au rayon ; les torons eux-mêmes seront donc aplatis.

On peut aussi constituer l'âme par 3 fils triangulaires, de façon à lui donner la forme d'un triangle, dont la pointe est dirigée vers l'axe du câble et une face plane vers l'extérieur (*fig. 109*).

Enfin, on peut former le câble, non plus d'une série de torons enroulés en hélice autour de l'âme, mais de couches concentriques dont chacune est en hélice. Ce sont les *câbles enclavés*, dont la fig. 110 représente un modèle.

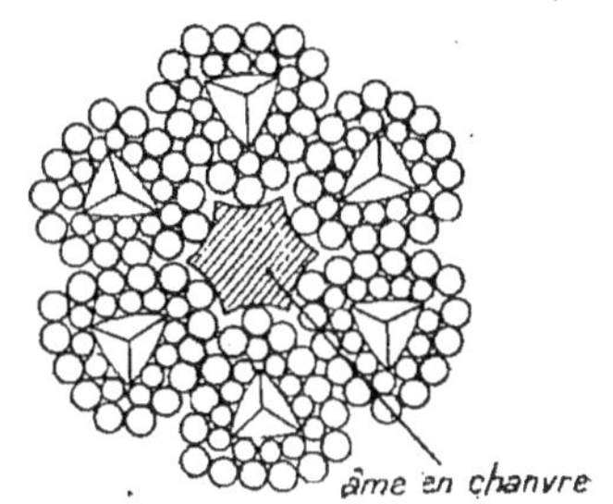

FIG. 109.
Torons à âme triangulaire.

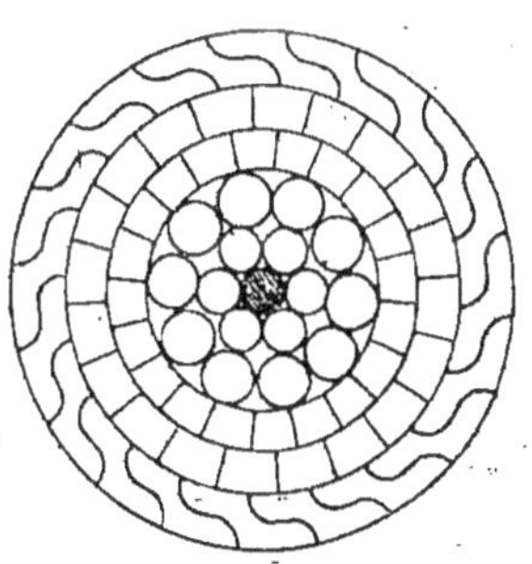

FIG. 110. — Câble enclavé.

Autour d'un fil central s'enroulent un toron composé de deux couches de fils ronds, puis deux couches de fils quadrangulaires et enfin une couche de fils de section spéciale, en S, qui s'emboîtent les uns dans les autres. Les torsions des couches sont successivement en sens contraire.

La surface extérieure est lisse et s'use peu ; la section ne présentant pas de vides, le diamètre et le poids sont sensiblement moindres.

pour une même résistance ; les fils intérieurs sont mieux à l'abri de la rouille. On reprochait à ces câbles leur prix plus élevé, une moins bonne liaison entre les couches successives et surtout leur rigidité trop grande. Les pliages au moment où la cage repose sur les taquets entraînent parfois une séparation des fils emboîtés de la couche extérieure. Certains fabricants arrivent à livrer des câbles de ce type presque aussi flexibles que les câbles ordinaires. Grâce à leur résistance, à leur usure moindre, et à la propriété qu'ils ont de ne pas tourner sur eux-mêmes, ils semblent appelés à se répandre de plus en plus.

Ils sont avantageux, pour les guidages en câbles et pour les installations de transports aériens (comme porteurs) en raison de leur surface lisse.

38. Comparaison des diverses sortes de câbles. — Les *câbles en aloès* sont flexibles et d'un bon emploi dans les puits humides. Ils se prêtent mieux à la diminution progressive de la section.

Ils ont l'avantage de présenter un allongement rapide lorsqu'ils sont près de leur limite de résistance ; cette dernière considération est une des causes qui les font souvent préférer, mais si on soumet les câbles métalliques à une surveillance attentive et à des essais méthodiques, à intervalles rapprochés, on peut prévoir presque aussi sûrement le moment où il convient de les mettre hors service. Enfin, leur forme plate permet l'emploi de bobines pour la machine d'extraction, moins encombrantes que les tambours et fournissant une solution simple, quoique approximative, de l'équilibrage des câbles, c'est-à-dire de la régularisation des moments résistants que doit surmonter la machine d'extraction.

En regard de ces avantages, les câbles en aloès présentent des inconvénients notables. Leur résistance est beaucoup moindre que celle des câbles métalliques ; leur poids est donc plus fort pour un même travail. On atteint plus rapidement la profondeur à partir de laquelle ils ne peuvent plus supporter que leur propre poids. L'invention des câbles décroissants a sensiblement reculé cette limite mais, malgré tout, ils sont plus lourds que les câbles en acier. C'est là un inconvénient d'autant plus sérieux que le prix de l'aloès est élevé et qu'il est de plus en plus difficile de se procurer des fibres de très bonne qualité.

Les *câbles plats métalliques* sont plus légers et meilleur marché que ceux en aloès ; ils entraînent l'emploi de bobines peu encombrantes ; mais en raison de leur peu d'épaisseur, ils ne permettent pas une régularisation satisfaisante de l'extraction. Ils se déforment fréquemment et s'enroulent mal sur les bobines : de plus les coutures ne tiennent pas bien et les fils du câble s'usent contre le fil de couture. Ils sont plus sensibles que les câbles en aloès aux secousses à l'enlevage et aux pliages ; l'usure est plus rapide, aussi bien à la patte que dans les parties qui s'enroulent sur elles-mêmes sur les bobines. Les câbles métalliques plats sont donc moins répandus que ceux en aloès. Comme câbles métalliques, on utilise beaucoup plus fréquemment les *câbles ronds*.

Ces derniers ont quelques inconvénients : ils sont plus rigides que les câbles en aloès, et obligent à adopter des tambours ou des molettes de grand diamètre ; ils se prêtent moins à la diminution de la section, qui présente d'ailleurs moins d'intérêt ; ils sont plus sensibles à l'humidité, et ne décèlent pas aussi nettement leur état de fatigue. Ils nécessitent l'emploi de tambours encombrants, à moins qu'on n'adopte le système Kœpe, qui ne comporte qu'une poulie de grand diamètre, avec un câble continu. La régularisation de l'extraction, dans les machines à câbles séparés, exige des tambours très larges, qui augmentent sensiblement le poids à mettre en mouvement par la machine.

Par contre, les avantages de ces câbles expliquent le grand développement qu'ils ont pris : ils sont bien plus légers, à résistance égale, et permettent d'aller à une plus grande profondeur. Leur prix est moindre au kilogramme, et surtout à travail égal. La régularisation de l'extraction par tambours spiraloïdes fournit une excellente solution de ce problème important. En outre, le système Kœpe, dans les conditions où il est applicable, se prête bien à l'emploi des moteurs électriques.

Les câbles ronds métalliques sont presque les seuls en usage en Allemagne et en Angleterre, régions de grande métallurgie. En Belgique on rencontre encore beaucoup de câbles en aloès, car il existe dans ce pays des fabricants réputés. En France, les câbles d'aloès étaient encore nombreux dans le Nord et le Pas-de-Calais avant la guerre, mais la plupart des machines prévues pour remplacer celles qui ont été détruites sont à câbles ronds.

§ 2. — CALCUL DES CABLES.

39. Observation préliminaire. — Le calcul complet des câbles de mines est un problème assez complexe, qui demanderait des développements mathématiques délicats. Nous nous bornerons à des indications sommaires qui donneront une première idée de la question. On trouvera plus de détails dans les articles publiés sur ce sujet, ou dans certains Cours d'exploitation des mines (1).

40. Tension admissible. — La charge de rupture des fibres d'aloès est de 900 kg. par cm² au maximum, mais on doit toujours garder une marge de sécurité très considérable, pour parer d'une part à la diminution de résistance causée par l'usure et d'autre part aux efforts imprévus : secousses en cours d'extraction et à l'enlevage, résistances dues au mauvais état du guidage. On admet un coefficient de sécurité de 10 pour la circulation du personnel ; il est prudent de prendre 1/8 pour le calcul du câble à charge maxima, c'est-à-dire chargé de berlines de terres s'il s'agit d'une mine de houille, et de minerais dans les mines métalliques. On enlève les câbles dont le coefficient de sécurité tombe au-dessous de ces chiffres. Il faut tenir compte en outre de la diminution de résistance due au câblage. Pour les câbles métalliques ordinaires elle est de 12 à 15 % et atteint 40 % pour les câbles grelinés ; avec les câbles plats en aloès elle est moins sensible, et on peut tabler sur une résistance de 80 à 90 kg. par cm² de section apparente.

Avec l'acier, la charge de rupture varie de 12.000 à 18.000, exceptionnellement 20.000 kg. par cm². En tenant compte d'une diminution de 12 % pour câblage, et d'un coefficient de sécurité de 8 ou 9 on voit que la tension admissible est de 1200 à 2200 kg. par cm² ; avec des fils résistant à 18.000 kg. par cm², qui sont d'emploi courant, on peut compter sur 2000 kg. par cm².

41. Câble à section constante. — Soit t la tension admise en kg. par cm², c le poids du câble en kg. par cm², l la longueur du câble en centimètres, S la section en cm², P le poids du câble ($P = S. l. c.$) Q la charge totale de la cage chargée avec son attelage, on a :

$$\underset{\text{résistance}}{S\,t} = \underset{\text{effort}}{Q + P} = Q + S.\,l.\,c.$$

d'où

$$S = \frac{Q}{t - lc}$$

Pour un *câble plat*, soit a la largeur, b l'épaisseur. On admet que, sous l'effet de la couture, le câble a subi une contraction telle que $\dfrac{a}{b} = \dfrac{3}{4}\,n$, n étant le nombre d'aussières.

---

(1) Voir entre autres le *Cours d'Exploitation des Mines* de HATON DE LA GOUPILLIÈRE et BÈS DE BERC, IIe volume, pages 1000 et suivantes.

Connaissant la section S et le rapport entre la largeur et l'épaisseur, on peut donc déterminer ces deux derniers éléments, en se basant sur le nombre d'aussières choisi (4 à 8 le plus souvent, exceptionnellement davantage).

EXEMPLE :

$$t = 85^{kg}$$
$$c = 0^{kg},001$$
$$l = 60.000^{cm}$$
$$Q = 4.000^{kg}$$

On trouve : $S = 160^{cm^2}$

d'où, avec 8 aussières, $\dfrac{a}{b} = 6 = \begin{cases} a = \text{environ } 31^{cm} \\ b = \quad - \quad 5^{cm},15 \end{cases}$

et $P = 9.600^{kg}$.

Pour un *câble plat en acier* le calcul de la section est le même, mais le rapport de la largeur à l'épaisseur est sensiblement égal au nombre d'aussières.

Le poids du cm^3 c est égal à 0 kg. 0078. Il faut de plus tenir compte de la présence du fil de couture. On peut admettre que le poids du centimètre courant de câble est égal, non pas à 0,0078 S, mais à $1,37 \times 0,0078\,S = 0,0107\,S$.

La formule indiquée plus haut donne la section totale S (en cm^2) des fils métalliques composant les torons :

$$S = \frac{Q}{t - 0,0107\,l}.$$

On choisit la section des fils élémentaires d'après leur résistance et la composition du câble, en évitant les fils trop fins qui s'oxyderaient rapidement ; en divisant S par cette section élémentaire, on obtient le nombre de fils.

Pour un *câble rond en acier*, de section constante, on n'a pas à tenir compte d'un fil de couture, mais il faut se rappeler que par suite de la torsion en hélice, la longueur de fils, pour un centimètre de câble, est supérieure à un centimètre. On peut admettre 1,15. Le poids d'un centimètre courant est donc :

$$p = 0,0078 \times 1,15 \times S = 0,00897\,S$$

et la formule donnant la section totale des fils, en centimètres carrés, devient :

$$S = \frac{Q}{t - 0,00897\,l}.$$

Comme pour les câbles plats, on choisit la section des fils élémentaires et on n'a plus qu'à déterminer le nombre de fils.

Le diamètre total D du câble est supérieur à celui qui résulterait de la formule $S = \pi \dfrac{D^2}{4}$, car il faut tenir compte de la présence des âmes en chanvre des torons et du câble, et des vides entre les fils. On obtient ce diamètre total par des formules variables suivant le type de câble adopté; la différence, faible pour des câbles enclavés, est au contraire très notable pour des câbles grelinés.

42. Câbles décroissants. — Le calcul des câbles décroissants est plus compliqué.

La solution la plus parfaite dans laquelle la tension des fibres (ou des fils) est la même en chaque point de la longueur du câble, conduit à la formule du *câble logarithmique* (*fig. 111*) :

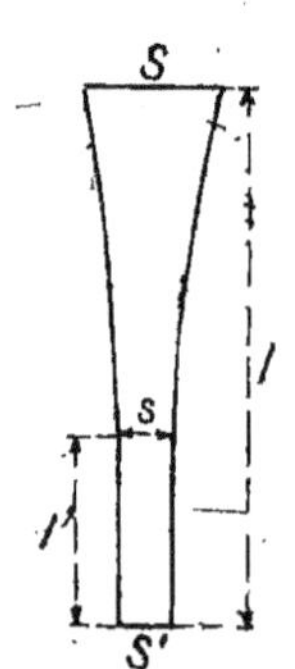

La section à la patte est $\quad S' = \dfrac{Q}{t}$

A une distance ι' de la patte, la section s est égale à

$$s = \frac{Q}{t}\, e^{\frac{c l'}{t}}$$

et à la partie supérieure : $S = \dfrac{Q}{t}\, e^{\frac{c l}{t}}$

Le poids total du câble dans le puits sera :

$$P = Q \left(e^{\frac{c l}{t}} - 1 \right)$$

FIG. 111. — Câble logarithmique.

Il faut naturellement y ajouter le poids de la longueur (à section constante) allant des molettes à la machine et celui de la réserve enroulée sur la bobine ou le tambour.

La diminution de poids obtenue est importante. Pour des câbles en aloès ($t = 85$ kg.) extrayant d'une profondeur de 500 m. et pour une charge enlevée de 2.200 kg. on a un poids de 3145 kg. à section uniforme et 1760 kg. seulement pour le câble logarithmique (1).

Une solution plus simple consiste à réaliser la décroissance en supprimant un fil dans chaque toron, à distances égales. On a ainsi

---

(1) Habets, *Cours d'Exploitation des Mines.*

un *câble conique* qui peut être considéré, au point de vue du calcul, comme un prisme trapézoïdal (1).

$$S' = \frac{Q}{t}$$

$$S\,t = Q + \frac{S + S'}{2}\,lc$$

d'où
$$S = \frac{Q\left(1 + \dfrac{lc}{2t}\right)}{t - \dfrac{lc}{2}}$$

et
$$P = \frac{S + S'}{2}\,lc.$$

avec les mêmes données que ci-dessus, on obtient $P = 1882$ kg., c'est-à-dire un poids voisin de celui du câble logarithmique.

On peut aussi constituer le câble par des tronçons (ou *mises*) de section constante, allant en décroissant vers la patte et ayant des longueurs égales. On calcule ce câble comme une succession de tronçons à section constante. Le poids auquel on arrive est intermédiaire entre ceux du câble logarithmique et du câble conique.

43. Câbles légers Vertongen. — Dans le câble logarithmique, la tension est égale sur toute la longueur. Or, en réalité, la partie supérieure du câble, l'*enlevage*, supporte des efforts plus considérables, tant par suite des chocs au démarrage (coups de fouet) que par suite de la fatigue provenant de l'enroulement sur un diamètre moindre de la bobine. On peut donc logiquement admettre que la tension peut être plus forte à la partie inférieure du câble qu'au sommet (de $\frac{1}{3}$ par exemple pour l'aloès). L'ingénieur belge Vertongen a calculé des câbles basés sur une tension croissant régulièrement du sommet à la base du câble. Il les a désignés sous le nom de *câbles légers*, que justifient les résultats auxquels il est arrivé. Dans un type plus récent, il a eu soin de renforcer la patte, en arrêtant l'accroissement de la tension à 100 ou 200 m. au-dessus de la patte et en continuant le câble, jusqu'à celle-ci, à section uniforme. Par contre, comme la tension $t + \frac{t}{3}$ est atteinte plus rapidement, la tension est un peu plus forte pour le reste du câble, de sorte que la

---

(1) HABETS, *Cours d'Exploitation des Mines.*

nouvelle formule arrive même à des poids un peu inférieurs à ceux que donne la première.

Les exemples suivants (1) montrent tout l'intérêt de ces types de câbles :
Pour un câble plat en aloès, enlevant à 1000 m. une charge de 6000 kg. renforcé à la patte sur 180 m. et mesurant 120 m. de la molette à la bobine (réserve comprise), calculé pour une tension de 90 kg. par cm² à la partie supérieure et 120 kg. au sommet de la partie renforcée, le poids total n'est que de 11.554 kg. alors qu'il serait de 11.729 kg. pour un câble léger sans renforcement de la patte et 14.648 kg. pour un câble logarithmique. Il est aisé de voir qu'un câble en aloès à section uniforme serait impossible à cette profondeur. En effet le terme $t - lc$ serait négatif.

Le calcul de ces câbles Vertongen est analogue à celui du câble logarithmique. Il peut s'appliquer non seulement à des câbles plats en aloès, mais à des câbles métalliques. Ces derniers conservent d'ailleurs l'avantage, comme poids, quelle que soit la profondeur ; cet avantage est peu important pour les câbles plats, beaucoup plus pour les câbles ronds.

L'invention de ces *câbles légers* permet d'envisager l'extraction à plus de 1500 m. avec des câbles d'aloès. Pour une charge enlevée de 6000 kg., le poids du câble déroulé dans le puits serait de 16.620 kg., avec une section de 440×56 m/m à la partie supérieure, 225×29 m/m à la patte.

§ 3. — ENTRETIEN DES CABLES.

44. Causes d'usure des câbles. — Les câbles peuvent être mis hors d'usage par suite d'un accident qui en amène la rupture : secousse trop brusque au démarrage, déraillement de la cage ou mauvais état du guidage qui augmentent brusquement l'effort demandé au câble, fausse manœuvre qui amène la cage aux molettes, etc... Mais, même en l'absence de tout incident particulier, la durée d'un câble n'est pas illimitée ; il s'use peu à peu et il importe de se rendre compte à tout moment de son état de fatigue pour le changer avant que sa résistance soit tombée au-dessous d'un niveau qui assure une sécurité complète.

Les causes qui influent sur l'usure du câble sont nombreuses, sans parler de celles qui proviendraient d'un service trop rude pour la force du câble et de la mauvaise qualité des matériaux avec lesquels il est fabriqué, ou des défauts de fabrication eux-mêmes.

---

(1) HATON DE LA GOUPILLIÈRE ET BÈS DE BERC : *Cours d'Exploitation des Mines.*

Le choix d'un modèle largement calculé et un examen attentif à la réception permettent d'éviter ces causes anormales.

Les autres proviennent de la constitution du câble, de la disposition des installations au jour, de l'état du puits, des manœuvres, ou de l'insuffisance d'entretien.

La *nature des matériaux* joue un rôle important, parce que ceux-ci sont plus ou moins sensibles à l'action des causes d'usure.

Rappelons que le chanvre, peu résistant à la traction, s'altère dans l'air vicié ou humide. L'aloès a besoin au contraire d'être arrosé dans les puits chauds et trop secs. Il perd peu à peu sa résistance par suite du travail auquel il est soumis, mais la charge de rupture ne s'abaisse que lentement.

L'acier, soumis à des efforts irréguliers, en particulier à des pliages répétés, perd progressivement ses qualités ; la fréquence de ces efforts influe d'ailleurs nettement sur la conservation du métal. Celui-ci se trouve dans un état d'équilibre et les déformations moléculaires disparaissent en grande partie avec les efforts qui les ont causées, à condition toutefois que la limite d'élasticité n'ait pas été dépassée. La fatigue du métal ne fait donc sentir que lentement ses effets ; un repos prolongé peut le ramener à peu près dans son état normal. Cette élasticité ne se manifeste d'ailleurs qu'entre des limites de plus en plus étroites au fur et à mesure que la tension du câble augmente.

La *structure du câble* est plus ou moins favorable à sa conservation. Les câbles plats en aloès travaillent dans de très bonnes conditions. Au contraire, les câbles plats métalliques s'usent beaucoup plus vite, en particulier à cause des frottements des fils entre les spires enroulées l'une sur l'autre, de la faible épaisseur du câble, et de l'usure du fil de couture. Pour les câbles métalliques, la forme ronde convient beaucoup mieux.

Une *bonne disposition des divers organes de l'installation* est essentielle pour éviter une usure prématurée. Il faut que les axes des molettes et des appareils d'enroulement (bobines ou tambours) soient parfaitement parallèles et horizontaux ; avec les câbles plats, les molettes doivent être exactement dans le plan des bobines ; de même pour les câbles ronds lorsqu'on fait usage d'une poulie Kœpe. Enfin les molettes doivent être bien tangentes à l'axe du compartiment où circulent les cages. Malgré cela, l'usure est naturellement plus rapide sur la face du câble qui frotte sur la jante de la molette ; aussi a-t-on soin, dans certaines exploitations, de retourner de temps à autre les câbles plats. Les tambours sont munis de gorges et l'enroulement est fait avec soin, pour éviter l'usure due au frottement des spires les unes sur les autres, et les chocs brusques causés par la chute du câble entre deux spires écartées. Avec les tambours, dont la largeur n'est pas négligeable, il est inévitable que le câble fasse un certain angle avec le plan de la gorge de la molette, surtout au début et à la fin d'une cordée ; il en résulte un frottement sur le côté de la gorge. On y remédie en donnant à celle-ci une largeur un peu plus grande et un profil adouci, et en la fabriquant avec un métal moins dur que celui du câble. Si la distance du milieu d'un tambour au milieu de l'autre est trop forte par rapport à

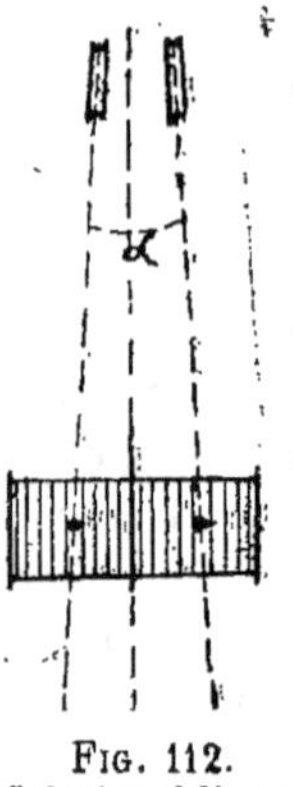

Fig. 112.
Molettes obliques

celle des molettes (dont la distance est d'ailleurs déterminée par l'écartement des cages dans le puits), on peut disposer les molettes suivant un angle α tel que leurs plans d'enroulement passent respectivement par le centre des deux tambours (*fig. 112*).

Le meilleur moyen consiste d'ailleurs à augmenter la distance entre les molettes et la machine ; on est limité par le danger de ballottement des câbles.

Cet éloignement de la machine a du reste d'autres avantages, ainsi que nous le verrons un peu plus bas.

Les *diamètres d'enroulement* sur les bobines et tambours et surtout sur les molettes, doivent être assez grands pour diminuer la fatigue due au pliage du câble, qui est une des principales causes d'usure.

On admet que ces diamètres doivent être d'au moins 50 fois l'épaisseur des câbles végétaux, et de 80 à 100 fois celle des câbles métalliques. Pour ces derniers, il faut en outre qu'ils soient égaux à 1.800 ou 2.000 fois ceux des fils élémentaires. Pour des fils de $2^m/_m$, les molettes auront au moins $3^m,50$, et de préférence 4 m. Si le câble est rond et mesure $50^m/_m$ d'épaisseur, on leur donnera 5 m. au moins.

Les deux câbles ne subissent pas une fatigue égale ; en effet pour l'un d'eux les pliages sur la bobine et sur la molette sont dans le même sens, et pour l'autre en sens contraire (*fig. 113*). Ce dernier s'use plus rapidement, et la différence peut dépasser 30 % avec les câbles plats métalliques. On a été amené, dans ce cas, soit à employer comme câble inférieur un modèle un peu plus fort, soit à changer l'emplacement des câbles.

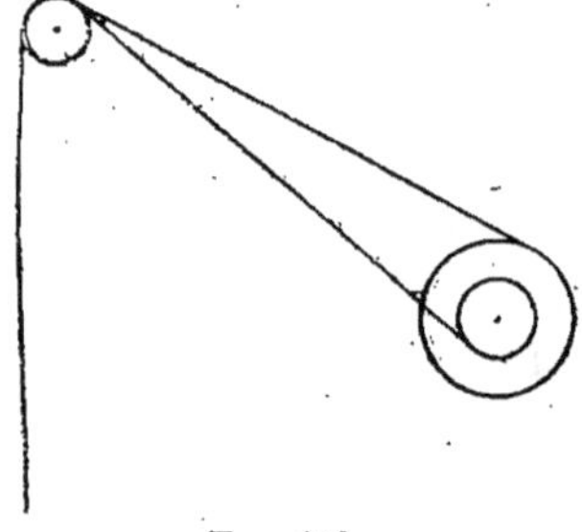

Fig. 113.

Si la machine est trop rapprochée du puits, l'angle du brin venant de la bobine et du brin vertical est trop aigu. Avec les câbles en aloès, on ne risque pas de descendre au dessous d'une limite admissible, mais avec les câbles métalliques cet angle doit être supérieur à 50°. La fatigue occasionnée par ce pliage provient en réalité de l'enroulement sur la molette ; mieux vaut un angle plus aigu avec des molettes plus grandes qu'une machine éloignée, mais des molettes trop petites.

L'*état du puits*, au point de vue de sa température et de son humidité, n'a qu'une importance secondaire si les mesures nécessaires d'entretien sont prises pour la conservation du câble : arrosage de l'aloès dans les puits secs et chauds, graissage soigné des câbles métalliques, dans les puits humides, avec une matière chimiquement neutre.

Le défaut de verticalité du puits, par suite des mouvements de terrains, peut au contraire provoquer une usure rapide du câble si celui-ci frotte contre les moises ou les guides, et si les changements de direction ou les resserrements des guides occasionnent en certains points des résistances anormales.

L'augmentation de la profondeur à laquelle se fait l'extraction serait plutôt une cause de moindre usure, car la force du câble a été calculée en conséquence, et le nombre de manœuvres est réduit. Or c'est en grande partie celles-ci qui fatiguent le câble.

Pendant l'*exécution des manœuvres* aux recettes, les cages reposent en général sur des taquets ; le câble ne porte plus de charge, et il a tendance à se plier sur le toit de la cage ; il faut éviter ce mouvement en intercalant une longueur suffisante de chaînes. Au démarrage le câble subit une secousse, qui se fait surtout sentir à la patte et à la partie supérieure comprise entre la cage et la molette. Le machiniste doit avoir soin de mettre les câbles en tension progressivement ; s'ils se sont allongés ou si leur réglage est défectueux, on évite difficilement une secousse sur l'un au moins d'entre eux.

Pour amortir ce choc, on intercale souvent des ressorts entre le câble et l'attelage, ou entre l'attelage et la cage. Lorsque cette dernière est munie d'un parachute, le ressort de celui-ci assure une mise en tension du câble avant l'effort de soulèvement de la cage.

Pendant la circulation à vitesse constante, la vitesse n'a pas grande influence. Mais l'inertie des masses en mouvement se fait sentir pendant les périodes d'accélération et de ralentissement.

Une étude de M. Rodde, ingénieur aux mines de Montrambert, conduit aux conclusions suivantes :

Par suite de l'inertie des masses en mouvement, les tensions le long du câble gardent les mêmes valeurs relatives, mais sont toutes augmentées dans le rapport de $\left(1 - \dfrac{\gamma}{g}\right)$ à l'unité, γ étant l'accélération verticale du câble, en mètres par seconde, positive dans le sens de l'accélération g due à la pesanteur, négative en sens inverse.

Les tensions sont donc augmentées lorsque γ est négative, ce qui est le cas pour les accélérations de la cage montante ou les ralentissements de la cage descendante. Il faut tenir compte, dans le calcul du câble, de l'accélération à prévoir au départ et du ralentissement à l'arrivée. Si par exemple elle est de 2 m. par seconde, on a $1 - \dfrac{\gamma}{g} = 1,2$ et au lieu de calculer le câble avec les tensions statiques maxima de 90 kg. pour l'aloès ou 18.000 pour l'acier, il ne faudra pas admettre plus de 75 kg. et 15.000 kg. (par centimètre carré).

Les phénomènes d'inertie occasionnent également une autre fatigue du câble au passage sur la molette, qui oppose une résistance à toute modification de sa vitesse de rotation, résistance qui se traduit par une augmentation sensible de la tension du câble. Cette fatigue supplémentaire exige un renforcement du câble à l'enlevage, où se produisent en effet le plus souvent les ruptures.

45. Surveillance et entretien des câbles. — Les conséquences d'une rupture de câble sont si graves, particulièrement pendant la circulation du personnel, que des mesures particulièrement strictes doivent être prises pour surveiller l'état des câbles, les entretenir et suivre les progrès de leur usure.

Nous avons déjà indiqué plus haut les précautions à prendre pour préserver les câbles en aloès ou en métal contre les causes d'altération. Mais elles doivent être complétées par des *visites* régulières. Avant chaque poste des ouvriers spéciaux examinent le câble qu'on fait descendre lentement dans le puits ; avec les câbles métalliques, le surveillant entoure souvent le câble de la main protégée par un paquet d'étoupe, ce qui facilite la découverte des fils cassés.

On renouvelle ces visites à chaque nettoyage, ou après chaque incident ayant occasionné un choc brusque, et on compte les fils coupés. On s'assure qu'aucun allongement anormal ne s'est produit, qui serait l'indice d'une fatigue exceptionnelle, au moins pour les câbles en aloès.

D'après le nombre de fils coupés, on calcule la tension à laquelle sont soumis ceux qui restent, et on réforme le câble si le coefficient de sécurité est devenu insuffisant. Aux mines de Blanzy, on admet qu'un câble métallique ne doit jamais avoir plus de 1/12 des fils coupés ou que, pour une même aussière de câble plat ou un même toron de câble rond, le nombre de fils coupés sur 2 m. de longueur ne doit jamais dépasser la moitié des fils coupés. Les deux règles doivent être satisfaites toutes les deux, sinon le câble est réformé.

Tous les trois mois, la patte est coupée sur 2 ou 3 m. et on profite de cette opération pour examiner à fond le câble et l'attelage.

46. Essais des câbles. — Les essais des câbles se pratiquent soit sur le câble entier, soit (pour les câbles plats) sur la moitié de la largeur si l'on ne dispose pas de machine assez forte pour les essayer en une fois. Avec les câbles métalliques on pratique de plus des essais sur les fils élémentaires.

La recherche de la limite de rupture d'un tronçon de câble, exécutée sur toute sa section, exige une machine très forte.

Une des plus puissantes, il y a une vingtaine d'années, était la machine du type *Falcot*, installée aux mines de Blanzy, et capable de produire un effort de 100 tonnes (1).

Elle est constituée par une vis sans fin horizontale portant à une des extrémités une mâchoire destinée à recevoir le câble. Cette vis est mise en mouvement par un écrou mû par une dynamo, par l'intermédiaire d'une série d'engrenages ralentisseurs.

L'autre extrémité du câble est engagée dans une mâchoire reliée par des leviers à un fléau gradué qui se soulève sous l'effet de la tension du câble provoquée par la vis horizontale. Au moyen d'un poids mobile le long du fléau, on rétablit l'équilibre, tout en lisant sur la graduation l'effort de tension. A un moment donné, le câble s'allonge brusquement et se rompt.

Actuellement, on se sert plutôt de machines à commande hydraulique (type *Hoppe*) qui permettent d'exercer des efforts beaucoup plus grands. On dispose maintenant dans les principaux pays miniers d'appareils extrêmement puissants. Au Conservatoire des Arts et Métiers, une machine pouvant aller jusqu'à 300 tonnes est en service depuis une vingtaine d'années (2). A la station d'essais de Liévin on avait installé avant la guerre une machine de 250 tonnes.

La principale difficulté à surmonter est d'assurer l'amarrage du câble dans les mâchoires.

Les *essais des fils* se font à la traction, à la torsion ou à la flexion, au moyen de machines appropriées (3) dans lesquelles on cherche à rendre les expériences parfaitement comparables.

---

(1) *Bulletin de l'Industrie minérale*, 4ᵉ série, tome ɪɪ, 2ᵉ livraison, 1903.
(2) Voir *Génie Civil* du 2 juillet 1904.
(3) Voir en particulier *Bulletin de l'Industrie minérale*, 4ᵉ série, t. ɪɪ, 2ᵉ livr., 1903.

Les résultats des essais à la traction, sur les fils élémentaires, ne doivent pas être totalisés pour avoir la résistance d'ensemble du câble ; en effet, ce dernier présente une résistance diminuée de 10 à 20 °/₀ ; on ne prendra donc que les 2/3 ou les 3/4 au plus du total des chiffres élémentaires.

Le nombre de flexions, à 90° ou à 180°, qu'un fil doit, supporter sans se rompre est variable suivant le diamètre et suivant la nature du métal.

En Allemagne (district de Dortmund et Silésie), on admet que ce nombre doit être le suivant, entre des mâchoires de 5 ᵐ/ₘ de rayon :

Diamètre du fil en m/m	Nombre de flexions à 180°			
0 à 2	8	c'est-à-dire 16 flexions simples à 90°		
2 à 2,2	7	14	—	—
2,2 à 2,5	6	12	—	—
2,5 à 2,8	5	10	—	—
2,8 et au-dessus . .	4	8	—	—

Ces règles n'ont rien d'absolu, d'autant plus qu'elles ne précisent pas la qualité du métal employé, et qu'il n'y a pas forcément un rapport exact entre le nombre de flexions que peuvent subir les fils et la résistance totale du câble à la traction.

Il ne semble d'ailleurs pas qu'un acier à grande résistance supporte moins bien les flexions.

On pouvait toutefois se demander si les pliages répétés du câble sur les molettes ou les bobines n'étaient pas une cause prépondérante d'usure. Des expériences faites en Autriche, par flexions sur des mâchoires de diamètre varié ayant montré qu'il existait une relation entre le nombre de flexions provoquant la rupture et le diamètre, on a calculé combien il faudrait de flexions pour amener cette rupture sur une molette de 4 m. Le nombre trouvé était de 500.000 environ, ce qui suppose un nombre de cordées qui n'est jamais atteint par un câble.

Les essais à la torsion permettent de constater que celle-ci, lorsqu'elle est répétée plusieurs fois, diminue sensiblement la résistance du câble. Certains expérimentateurs estiment que les essais des fils à la torsion renseignent mieux sur la valeur d'un câble que ceux à la flexion.

47. **Durée des câbles.** — La durée du service d'un câble n'est pas un indice certain de sa valeur, car il faut tenir compte du travail effectif auquel il a été soumis. Toutefois, la comparaison d'un

grand nombre de statistiques permet cependant de formuler quelques conclusions intéressantes.

On constate tout d'abord que les câbles plats en acier ont une durée nettement inférieure à celle des câbles ronds ; les premiers sont fréquemment hors de service au bout de 10 ou 12 mois, tandis que les seconds durent souvent plus de deux ans. Les câbles en aloès peuvent aussi servir pendant plusieurs années. En 1901 (1) on comptait, en Belgique, sur 265 câbles en aloès en service :

        18 câbles ayant une durée de   1 à 2 ans
        150   —   —   -   2 à 3 ans
        69   —   —   plus de 3 ans.

Pour les câbles métalliques, des statistiques allemandes, portant sur la période 1885-1900, donnaient comme durées moyennes :

    Pour le câble enroulé par dessus la bobine   296 jours
    Pour   —   par dessous   —   291 jours.

Pour les câbles ronds en acier, avec tambours, on comptait, dans le district de Dortmund (câbles mis hors service en 1911) :

    Dans les puits secs. . . . .   565 jours
        —   humides 529   —
        —   à eaux acides. 518   —
        Moyenne . . . . ~ . 545   —

La durée des câbles pour poulies Kœpe était limitée réglementairement à deux ans en Westphalie. En 1911, 31,3 % de ces câbles ont atteint la durée limite.

48. Rendement des câbles. — On évalue en général le service fait par un câble en tonnes kilométriques utiles. Mais ce mode de comparaison est critiquable. En effet, il est au désavantage des puits profonds. Après un même nombre de cordées, un câble extrayant le même poids utile, mais à une profondeur double, sera caractérisé par un tonnage kilométrique moitié moindre, ce qui ne voudra pas dire qu'il sera de valeur moitié moindre. On peut cependant se servir des statistiques en tonnes kilométriques pour avoir une idée de la valeur économique d'un câble.

Il faut en outre remarquer que l'extraction porte non seulement sur le charbon ou le minerai, mais sur les stériles, le personnel,

---

(1) M. Denoël. *Annales des Mines de Belgique 1901.* Tome VI, 4ᵉ livraison.

parfois sur les bennes d'épuisement, et qu'il est plus exact de tenir compte de tous ces éléments en les incorporant dans le tonnage enlevé.

En comptant ainsi tous les poids extraits, mais sans les cages et berlines, on constate que les câbles en aloès peuvent fournir plus de 100.000 tonnes-kilométriques, parfois même 150.000. Les câbles plats en acier ne dépassent que rarement 50.000. Pour les câbles ronds, on a atteint 500.000 tonnes kilométriques et les chiffres de 300.000-400.000 sont fréquents. La poulie Kœpe permet d'obtenir des résultats sensiblement plus élevés que les tambours.

Le mode de construction du câble a d'ailleurs une grosse influence : on préfère les câbles composés de moins de fils, mais plus gros. C'est ainsi qu'en Westphalie on a constaté que ce remplacement donnait un rendement très supérieur :

Au puits I de Graf Bismarck :

Câbles à 7 torons de 27 fils de $2^m/_m,5$ Rendement : 151.700 T. kil.
Câbles à 7 torons de 19 fils de $3^m/_m$ —   225.900   —

Au puits II de Concordia :

Câbles à 7 torons de 30 fils de $2^m/_m$ Rendement :   70.790 T. kil.
Câbles à 7 torons de 18 fils de $2^m/_m,8$ —   331.200   —

49. Registres des câbles. — Dans chaque mine, un registre est tenu, dans lequel on inscrit le nom et l'adresse du fournisseur de chaque câble, la composition de ce dernier, les essais faits à la réception, la date de mise en service (pour la 1re fois ou après un enlèvement suivi d'une remise en service), le coefficient de sécurité admis, les dates et résultats des visites et des essais, les coupages à la patte, réparations, incidents divers, les accidents survenus, les dates des déplacements ou de l'enlèvement définitif, le travail effectué en tonnes-kilométriques.

50. Accidents par ruptures de câbles. — Les principaux pays miniers publient des statistiques permettant de se rendre compte du nombre de ruptures survenues, de leurs conséquences et de leur fréquence par nature de câbles.

En particulier les statistiques publiées par le district de Dortmund (Westphalie) qui portent sur une période prolongée fournissent des renseignements précieux.

En laissant de côté les câbles en fer, actuellement abandonnés, et qui donnaient des proportions de ruptures inquiétantes (plus de

12 °/₀ de 1872 à 1896) on constate que, de 1872 à 1904, on a enregistré :

Pour les câbles en aloès :　　7 ruptures sur　　97 câbles soit 7,22 °/₀
　—　　plats en acier :　52　　—　　1092　　—　　4,76
　—　　ronds　—　　103　　—　　6522　　—　　1,58 °/₀

D'une façon générale, la proportion qui était (pour l'ensemble de la Ruhr) de 19,3 °/₀ en 1872 n'était plus que 0,52 °/₀ en 1899, et les résultats étaient particulièrement satisfaisants pour les câbles ronds en acier.

La statistique suivante indique les accidents mortels survenus en Prusse, de 1901 à 1910, à l'occasion de la circulation du personnel par les câbles :

| | | Accidents mortels | |
Années	Personnel occupé	Total	Par 1000 ouvriers
1901	408.375	25	0,061
1902	411.823	16	0,063
1903	429.837	26	0,060
1904	449.160	27	0,060
1905	452.151	17	0,038
1906	469.700	33	0,070
1907	503.227	56	0,111
1908	549.753	33	0,060
1909	570.528	29	0,051
1910	577.263	20	0,035
Moyennes	482.132	29,2	0,061

Sur ce total une trentaine seulement des décès provenaient de ruptures de câbles, dont 22 pour un seul accident en 1907.

En France, on n'a compté, pour la décade 1891-1900 que 4 ouvriers victimes de ruptures de câbles, comme moyenne annuelle (0,21 pour 10.000 ouvriers, fond et jour).

Grâce à une surveillance attentive, les ruptures de câbles sont donc rares, au moins pendant la circulation des ouvriers.

51. Epissures. — Il est rare qu'un câble s'use également sur toute sa longueur ou toute sa section, et il contient en général des parties en bon état lorsqu'on doit le mettre hors de service ; ou bien c'est une certaine longueur qui a atteint sa limite de résistance alors que le reste est encore bon, ou bien ce sont un ou deux torons, ou une aussière, qui sont usés. On peut donc chercher à employer à nouveau le câble, soit après avoir supprimé la partie défectueuse, et ajouté un tronçon neuf, soit après avoir remplacé les torons ou l'aussière usés.

Le raccordement se fait en pratiquant une *épissure*, c'est-à-dire en défaisant l'extrémité des torons et en enroulant les uns sur les autres les fils des deux tronçons de câble. Il faut amincir les fils enroulés, ou en enlever un sur deux, pour éviter une augmentation de l'épaisseur. On s'arrange pour que les épissures des divers torons ne soient pas dans la même section ; la longueur de ces enroulements doit être assez grande, plusieurs mètres si possible.

Les règlements interdisent l'emploi de câbles épissés pour la circulation du personnel ; mais si l'opération a été bien faite, la résistance du câble n'est pas diminuée. Aux essais, la rupture se produit sans que les épissures lâchent. Celles-ci sont d'ailleurs plus faciles à faire avec les câbles en aloès qu'avec les câbles métalliques, dont les fils risquent de glisser.

Leur principal inconvénient est de diminuer la flexibilité du câble.

52. Résumé.

— Les câbles d'extraction se fabriquent soit en fibres d'aloès, soit en fils d'acier enroulés. Ils sont constitués par l'assemblage d'un certain nombre de câbles élémentaires ou *torons*, dont l'enroulement en hélice constitue une *aussière*. Plusieurs aussières peuvent être cousues côte à côte pour former un câble plat ; c'est la solution toujours appliquée pour les câbles en aloès, et plus rarement pour les câbles en acier. Ces derniers sont composés plutôt d'une seule aussière, de diamètre suffisant, formée de plusieurs torons, dans chacun desquels le nombre des fils varie suivant la résistance demandée. Les torons ont une âme centrale formée de chanvre, ou d'un fil métallique ; le câble lui-même a une âme en chanvre. Il existe d'ailleurs des types spéciaux : *grelinés*, *enclavés*, etc... Les premiers conviennent moins bien au travail d'extraction ; les câbles enclavés peuvent être employés avec avantage.

L'*aloès* est plus souple, se comporte très bien dans l'humidité, et ne rompt pas sans s'allonger d'une façon qui attire l'attention.

Les *câbles en acier* plats sont légers, mais s'usent assez rapidement. Les câbles ronds sont au contraire très solides et durables, plus légers que ceux en aloès à résistance égale ; leur emploi se généralise de plus en plus.

Le *calcul des câbles* se fait en se basant sur la tension maxima admissible (environ 80 à 100 kg. par cm² pour l'aloès, 1500 à 2000 kg. par cm² pour les fils d'acier), cette tension n'étant que le dixième environ de celle qui correspondrait à la charge limite de rupture. Pour les grandes profondeurs, le poids du câble devient considérable, et exige que ce dernier ait une section à la partie supérieure très supérieure à celle qui suffirait à la patte, qui n'a à supporter que la cage.

On a donc calculé des *câbles à section décroissante*, soit en admettant une tension égale sur toute la longueur, soit même une tension croissante du haut vers le bas, sauf renforcement des 100 à 200 mètres voisins de la patte. On réalise ainsi un allègement très sensible, qui permet d'envisager l'extraction à très grande profondeur. En particulier, tandis qu'un câble en aloès de section constante ne pourrait supporter son propre poids dès qu'il dépasserait 800 m. environ, l'adoption de modèles diminués permet de conserver ce type de câbles jusqu'à 1500 m. et au delà.

Pour qu'un câble ne s'use pas trop rapidement, il faut que les molettes et les bobines, ou les tambours, soient installés de façon à éviter les frottements inutiles, que la machine soit assez loin du puits, que les diamètres d'enroulement ne descendent pas au-dessous de certaines limites, que le câble ne frotte pas dans le puits. Il faut de plus éviter les pliages et les secousses pendant les manœuvres aux recettes, soumettre le câble à une surveillance constante et l'entretenir avec soin.

Tous les trois mois au moins les pattes sont coupées sur 2 à 3 m. ; des visites à intervalles réguliers sont confiées à des spécialistes. Enfin, des essais sont pratiqués, soit sur la totalité du câble si l'on dispose d'une machine assez puissante, soit sur les fils métalliques, qui doivent satisfaire à des conditions précises de résistance à la traction, à la flexion et à la torsion.

Grâce à ces précautions, la durée des câbles peut être prolongée de façon à rendre très économique le travail d'extraction, et leur rendement peut atteindre plusieurs centaines de mille tonnes kilométriques utiles. Les ruptures, dont les conséquences sont très graves si elles ont lieu pendant la circulation du personnel, et qui entraînent un arrêt du service du puits et des dégâts coûteux si elles se produisent pendant l'extraction des produits, sont évitées dans toute la mesure du possible.

CHAPITRE IV

LA MACHINE D'EXTRACTION

SOMMAIRE

§ 1. — GÉNÉRALITÉS.

53. Conditions de travail. — La machine d'extraction est un organe dont la marche est essentiellement discontinue, et dont le travail est extrêmement variable.

Elle doit assurer, pendant un nombre d'heures réduit, l'extraction des produits abattus ; ce travail, ainsi que nous le verrons, exige un effort qui change pendant toute la durée de la cordée (sauf si l'on réalise l'équilibrage des câbles) et qui peut même devenir négatif en fin de cordée.

Le service de la machine est coupé d'arrêts, suivis de manœuvres, puis d'un changement de direction.

Les poids à soulever sont différents d'un moment à l'autre. La cage est tantôt chargée de berlines pleines, plus ou moins équilibrées dans l'autre cage, tantôt de stériles, ou de vieux bois, de matériaux hors d'usage, d'appareils à remonter à la surface ; à certaines heures elle renferme les ouvriers qui remontent des chantiers, ou des surveillants qui circulent seuls. De même, à la descente, la cage contient tantôt des berlines vides, tantôt des berlines chargées de matériaux ou de bois, tantôt du personnel.

Dans certains puits les cages sont remplacées, pendant quelques heures, par des bennes pour l'épuisement des eaux.

La machine, calculée pour une certaine charge, travaille donc pendant une grande partie de la journée dans des conditions anormales. La vitesse, pendant les cordées, est tantôt rapide, en marche normale, tantôt ralentie pour la circulation du personnel, tantôt très lente pour les visites du puits ou des câbles.

Une autre irrégularité provient de la différence des niveaux d'extraction ; celle-ci se fait parfois à plusieurs recettes et la cordée s'allonge en tous cas au fur et à mesure de l'approfondissement des travaux.

Le temps de service d'une machine est assez long pour que les conditions aient parfois complètement changé du début à la fin de cette période ; de là une difficulté considérable pour le choix des dimensions à donner au moteur, encore aggravée par tous les imprévus que présente toujours l'exploitation des mines.

Même si l'on peut évaluer avec quelque précision la durée du dépilage des quartiers, et les époques auxquelles l'extraction passera d'un niveau à l'autre, il reste délicat de déterminer les caractéristiques de la machine sans tomber dans l'un ou l'autre des risques suivants : être obligé de changer une machine devenue trop faible alors qu'elle serait encore en état de fonctionner pendant de longues années ; installer de suite une machine trop puissante, qui travaillera avec un rendement très défectueux pendant longtemps, et qui ne se trouvera dans les conditions prévues pour son emploi à plein rendement que lorsqu'elle sera usée ou démodée.

Toutes ces raisons font que la machine d'extraction est un outil coûteux, qui travaille dans de mauvaises conditions économiques, d'autant plus qu'elle doit répondre encore à bien d'autres desiderata.

Elle doit être robuste, peu sujette à des avaries ou à des réparations qui entraîneraient l'arrêt de son service.

Elle doit être disposée de façon que les réparations soient rapides.

Sa conduite doit être facile, car on ne dispose pas toujours de machinistes très expérimentés, et les conséquences d'une fausse manœuvre sont graves. Des appareils spéciaux sont généralement disposés pour empêcher qu'une négligence du machiniste n'entraîne une mise aux molettes ou une arrivée brutale de la cage descendante sur la recette au fond.

Les fondations doivent être stables et facilement accessibles ; dans les régions où les mouvements de terrains se font sentir jusqu'aux abords du puits, elles doivent être disposées de manière que ces mouvements ne compromettent pas le fonctionnement de la machine.

En résumé, le moteur d'extraction doit répondre à des conditions assez différentes de celles des moteurs à marche continue, et être à la fois souple et puissant, tout en restant économique, car les dépenses d'extraction constituent un des chapitres importants du prix de revient de l'exploitation.

54. Divers types de moteurs d'extraction. — Pour des extractions à faible profondeur, ne portant que sur un faible tonnage, on peut se servir de *baritels*, mus par des chevaux. C'est un système de faible rendement, mais qui rend des services dans les régions privées d'eau, et qui ne nécessite que des installations rudimentaires.

On a beaucoup employé autrefois des *moteurs hydrauliques*, roues ou turbines. Les premières, avant l'invention de la machine à vapeur, constituaient le seul moyen mécanique dont on pouvait disposer. Mais il fallait une double couronne d'aubages pour réaliser le changement de sens de la machine ; même avec un très grand diamètre (plus de 10 m.), la vitesse de circulation était faible, l'accélération était lente au début de la cordée.

On a aussi utilisé, par exemple dans le Harz, des machines à colonne d'eau, mais tous ces moteurs hydrauliques ne sont plus que des curiosités historiques. Ils peuvent cependant rendre des services dans des pays de montagne où l'on ne dispose d'aucun combustible et où l'eau est au contraire abondante.

Les machines actuelles sont mues, soit par la *vapeur*, soit par l'*électricité*. Cette dernière semble à première vue moins indiquée pour le genre de travail, si irrégulier, demandé à un moteur d'extraction. En fait, on est resté longtemps avant de construire des moteurs qui satisfassent d'une façon économique aux conditions que nous avons exposées plus haut. Depuis une vingtaine d'années, l'emploi de l'électricité s'est beaucoup développé et les machines d'extraction électriques ont remplacé, sur beaucoup de puits, les machines à vapeur. Ces dernières restent cependant les plus répandues.

Avant d'aborder l'étude sommaire du moteur lui-même, nous décrirons rapidement les *organes d'enroulement* du câble, qui forment deux classes bien distinctes, suivant que ce dernier est plat (en aloès ou en métal) ou rond.

Les câbles plats peuvent s'enrouler sur eux-mêmes, autour d'une *bobine* étroite, tandis que les câbles ronds exigent un *tambour* sur lequel les spires viennent se disposer les unes à côté des autres, soit au contact immédiat (au besoin sur plusieurs rangs superposés), soit dans des gorges spéciales.

Dans un procédé particulier d'équilibrage des câbles, très répandu à l'heure actuelle, on fait usage d'une simple poulie sur laquelle le câble, commun aux deux cages, passe sans s'enrouler plus d'un demi-tour environ (*système Kœpe*). Ce procédé est particulièrement favorable à l'emploi d'un moteur électrique.

§ 2. — BOBINES ET TAMBOURS.

55. Bobines. — Les bobines sur lesquelles s'enroulent les câbles plats sont composées essentiellement d'un tourteau, en fonte ou en acier, fixé sur l'arbre de la machine, et de bras qui empêchent le câble de se déverser à droite ou à gauche (fig. 114).

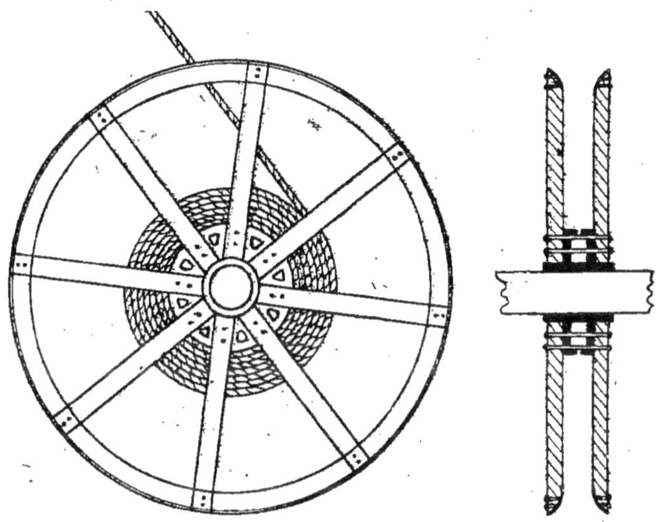

FIG. 114. — Bobine.

Ces bras, au nombre de six ou huit, sont boulonnés sur le tourteau ; leur distance est un peu supérieure à la largeur du câble ; ils sont réunis, à leurs extrémités, par un cercle de tôle ; au besoin des cercles intermédiaires consolident cet ensemble. Les bras sont généralement en bois, pour être plus légers, et en tous les cas garnis d'une fourrure en bois pour ne pas user le câble.

Ce dernier se termine toujours par une réserve plus ou moins longue qui forme plusieurs tours autour du tourteau, de telle sorte que le diamètre minimum d'enroulement ne soit pas trop petit. Au besoin, on donne à la pièce centrale un diamètre suffisant pour que l'enroulement ne commence qu'à une certaine distance de l'axe.

Au fur et à mesure que le câble s'accumule sur la bobine, le diamètre d'enroulement augmente. La longueur des bras doit naturellement être assez grande pour contenir entre eux la totalité du câble.

Les deux câbles doivent être réglés exactement de manière que les deux cages soient bien en face des recettes, l'une au fond, l'autre au jour. Pour y arriver, il faut pouvoir modifier la position respective des bobines, soit au moment de la pose des câbles, soit à un moment quelconque si l'un d'eux s'est allongé ou si l'on veut régler l'extraction pour desservir un niveau intermédiaire.

A cet effet, l'une des bobines peut être rendue folle autour de l'axe, et recalée, à l'aide de boulons ou de clavettes, lorsqu'on l'aura

FIG. 115. — Bobines.

amenée à la position voulue. Pour obtenir une précision plus complète, on construit parfois les deux bobines de façon qu'elles puissent être rendues folles, et on dispose un nombre différent de trous de boulons sur chacune d'elles. Cette opération de réglage se répète parfois fréquemment et il faut donc chercher les moyens de la rendre aussi rapide que possible.

La fig. 115 représente les bobines d'une machine d'extraction électrique ; le moteur se distingue à côté de la bobine de gauche. Le gros levier visible au premier plan est celui du frein, qui agit sur une jante centrale.

56. Tambours cylindriques. — Les tambours cylindriques, pour câbles ronds, sont installés, comme les bobines, sur l'axe de la ma-

Fig. 116. — Tambours cylindriques.

chine soit côte à côte, soit en général séparés par la jante sur laquelle agit le frein (*fig. 116*).

Dans les treuils de dimensions modérées, comme ceux qui servent dans les plans inclinés, les tambours peuvent être entièrement en fonte. Mais pour une machine d'extraction puissante, la masse à mouvoir serait d'un poids exagéré, ce qui entraînerait un retard dans l'accélération au début de la cordée, et un travail supplémentaire au moment du ralentissement.

On préfère donc constituer les tambours par un moyeu central fixé sur l'arbre, portant des bras dirigés perpendiculairement à l'axe, et une jante cylindrique solide, sur laquelle s'enroule le câble.

Le moyeu de l'un au moins des tambours doit pouvoir être rendu indépendant de l'arbre, en vue du réglage des câbles. En général, il est formé de deux pièces distinctes : la première, calée sur l'arbre, à surface extérieure cylindrique, est enveloppée par la seconde, qui porte les bras, et qui peut être rendue libre par l'enlèvement des boulons ou des clavettes qui la réunissent à la première. Des dispositifs analogues à ceux des bobines permettent d'effectuer le réglage rapidement et avec précision.

Les bras sont entretoisés, et réunis à leurs extrémités par des fers sur lesquels reposent les tôles constituant la jante. Généralement les câbles ne s'enroulent pas directement sur la tôle ; on entoure cette dernière d'une fourrure en bois, lisse ou mieux garnie de gorges formant une spirale qui reçoit le câble.

La saillie des bords de la gorge est faible, si l'on ne veut pas augmenter la largeur du tambour (*fig. 117*) ; les spires successives du câble viennent au contact les unes des autres. On change la fourrure (formée de pièces de dimensions réduites, ou *douelles*) lorsqu'elle est trop usée.

Fig. 117.

Dans les treuils souterrains, ou dans les machines à grande profondeur, on enroule deux ou trois rangs de spires superposés. Mais on cherche, en général, à éviter cette disposition, en augmentant le diamètre et la largeur des tambours.

On est limité, dans l'accroissement de la largeur, par la nécessité de ne pas exagérer l'angle que fait le câble avec le plan qui passe par le centre du tambour et la gorge de la molette.

Le grand inconvénient des tambours cylindriques réside dans la constance du rayon d'enroulement, alors qu'il est préférable, pour régulariser l'extraction, de faire varier ce dernier. Ceci est automatiquement réalisé avec les bobines ; avec les tambours cylindriques, il faut employer d'autres moyens d'équilibrage, ou renoncer à ce perfectionnement. Lorsque la profondeur et le poids du câble dépassent certaines limites, on ne peut se passer de la régularisation de l'extraction, et on doit adopter des tambours à rayon d'enroulement variable.

57. Tambours à rayon d'enroulement variable. — La solution la plus simple consiste à donner au tambour une forme conique, tout en laissant les spires se placer les unes à côté des autres. Mais on ne peut dépasser une quinzaine de degrés sans provoquer le glissement des spires sur la jante. Ainsi que nous le verrons au chapitre V, cet angle est insuffisant pour obtenir une régularisation satisfaisante ; on n'emploie donc les tambours coniques à spires tangentes que pour les puits peu profonds, pour corriger l'irrégularité du moment résistant.

Pour augmenter la différence entre les rayons d'enroulement maximum et minimum, il faut donner au tambour une forme conique beaucoup plus accentuée. Le câble est alors logé dans une gorge en spirale soutenue par une charpente en profilés (*fig. 118*). La surface sur laquelle sont fixées les spires est parfois courbée suivant la loi qui détermine les rayons nécessaires pour produire la régularisation des moments, les spires étant équidistantes en projection sur l'axe. Mais il est plus simple de donner à cette surface une forme conique, et de faire varier l'espacement des spires de façon à réaliser en tout point le rayon voulu.

Les gorges sont assez larges et profondes pour que le câble ne puisse s'en échapper. Ce danger est surtout à craindre pour les spires de grand rayon.

En effet (*fig. 119*), par suite de la largeur du tambour, le câble est oblique par rapport au plan perpendiculaire à l'axe, et de plus les spires de grand rayon sont inclinées elles-mêmes sur ce plan ; les deux obliquités (F_1 et F'_1) tendent à faire sortir le câble de sa gorge, car leurs effets s'ajoutent ; au contraire, pour les spires inférieures, les effets de l'obliquité des spires (F'_2) et du câble (F_2) sur le plan perpendiculaire à l'axe se contrarient.

Il y a donc intérêt à ce que le plan de la molette ne recoupe pas le tambour par son milieu, comme l'indique la fig. 119, mais au contraire plus près de la grande base. Une autre considération conduit d'ailleurs à la même conclusion : le câble a par lui-même tendance à tomber d'une gorge sur la gorge inférieure. Or, la direction dans laquelle le câble, allant à la molette, quitte le tambour est inclinée vers les spires inférieures pour la partie voisine de la grande base, tandis qu'elle l'est vers les spires supérieures pour la partie voisine de la petite base ; dans le dernier cas, le câble est sollicité dans

FIG. 118. — Machine d'extraction avec tambour cylindro-conique.

deux directions contraires, tandis que celles-ci sont de même sens dans le premier cas et leurs effets s'ajoutent.

L'écartement des spires successives, sur un tambour spiraloïde, conduit à augmenter les dimensions des tambours, qui deviennent parfois énormes, par conséquent très encombrants et très lourds. L'arbre sur lequel ils sont montés doit avoir un diamètre exceptionnel, et sa fabrication est difficile.

On a évité ce dernier inconvénient, à la mine *Preussen* (Westphalie), en montant les deux tambours sur deux arbres parallèles (*fig. 120*) qui mesurent chacun $0^m,65$. Mais l'encombrement total de cette installation est considérable.

Au lieu de donner aux tambours une forme conique sur toute leur largeur, on se contente souvent d'une régularisation moins parfaite, pour éviter d'avoir à leur donner des diamètres maxima exagérés. On supprime la partie la plus large (AB, A'B') et on la remplace par une partie cylindrique (AC, A'C'). Le tambour est dit *tronconique* (*fig. 121-II*).

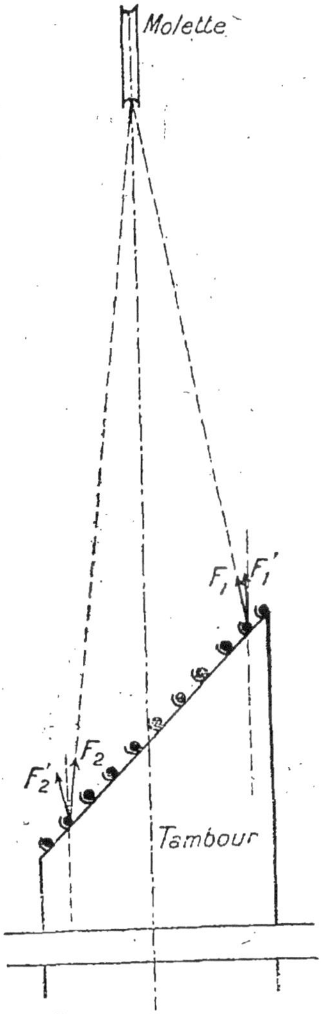

On peut d'ailleurs diminuer la largeur par un artifice fréquemment appliqué. On remarque, en effet que les deux sections AC et A'C' ne sont jamais occupées simultanément par les câbles. On peut donc les réduire de moitié sur chacun des deux tambours, et la section $A_1A'_1$ sera utilisée successivement par chacun des deux câbles (*fig. 121-III*).

Plan de la molette.
Fig. 119.

Dans ces tambours spiraloïdes, on accole parfois les deux tambours de façon à n'en former qu'un, avec une armature commune. La construction des tambours tronconiques est beaucoup plus légère, et leur encombrement moindre. La régularisation reste satisfaisante (voir chapitre V), ce qui explique leur faveur. Pour les profondeurs moyennes on adopte souvent la forme bicylindro-conique.

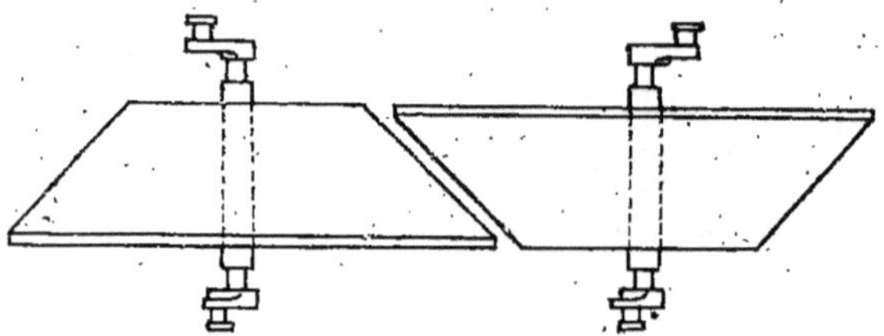

Fig. 120. — Tambours à axes parallèles du puits Preussen.

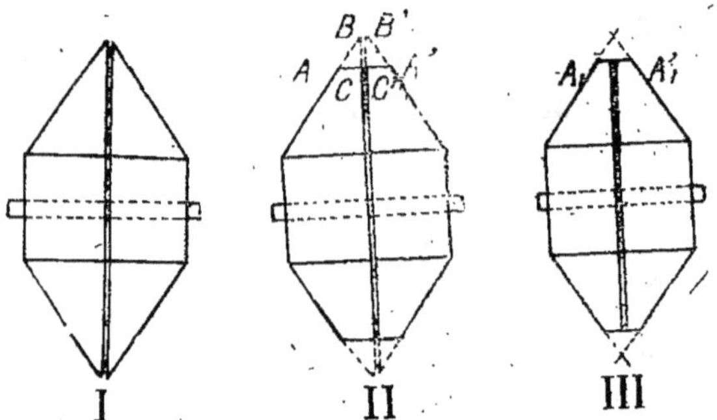

Fig. 121. — Tambours tronconiques.

58. Fondations des machines d'extraction. — Nous avons dit que les fondations des machines d'extraction devaient être parfaitement stables. Cette condition est parfois difficile à réaliser lorsque l'exploitation souterraine a amené des mouvements de terrains. La maçonnerie se disloque et les différentes parties de la machine subissent des déplacements impossibles à empêcher.

Pour remédier à cet inconvénient, on a été amené, dans certains cas, à installer la machine sur des fondations entièrement métalliques, formées de caissons en charpente d'acier, reposant d'une part sur un lit de sable bien tassé, d'autre part sur une pile de maçonnerie par l'intermédiaire de forts coins en bois (*fig. 122*).

Lorsque la machine tend à se déverser, on tasse du sable sous le caisson et on agit sur les coins en bois, de manière à la redresser.

Une autre précaution utile consiste à rendre le plancher qui en-

toure la machine indépendant de celle-ci et à le monter sur des
vérins à vis, pour le remettre horizontal lorsque le terrain s'affaisse.

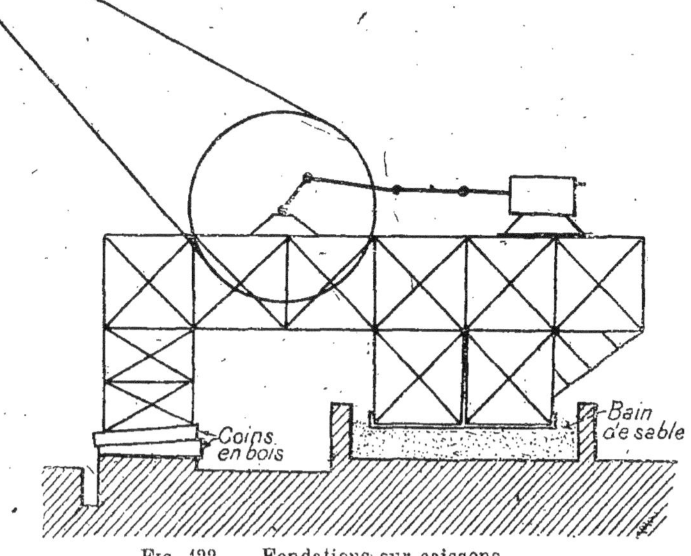

Fig. 122. — Fondations sur caissons.

§ 3. — MOTEURS D'EXTRACTION A VAPEUR.

59. Disposition générale. — Nous n'entrerons pas dans la description détaillée des moteurs à vapeur employés pour l'extraction,
mais il est utile de donner quelques indications sur leurs particularités.

Pour des machines peu puissantes, on peut se contenter d'un
cylindre à vapeur relié à l'arbre des bobines ou tambours par un
train d'engrenage. C'est là un cas exceptionnel. Le plus souvent on
aura 2 cylindres, attaquant l'arbre directement, par bielles et mani-
velles.

Parfois, lorsqu'on manque de place, les cylindres sont verticaux.
En général, ils sont horizontaux, plus ou moins écartés suivant que
l'arbre doit porter une poulie Kœpe, des bobines ou des tambours ;
à côté de ces organes, ou entre eux, est une poulie à jante lisse destinée à recevoir l'action d'un frein puissant.

La *distribution* se fait par tiroirs ou soupapes, rarement par
robinets qui sont trop délicats.

Les tiroirs, pour les machines de grande puissance ne peuvent
être manœuvrés qu'à l'aide d'un servo-moteur.

Le plus souvent, on préfère les soupapes qui ne nécessitent pas l'adjonction d'un servo-moteur et produisent moins d'étirage de la vapeur. Il en existe des modèles très divers, mais on évite ceux qui sont d'un réglage ou d'un entretien trop délicats.

Le machiniste surtout dans les grandes installations modernes, est placé trop loin du puits pour pouvoir exécuter les manœuvres en regardant la recette. Il est même préférable, s'il n'est pas en mesure de voir distinctement tout ce qui se passe à la recette, qu'il conduise sa machine en se guidant simplement sur les signaux que lui font les receveurs. Il doit toutefois avoir sous les yeux un indicateur qui le renseigne sur l'emplacement des cages dans le puits, et des marques sur les câbles ou les tambours qui lui permettent d'arrêter les cages exactement au niveau voulu, ou de les faire reposer doucement sur les taquets.

Il doit avoir, à porter commode tous les leviers nécessaires pour les manœuvres : admission, changement de marche, frein.

60. Condensation. — L'irrégularité de marche de la machine d'extraction rend difficile l'emploi de la condensation, tant par suite des arrêts fréquents que par suite des variations de la puissance nécessaire. On trouve cependant un grand avantage à recueillir les vapeurs d'échappement dans des réservoirs, en relation avec une condensation centrale, et à les utiliser pour actionner des turbines à basse pression.

61. Frein. — Le frein doit être puissant pour arrêter presque instantanément la machine en cas de rupture du câble ou de toute autre pièce d'une avarie à la machine elle-même, ou encore d'une fausse manœuvre, notamment d'une continuation de la course de la cage au dessus de la recette.

Il est formé de deux solides mâchoires en bois, montées à l'extrémité de bras de levier assez longs pour rendre efficace son action. L'énergie avec laquelle s'exerce son serrage est proportionnelle au rayon de la poulie. Le plus souvent, celui-ci est égal au rayon des tambours ; pour des bobines, on a soin de donner à la poulie de frein, placée entre les deux organes, un diamètre suffisant.

La mise en action est produite directement par la vapeur (ou de l'air comprimé, qui a l'avantage d'être indépendant de la conduite d'arrivée de vapeur), par l'intermédiaire d'un servo-moteur.

La fig. 123 représente schématiquement cette disposition. On peut lui reprocher de ne pas fonctionner si la conduite de vapeur vient à se rompre. On préfère donc, dans beaucoup de cas, maintenir le frein normalement serré par un contrepoids; le servo moteur est disposé de façon à soulever ce dernier.

En cas de rupture de la conduite, ou d'une fausse manœuvre du machiniste qui ouvre une soupape d'échappement, le contrepoids retombe et le frein fonctionne.

Ce système est plus sûr que le précédent, mais il est brutal.

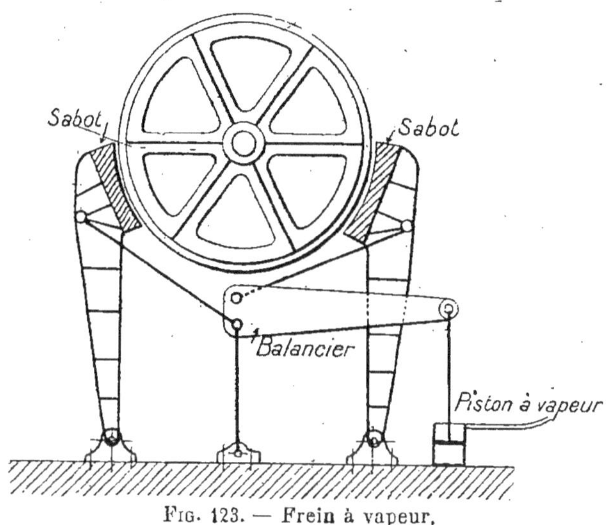

FIG. 123. — Frein à vapeur.

Il faut pouvoir, en marche normale, limiter l'échappement de telle sorte que les sabots ne s'appliquent que progressivement sur la poulie.

Ainsi que nous le verrons, le fonctionnement du frein est obtenu automatiquement par les appareils de sécurité : limiteurs de vitesse et évite-molettes.

62. Détente. — L'emploi de la détente permet de diminuer la consommation de vapeur. On l'a naturellement appliquée aux machines d'extraction, mais il a fallu surmonter des difficultés particulières. La durée d'une cordée est en effet très courte. Au début et à la fin, il faut que la machine travaille à pleine pression, en particulier si la cage du fond repose sur des taquets hydrauliques et n'équilibre plus la cage supérieure.

Le temps pendant lequel on peut faire varier la pression d'admission est donc très limité.

Les variations de résistance sont considérables ; avec les câbles non équilibrés; on est même obligé de travailler, à la fin de la cordée, à contre vapeur, car le moment résistant devient négatif; avec les câbles équilibrés on évite cette manœuvre très défavorable au bon entretien de la machine, mais les variations de résistance sont encore notables.

Dans une machine ordinaire, on ferme l'admission de vapeur avant d'agir sur le levier commandant l'organe de distribution; on ne peut opérer ainsi avec les machines d'extraction, car la suppression de la vapeur amènerait un ralentissement brusque des cages, sur lesquelles agit la pesanteur.

Pour manœuvrer le levier de détente, sans arrêter d'abord l'arrivée de vapeur, on peut installer un servo-moteur pour vaincre les résistances que le bras du machiniste ne pourrait surmonter. On peut aussi étrangler la vapeur en même temps qu'on manœuvre le levier et rétablir la pression dès que celui-ci arrive à sa nouvelle position.

Mais ces procédés ont l'inconvénient de mettre la conduite de la détente entre les mains du machiniste et de lui demander par conséquent un travail supplémentaire, alors qu'il a besoin de toute son attention pour éviter les fausses manœuvres. La plupart des machinistes préfèrent ne pas faire varier la détente, mais plus simplement modérer la puissance de la machine en étranglant la vapeur. Du reste l'emploi de la détente n'est vraiment avantageux que lorsque les variations du travail résistant dépassent 40 %; au dessous, les deux procédés se valent au point de vue de la consommation de vapeur.

Un grand nombre de dispositifs ont été imaginés pour rétablir la pleine admission pendant les manœuvres, au début et en fin de course, tout en laissant le machiniste produire la détente, pendant la marche, en agissant sur le modérateur. Il est préférable, pour assurer la sécurité de la marche, de faire varier la détente par des moyens automatiques. On y parvient par divers procédés.

L'un d'entre eux, qui a été souvent appliqué, est le *système Guinotte*.

On a calculé, pour chacune des positions de la cage, l'effort de la machine et le degré de détente convenable, par conséquent la position que doit avoir le levier de manœuvre.

On établit, d'autre part, le profil d'une came ou *sabre*, soulevé plus ou moins par un coursier qui parcourt une chaîne sans fin; à chacune des positions du sabre correspond une position du levier, qui lui est relié par une tige.

L'inconvénient de ce système est de ne se prêter ni à l'extraction à différents étages, ni à la variation de la charge, car le profil du sabre n'est dessiné que pour une profondeur et une charge données. La commande par le *régulateur* permet d'assurer une détente convenable, quelle que soit la marche de la machine. En outre, ce système permet de supprimer facilement la détente pendant les manœuvres. En effet, à ce moment, la vitesse de la cage est trop faible pour que le régulateur puisse actionner la détente.

63. Calcul d'une machine d'extraction. — Le travail à fournir pour la machine consiste à élever une charge utile Q, de la profondeur L. On peut négliger le poids mort des cages, des berlines et celui des câbles, qui s'équilibrent sur l'ensemble d'un voyage.

Il faut d'abord déterminer la vitesse moyenne.

Si on se propose d'extraire en T secondes une quantité totale A et qu'à chaque voyage on extrait une charge Q, le nombre de cordées sera

$$n = \frac{A}{Q}$$

une partie du temps T est consacrée à la circulation du personnel, à la descente des bois, aux repos, etc... Soit T' le temps réel consacré à l'extraction. On aura donc, pour une cordée, le nombre de secondes

$$t' = \frac{T' \times Q}{A}.$$

Du temps de cette cordée il faut déduire la durée des manœuvres, qui varie suivant le nombre des étages et la disposition des recettes. Le temps d'un voyage est donc t_1, notablement inférieur à t.

La vitesse moyenne est $\qquad V = \frac{L}{t_1}.$

Elle est naturellement plus forte pour les grandes profondeurs, car les ralentissements au départ et à l'arrivée ont moins d'importance relative. Elle sera, par exemple 8 — 10 m. pour des profondeurs moyennes, 15 m. et même davantage pour de grandes profondeurs, pourvu que le puits soit bien établi.

Le travail moyen, en kgmètres est $\frac{Q \times V}{K}$, K étant le coefficient de rendement mécanique de la machine, généralement voisin de 70 °/₀ pour les fortes machines, mais qui tombe à 50 ou 60 °/₀ pour des moteurs peu puissants.

La force de la machine, en chevaux, sera :

$$F = \frac{Q \times V}{75\,K}.$$

Une fois cette force déterminée, il faut calculer les *dimensions des cylindres* ; on les déduit du moment résistant maximum que la machine doit vaincre.

Le moment le plus grand est généralement celui qui correspond à la manœuvre de la cage chargée, à la recette supérieure, au moins si les câbles sont équilibrés. Pour les profondeurs moyennes, on calcule souvent la machine de façon à pouvoir extraire à un seul câble ; mais on doit renoncer à cette méthode, lorsque la profondeur est grande.

Les dimensions des cylindres et la vitesse moyenne du piston doivent rester dans certaines limites. Ainsi la course du piston doit être comprise entre 1 et 2 m., son diamètre ne dépassera qu'exceptionnellement 1 m. pour les cylindres à basse pression des *machines compound*. La vitesse moyenne du piston sera de $1^m,50$ à 2 m.

64. Nombre de tours. — Soit L la profondeur du puits, R et r les rayons d'enroulement maximum et minimum du câble sur la bobine (s'il s'agit d'un câble plat) e son épaisseur moyenne. Le nombre de tours, correspondant à la durée t_1 du voyage est $n = \dfrac{R - r}{e}$, et le nombre de tours par minute $N = \dfrac{n \times 60}{t_1}$. Ce dernier est en général compris entre 15 et 30.

65. Consommation de vapeur. — La machine d'extraction consomme beaucoup de vapeur, surtout lorsqu'elle est établie sans condensation et à détente fixe.

A pleine pression, pour d'anciennes machines, on a fréquemment des consommations de plus de 50 kgs par cheval heure utile ; la condensation permet une économie notable. L'adoption de la détente variable a permis de diminuer fortement la consommation surtout si on se préoccupe de réduire les pertes par l'adoption d'enveloppes de vapeur autour du cylindre. On arrive ainsi aux environs de 20 kgs par cheval-heure utile.

Rapportée à la tonne élevée, par 100 m. de hauteur, la consommation, qui était de plus de 22 kgs avec les anciennes machines à pleine pression, et de 13 kgs environ avec détente fixe, tombe à 7 ou 8 kgs avec détente variable par soupapes. Avec l'établissement d'une condensation centrale, on arrive à des résultats encore plus favorables.

§ 4. — La machine d'extraction électrique.

66. Historique. — L'application de l'électricité à la conduite des machines d'extraction ne date que du commencement du XXe siècle. Les variations de puissance constituaient en effet une difficulté considérable, les moteurs électriques se prêtant mal à de semblables conditions de travail. Il a fallu trouver des moyens détournés de surmonter cet obstacle.

La première machine a été installée au puits Zollern II (Cie de Gelsenkirchen, Westphalie) pour extraire une charge utile de 4.800 kg. à 500 m. de profondeur.

L'électricité était produite par une station centrale fournissant du courant continu. Le câble passait sur une poulie Kœpe actionnée par deux moteurs identiques, placés chacun d'un côté, fonctionnant sous 500 volts, et développant chacun une puissance de 705 chevaux.

Pour fournir le supplément de la force nécessaire au moment

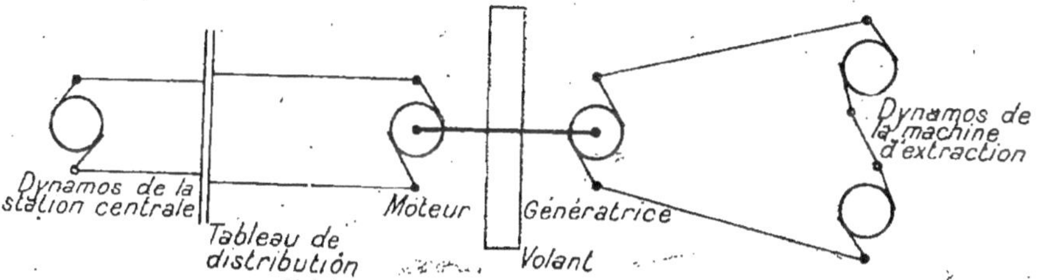

Fig. 124. — Schéma d'une installation avec groupe Ilgner.

du démarrage, on avait d'abord installé une batterie de 250 caisses d'accumulateurs, permettant de doubler l'intensité du courant. Mais on n'a pas tardé à renoncer à ce procédé, pour le remplacer par un volant (système *Ilgner*), d'un diamètre de 4 m. d'un poids de 43[t] ; le schéma ci-dessus (*fig. 124*) montre la disposition des machines.

L'ensemble du moteur, du volant et de la génératrice calés sur le même arbre constitue le groupe Ilgner.

La force vive du volant, qui tourne à 350 tours forme une réserve de puissance capable de fournir le supplément d'énergie nécessaire au démarrage.

Ce système a été fréquemment appliqué, plus ou moins modifié, depuis cette première installation. Il se prête d'ailleurs à l'emploi de machines à courant alternatif à la station centrale.

Une autre solution a été imaginée (mine Preussen, Westphalie

— mine du grand Hornu, Belgique) permettant l'emploi direct du courant alternatif, qui parcourt les enroulements de la partie fixe de la machine d'extraction (*stator*) ; le *rotor* est calé sur l'arbre des bobines (au grand Hornu) ou de la poulie-Kœpe (Preussen). Un rhéostat de démarrage est intercalé sur le circuit du courant induit. Pour éviter des variations trop grandes dans la marche des génératrices de la centrale, on a été amené à donner aux parties tournantes de ces dernières un poids considérable (plus de 100 t. au grand Hornu), de façon à leur faire jouer le rôle de volant.

Les installations modernes dérivent de ces deux types primitifs.

67. Diagrammes de vitesse et de puissance. — Pour faire com-

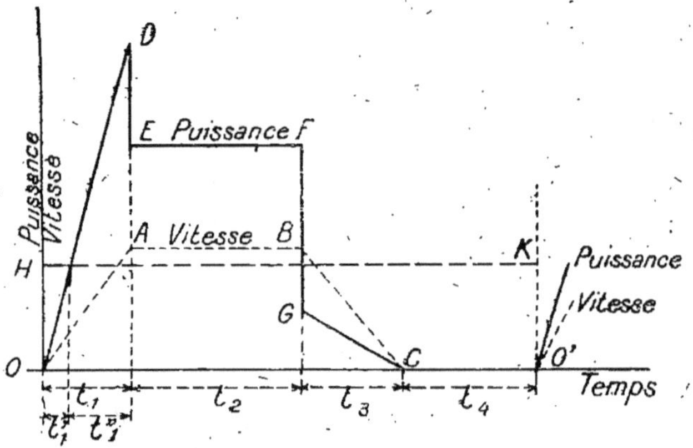

FIG. 125. — Diagramme de la vitesse et de la puissance.

prendre le problème à résoudre pour régulariser la demande de courant à la centrale, rappelons rapidement les différentes périodes dont se compose une *cordée*.

Au début il est nécessaire de faire croître la vitesse jusqu'à ce qu'on ait atteint le régime normal, ce qui prend un temps t_1 (*fig. 125*) ; la vitesse reste ensuite constante pendant le temps t_2, puis décroît (t_3) jusqu'à zéro. Une période d'arrêt t_4 suit, jusqu'au début de la cordée suivante.

La ligne brisée OABCO' représente ces variations de vitesse.

L'accélération augmente d'abord rapidement, puis décroît ; on l'arrête, en général, quand les masses en mouvement ont acquis une force vive suffisante pour achever la cordée.

Quant à la *puissance nécessaire*, elle croît, au début de la cordée, tant que la vitesse n'a pas atteint son régime normal ; elle reste ensuite constante (en supposant les câbles équilibrés), mais sensiblement moins forte. Au moment où le ralentissement commence, elle subit une chute brusque, plus ou moins importante et retombe à zéro, soit instantanément, soit progressivement (GC). Elle reste nulle jusqu'à la cordée suivante.

L'allure de ce diagramme $oDEFGCo'$ varie considérablement d'une machine à l'autre, mais son aspect général reste le même, c'est-à-dire qu'il présente une *pointe*, suivie d'un palier (ou tout au moins d'une ligne peu inclinée) puis d'une chute rapide, qui descend parfois au dessous de oo'.

Le problème consiste à remplacer la ligne brisée par une ligne horizontale HK telle que le travail demandé à la station centrale soit constant et égal au travail moyen pendant le temps total $t_1 + t_2 + t_3 + t_4$.

L'aire du rectangle OHKO' doit être égale à celle de la surface ODEFGCO. Il faut donc installer un organe capable d'emmagasiner, pendant le temps $(t_3 + t_4 + t'_1)$ l'énergie inutilisée et la restituer pendant le temps $(t''_1 + t_2)$. Ainsi que nous le verrons plus loin, cette complication devient inutile, si la centrale dessert un grand nombre de moteurs et peut donc supporter les variations provenant du démarrage.

68. Systèmes applicables. — Les deux systèmes les plus fréquemment appliqués sont d'une part la *commande directe* avec courant triphasé, d'autre part le *système Léonard*.

Le *premier* consiste à actionner l'organe sur lequel s'enroule le câble par un moteur recevant directement le courant triphasé pris à la centrale ; la vitesse est réglée au moyen d'un rhéostat intercalé sur le circuit du rotor. Si l'on fait usage de courant continu (l'excitation du moteur est indépendante), on diminue, au démarrage, la tension aux bornes de l'induit.

Dans le cas de moteurs à courant triphasé, on se sert avantageusement d'un rhéostat à résistances plus ou moins immergées dans un liquide conducteur.

Le *système Léonard* consiste à actionner l'organe d'enroulement par un moteur à courant continu à excitation séparée et constante. Son courant d'alimentation lui est fourni par la dynamo d'un groupe transformateur alimenté directement par la station centrale et dont la vitesse est maintenue sensiblement constante. Cette dynamo, dite dynamo de démarrage est aussi à excitation séparée. Sa tension aux bornes ne dépend donc que de l'intensité et du sens de son courant d'excitation qui sont réglables au moyen d'un rhéostat et d'un commutateur. La vitesse du moteur d'extraction est proportionnelle à la tension du courant qui lui est fourni ; elle est donc pratiquement indépendante de la charge (positive ou négative) ; elle dépend uniquement de l'intensité du courant d'excitation de la dynamo de démarrage, et par conséquent de la position du levier du rhéostat d'excitation de celle-ci.

Si la charge devient négative, le moteur entraîné n'augmente pas sensiblement de vitesse, mais travaille comme dynamo et renvoie, par l'intermédiaire du groupe transformateur, de l'énergie dans le réseau. De même si on diminue l'excitation de la dynamo, le moteur tend à se ralentir, mais il est entraîné par les masses en mouvement et travaille comme dynamo jusqu'à ce que sa vitesse soit réduite à la valeur correspondant à la nouvelle excitation. Ce freinage électrique parfait permet de réduire considérablement la durée de la période de ralentissement.

Pratiquement, il suffit, pour conduire la machine, d'un seul levier actionnant le commutateur et le rhéostat du courant d'excitation de la dynamo.

Le système par commande directe est loin d'offrir une telle sécurité de marche, car il faut se préoccuper, non seulement du sens de la charge, mais de sa valeur à chaque instant ; au départ, il faut agir sur le levier des résistances d'autant plus lentement que la charge est plus faible ; pour une vitesse donnée, il faut introduire d'autant plus de résistances que la charge est plus faible.

Même avec le système Léonard, un frein mécanique reste cependant nécessaire pour faciliter les manœuvres et pour parer à un accident imprévu. Il faut de plus munir la machine de dispositifs automatiques empêchant un démarrage en sens défavorable (qui provoquerait une mise aux molettes) ou trop rapide et interdisant de dépasser une certaine vitesse, enfin obligeant à ralentir à temps et empêchant toute mise aux molettes.

Avec l'un ou l'autre des deux systèmes de commande, la *régularisation de l'énergie* demandée à la centrale se fait au moyen d'un volant, solidaire de la génératrice d'extraction (système Ilgner *fig. 124*), ou indépendant de cette dernière. Nous n'entrerons pas dans le détail des diverses solutions proposées, dans l'un ou l'autre cas (1), mais nous signalerons que dans certaines mines importantes où la centrale alimente un grand nombre de moteurs, on n'a pas à se préoccuper autant de la pointe de démarrage qui n'a plus qu'une importance relative assez faible. On peut donc admettre la surcharge momentanée qui résulte du démarrage, et qui est supportée sans inconvénient par la centrale.

La comparaison entre les deux systèmes, triphasé direct et Léonard conduit à donner la préférence au second; tant pour la facilité de manœuvrer et la sécurité de marche que pour la répercussion des à-coups sur la station centrale.

Mais le prix des installations est plus élevé, et on peut se demander si cette augmentation de dépenses est justifiée et ne se traduit pas par un résultat moins avantageux.

Les calculs faits par divers observateurs prouvent que la consommation d'énergie est plus faible dans le système Léonard, et que la différence couvre largement, dans la plupart des cas, les frais d'amortissement et d'intérêts supplémentaires qu'entraîne la cherté des installations.

69. Avantages de la machine d'extraction électrique.

— L'emploi de l'électricité pour les machines d'extraction est actuellement très répandu ; il présente en effet sur celui de la vapeur quelques avantages précieux.

Le fonctionnement de la machine électrique est absolument régulier, presque automatique et ne dépend pas de l'habileté du mécanicien, au moins avec le système Léonard.

La consommation de vapeur est sensiblement moindre, bien que les machines à vapeur modernes, du type compound, avec détente variable et condensation permettent d'atteindre des chiffres comparables pendant les heures de travail effectif. Mais si on évalue la consommation par journée de 24 heures, il semble que l'avantage doive rester nettement aux moteurs électriques, surtout s'ils dépendent d'une station centrale importante.

Le rattachement des moteurs d'extraction à la centrale permet en effet souvent de composer celle-ci d'un certain nombre d'unités travaillant à pleine charge, tandis que les machines à vapeur indépendantes d'un siège à l'autre entraînent des pertes relativement plus grandes pendant les arrêts.

On peut également réduire le personnel, notamment celui des batteries de chaudières.

La machine à vapeur ne peut réaliser des consommations comparables qu'à condition de comporter des installations coûteuses : chaudières à surchauffeurs, condensation, cylindres à enveloppe de vapeur, dispositifs de distribution délicats. Si l'on gagne encore sur les frais de premier établissement, les frais d'entretien sont plus élevés.

La machine électrique permettant une accélération et un ralen-

______

(1) Voir en particulier : E. J. BRUNSWICK, *l'Electricité dans les Mines.*

tissement plus rapides, elle est capable d'extraire un plus grand
tonnage à l'heure, à puissance égale.

L'encombrement est moindre, les fondations plus simples à
établir. On peut plus facilement, si on le désire, installer la machine
dans le chevalement, au-dessus du puits.

L'extraction avec moteurs électriques peut s'appliquer aux

Fig. 126. — Machine d'extraction électrique avec poulie Kœpe.

machines à tambours, à bobines ou à poulie Kœpe. Mais ce dernier
système est celui qui se prête le mieux à l'emploi de l'électricité, par
suite de la constance de l'effort exigé et la réduction des masses
en mouvement.

L'arbre de la poulie peut être attaqué directement avec un grand
nombre de tours, car le diamètre de la poulie peut être moindre, et
par conséquent le nombre de tours plus élevé. Les frais d'installation sont également réduits.

Fig. 127. — Machine d'extraction électrique avec tambours.

Les fig. 126 et 127 représentent deux types de machines d'extraction électriques, la première avec poulie Kœpe, la seconde avec tambours.

§ 5. — BALANCES A REMBLAIS.

70. Descente des remblais. — Nous avons indiqué, dans le IIIe volume, que les remblais étaient souvent introduits dans la mine par le même puits qui sert à l'extraction des produits abattus. Dans les houillères, comme le poids des remblais est plus élevé que celui du charbon, les conditions de travail de la machine d'extraction sont profondément modifiées par le remplacement, dans la cage descendante, des berlines vides par des berlines chargées de terres. Il faut avoir soin, pour éviter un moment négatif très gênant en fin de course, de ne pas placer dans la cage descendante trop de berlines chargées, en limitant, suivant les circonstances, leur proportion au quart ou à la moitié du total des berlines. Mais si les quantités de remblais à introduire dans les travaux souterrains est élevée, cette précaution peut devenir difficile à observer.

D'autre part, si l'on veut faire parvenir les remblais au niveau supérieur de l'étage, il est préférable de les faire descendre par un puits spécial, dont la recette inférieure est au niveau voulu. Il n'y aura pas de berlines chargées à remonter. Le travail d'extraction est donc négatif et le puits n'est plus armé d'un treuil, mais d'une poulie à frein.

Nous en avons vu des exemples à propos des transports par bures. Il existe des installations de ce type, plus puissantes, dans lesquelles les remblais descendent depuis la surface, dans un puits guidé et muni de cages comme un puits d'extraction.

On utilise souvent pour ces *balances à remblais* des puits de retour d'air, puisque ceux-ci communiquent avec les galeries supérieures des étages en exploitation. La particularité la plus intéressante de leur installation réside dans les dispositions de freinage sur la poulie.

71. Poulie à frein. — La poulie doit assurer une adhérence suffisante du câble pour éviter tout glissement ; pour les câbles ronds, les plus employés, les poulies à jantes spéciales, du type Champigny ou autres, sont tout indiquées. Le freinage doit s'effectuer sur une surface assez grande pour qu'il n'y ait pas d'échauffement.

En raison des poids considérables en mouvement et de la difficulté pour le machiniste de régler avec précision la pression à exercer, on munit la poulie d'un régulateur à palettes tournant dans l'eau, qui empêche l'emballement des cages dans le puits.

Il est avantageux, pour régulariser le travail de la poulie, d'équilibrer le poids des câbles, qui varie au fur et à mesure que les cages se déplacent dans le puits, le poids diminuant du côté de la cage montante, tandis qu'il augmente d'autant du côté de la cage descendante. Nous verrons au chapitre suivant les moyens d'obtenir ce résultat. Avec une poulie, on peut établir un câble d'équilibre passant au fond du puits, ou se servir de chaînes contrepoids, attachées au milieu du puits, d'un poids un peu plus grand que celui de la cage augmenté de celui du câble. Le dernier système, simple en théorie, donne des ennuis lorsque les chaînes s'usent et s'oxydent.

72. Machines réversibles. — On a cherché à transformer les machines d'extraction de façon à leur permettre de travailler à contre vapeur pour la descente des remblais. Des installations de ce genre ont été mises en service et ont donné de bons résultats. La machine est disposée pour fonctionner normalement à contre vapeur, en comprimant l'air de l'autre côté du piston. Cet air est recueilli dans un réservoir et sert pour la manœuvre des cages aux recettes.

Pour vaincre la résistance que produit cette compression de l'air et pour régler la marche, on maintient plus ou moins ouverte la soupape d'admission.

73. Résumé. — La machine d'extraction travaille dans des conditions très particulières, qui compliquent son fonctionnent et le rendent peu économique.

Les périodes de marche sont courtes, séparées par des arrêts fréquents. Pendant la cordée, le moment résistant varie constamment et peut même devenir négatif si des dispositions spéciales ne sont pas prises pour équilibrer les câbles. La durée de l'accélération au début de la cordée et du ralentissement à la fin absorbe une partie notable du temps total.

La machine doit en outre être robuste, peu sujette à des réparations qui l'immobiliseraient, d'une conduite facile, aussi automatique que possible.

Les *organes d'enroulement* du câble sont des bobines (pour les câbles plats) des tambours ou une poulie Kœpe (pour les câbles ronds). Ils doivent être légers mais solides ; pour permettre le réglage des câbles, l'un des deux peut être rendu indépendant de l'arbre.

Les tambours sont cylindriques si l'on l'on ne se préoccupe pas d'équilibrer les câbles. Cette dernière mesure est indispensable quand la profondeur augmente. Elle entraîne, en général, l'adoption de tambours coniques, cylindro-coniques ou bicylindro-coniques, sur lesquels le câble est logé dans une gorge en spirale.

Ces organes sont alors beaucoup plus grands et plus encombrants.

Le *moteur d'extraction* est à vapeur ou électrique. La machine à vapeur est encore la plus répandue, à deux cylindres parallèles, tous deux à pleine pression ou formant un groupe compound. Dans les machines puissantes on a même quatre cylindres.

La condensation est difficilement applicable, en raison des arrêts fréquents, mais on a avantage à y recourir avec adjonction d'un réservoir qui reçoit les vapeurs d'échappement et forme volant. La détente, autrefois fixe, est actuellement variable dans les installations d'une certaine importance ; on cherche à la commander automatiquement d'après la position des cages, ou par le régulateur.

La machine est munie d'un frein puissant, actionné par l'intermédiaire d'un servomoteur

La consommation de vapeur tombe rarement à moins de 20 kg. par cheval-heure utile, avec tous les perfectionnements, et elle dépasse ce chiffre si on prend la moyenne sur 24 heures.

L'*application de l'électricité* à la conduite des machines d'extraction est récente, mais après quelques tâtonnements, elle est devenue pratique et se développe rapidement. Les deux sytèmes principaux sont l'attaque directe, avec courant triphasé fourni par la centrale, ou le système Léonard avec régularisation de l'appel de courant à la centrale au moyen d'un groupe moteurgénérateur avec volant.

Les avantages principaux de la machine électrique sont la régularité de son fonctionnement, la facilité de sa conduite, la diminution de consommation de vapeur qu'elle permet de réaliser. Le système d'enroulement qui se prête le mieux à l'entraînement par un moteur électrique est la poulie Kœpe.

Les *descente des remblais*, lorsqu'elle se fait par des puits spéciaux, entraîne l'installation de poulies à frein ; on a essayé l'emploi de machines réversibles, c'est-à-dire travaillant normalement à contre vapeur en comprimant l'air de l'autre côté du piston. Mais cette solution reste exceptionnelle.

CHAPITRE V

RÉGULARISATION DE L'EXTRACTION

SOMMAIRE

§ 1. — GÉNÉRALITÉS.

74. Le problème de la régularisation de l'extraction. — Nous avons fait allusion, à diverses reprises, à la régularisation de l'extraction et aux divers dispositifs qui permettent de résoudre ce problème. Il est temps de reprendre cette question plus en détail, pour en montrer toute l'importance et en exposer les solutions possibles.

La difficulté qu'il s'agit de surmonter est la suivante :

Au début d'une cordée la machine d'extraction a à soulever la cage chargée qui se trouve à la recette inférieure du puits, et qui est surmontée d'une longueur de câble égale à la distance entre les recettes du fond et du jour. Si nous appelons Q le poids de la cage chargée, y compris l'attelage, P le poids de câble compris entre les deux recettes, p celui du câble entre la recette supérieure et les molettes (moins la hauteur de la cage), on voit que le poids total à enlever, au début de la cordée, est $Q + P + p$. Il est partiellement équilibré par le poids Q' de la cage (vide ou chargée de berlines vides) qui se trouve à la recette supérieure, et par le poids p' du câble compris entre cette cage et la molette. Q' est inférieur à Q, p' est égal à p.

La différence $(Q + P) - Q'$ représente l'effort demandé à la machine, au début de la cordée, lorsque les deux cages ne sont plus soutenues par les taquets des recettes.

Si les deux éléments de cette différence restaient invariables, l'effort à exercer serait plus ou moins grand, mais constant. Malheureusement il n'en est pas ainsi : au fur et à mesure que les cages se déplacent dans le puits, la longueur de câble au-dessus de la cage montante diminue, et celle au-dessus de la cage descendante augmente d'une quantité égale.

Au moment où la cordée se termine, l'effort à exercer devient

$$Q - (Q' + P).$$

On comprend que si le puits est profond et que le poids Q ne dépasse pas de beaucoup le poids Q', la différence $Q - (Q' + P)$ peut devenir négative. La machine, au lieu d'avoir un effort de traction à fournir est obligée de résister à l'emballement des cages, et de travailler à contrevapeur si l'arrêt de l'admission de vapeur et l'application du frein ne suffisent pas à provoquer un ralentissement suffisant. Cette variation continuelle de l'effort de la machine et plus encore ce changement de sens constituent des conditions très défavorables qui exigent du mécanicien une attention soutenue et fatiguent beaucoup les organes de la machine. On doit donc chercher à supprimer cet inconvénient. La différence provenant de la variation du poids relatif des deux câbles montant ou descendant, le problème consiste à *équilibrer les câbles.*

Un exemple suffira pour montrer la nécessité de cette disposition lorsque la profondeur du puits est notable.

Pour extraire une cage pesant 4000 kg. à vide, 5200 kg. avec 4 berlines vides et 7.600 kg. avec 4 berlines pleines, de la profondeur de 1000 m., le poids du câble sera d'environ 11.000 kg

Au départ l'effort sera $(7.600 + 11.000) - 5.200 = + 13.400$ kg.
et à l'arrivée : $7.600 - (11.000 + 5.200) = - 8.600$ kg.

Il sera donc négatif pendant une partie importante de la cordée et la machine devra résister à l'effort d'une masse de 8600 kg. animée d'une vitesse, évidemment réduite en fin de course, mais encore notable.

L'équilibre des câbles est donc indispensable dans ce cas.

75. Solutions possibles. — Différentes solutions sont possibles, que nous examinerons successivement :

1° *Câbles et chaînes contrepoids*, disposés de façon à compenser à chaque moment la diminution ou l'augmentation de poids du câble les chaînes peuvent être libres où au contraire amarrées aux parois du puits.

2° *Emploi d'un câble sans fin*, auquel les cages sont fixées ; les longueurs de câbles pendues à chaque molette ne changent plus ; cette solution, la plus complète, est fréquemment appliquée.

3° *Régularisation par l'organe d'enroulement*, bobine ou tambour. Dans ce procédé, on s'attache à faire varier le rayon d'enroulement de façon que le *moment résistant*, c'est-à-dire le produit du poids par le bras de levier sur lequel s'exerce l'effort de la machine, reste sensiblement constant. Pour les câbles plats, dont les spires s'enroulent sur elles-mêmes autour de la bobine, le problème consiste à trouver les rayons minima et maxima tels que cette égalisation des moments soit obtenue.

Pour les câbles ronds, il faut que chaque spire ait un rayon différent, ce qui conduit à des tambours coniques, cylindro-coniques ou bicylindro-coniques.

§ 2. — CABLES ET CHAINES CONTREPOIDS.

76. Câble d'équilibre. — Le procédé le plus simple consiste à pendre sous les cages un câble ABC, de même poids que les câbles d'extraction DE et FG, passant au fond du puits sur une poulie de retour *(fig. 128)* ; on voit de suite que, quelles que soient les positions des cages, les poids de câble restent constants des deux côtés.

Ce système a des inconvénients sérieux : le *câble d'équilibre* (ABC) n'a pas besoin d'avoir une grande solidité, mais il doit être très flexible, car le rayon de la poulie de retour est inférieur à celui des molettes. Si on emploie comme câble d'équilibre un câble d'extraction réformé, il est à craindre que sa flexibilité soit devenue insuffisante et que des ruptures se produisent.

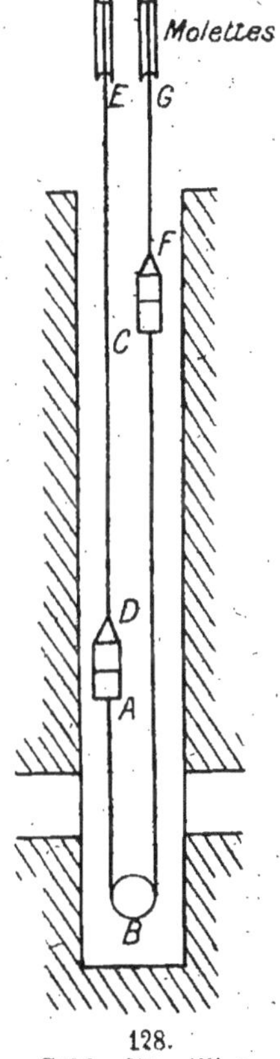

128.
Câble d'équilibre.

D'autre part, le câble d'équilibre, n'étant plus aussi tendu, risque de se tordre et de frotter contre les parois du puits.

On peut remédier à cet inconvénient, très sensible avec les câbles ronds, en employant comme câble d'équilibre un câble plat en aloès ; mais il est alors plus difficile d'obtenir l'égalité de poids.

qu'avec des câbles ~~semblables~~ à ceux qui servent pour l'extraction. On peut guider le câble d'équilibre au moyen de moises spéciales, au-dessous de la recette inférieure, s'il y a une distance suffisante entre la poulie et cette recette pour que cette mesure ait une efficacité sérieuse sur l'ensemble du câble.

Pour parer à l'allongement des câbles, la poulie ne doit pas être fixe, mais comprise entre glissières et sollicitée à descendre par un contrepoids. Cette disposition est rendue également nécessaire par les chocs qui se produisent lorsque la vitesse des cages change brusquement, en particulier aux démarrages ou aux ralentissements subits. L'inertie du câble d'équilibre s'exerce à ces moments là, ainsi que pendant toutes les périodes d'accélération et de ralentissement. Il en résulte d'ailleurs un effort plus ou moins intense sur le plancher inférieur de la cage, et il est bon d'interposer un ressort entre l'amarre du câble et le plancher.

Le procédé a encore d'autres inconvénients : il augmente le poids total à soulever par la cage, ce qui entraîne l'établissement d'une machine plus puissante, de molettes et d'un chevalement plus robustes ; en cas d'arrêt brusque le choc sur le câble est d'autant plus violent que les masses en mouvement sont plus fortes ; les risques de rupture sont plus grands.

Il n'est applicable qu'avec des câbles à section constante, et pour l'extraction à un seul étage.

Tous ces défauts sont d'autant plus sensibles que la profondeur est plus grande. Le câble d'équilibre n'était guère appliqué que dans des puits peu profonds dans lesquels la vitesse de circulation était modérée. Il est fréquemment employé maintenant avec un câble d'extraction unique passant sur une poulie (système Kœpe). Dans ces conditions, plusieurs de ses inconvénients sont atténués. Ainsi qu'on le verra plus loin, le câble sans fin donne un équilibrage aussi satisfaisant, tout en supprimant une partie des inconvénients signalés ci-dessus.

77. Chaîne pendante. — On a imaginé, notamment en Angleterre, d'équilibrer le câble au moyen d'un contrepoids placé dans un compartiment du puits ou dans un puits spécial. Parmi les procédés de ce genre citons l'emploi d'une chaîne pendante (*fig. 129*).

Sur le même arbre que la bobine ou le tambour (de rayon R) est calé un tambour auxiliaire (de rayon r) sur lequel s'enroule un câble qui passe sur une poulie et descend dans un puits secondaire où il se continue par une lourde chaîne. Les rayons R et r sont tels que pendant la première moitié du trajet des cages dans le puits principal, la chaîne se dépose dans le puits auxiliaire ; au moment de la rencontre des cages, elle est entièrement déposée. La rotation du tambour auxiliaire continuant, le câble s'y enroule en sens contraire et la chaîne est soulevée de nouveau progressivement, jusqu'à être entièrement suspendue à la fin de la cordée.

Si la chaîne est de poids P et les câbles d'extraction de poids p et que les profondeurs du puits principal et auxiliaire sont L et l, on voit que

$$p\,\mathrm{L}\mathrm{R} = \mathrm{P}\,lr$$

D'autre part, pour un tour des appareils d'enroulement, les variations de poids de côté et d'autre sont égales :

$$2p \times 2\pi\mathrm{R}^2 = \mathrm{P} \times 2\pi r^2.$$

Ces deux équations donnent P et r qui sont les deux seules inconnues du problème si on admet qu'on a déterminé l à l'avance. Si l'on veut donner à r et R la même valeur, on voit que $\mathrm{P} = 2p$, c'est-à-dire que la chaîne doit avoir un poids égal à l'ensemble des deux câbles, autrement dit un poids par mètre égal au double du poids par mètre de chacun d'eux.

La première équation montre alors que $l = \dfrac{\mathrm{L}}{2}$; le puits auxiliaire a une longueur égale à la moitié de celle du puits principal.

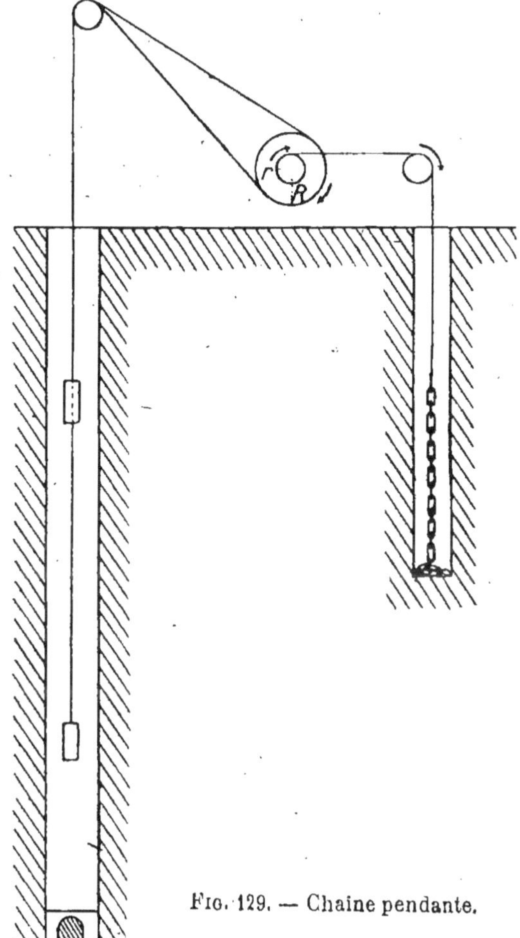

Fig. 129. — Chaine pendante.

Ce système, qui oblige à creuser un puits spécial (à moins qu'on n'utilise un puits voisin dans un siège double) est rarement appliqué. Si l'on veut réduire sensiblement la profondeur du puits spécial, il faut alors adopter une chaîne très lourde, ou donner à r une valeur très supérieure à R, ce qui n'est pas toujours facile.

78. Chaîne amarrée. — Un autre procédé consiste à amarrer la chaîne à la paroi du puits, par une de ses extrémités A (fig. 130). Supposons les rayons d'enroulement des câbles d'extraction et du câble auxiliaire égaux.

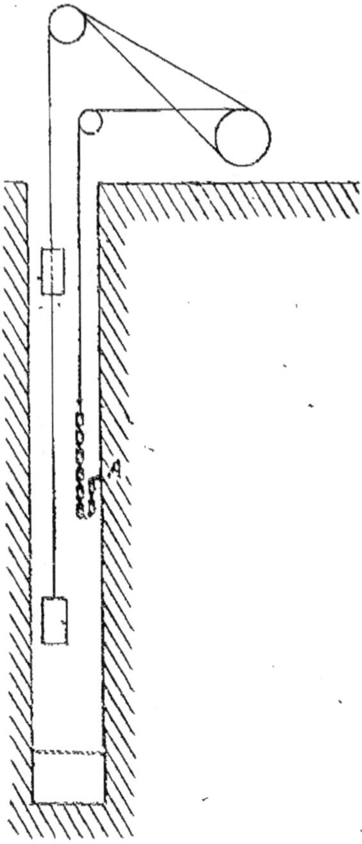

Fig. 130. — Chaîne amarrée.

La longueur de la chaîne est égale au quart de celle du puits ; au début d'une cordée comme à la fin, elle pend entièrement au-dessus du point A ; au moment de la rencontre, elle pend en dessous de A, mais l'enroulement de son câble de suspension changeant de sens, elle se relève de nouveau au-dessus de A. Le poids par mètre est quatre fois plus élevé que celui d'un des câbles d'extraction.

En examinant ce qui se passe, on voit qu'après un tour du tambour, la chaîne est descendue d'une longueur égale, mais s'est repliée et a formé une boucle dont le brin amarré en A ne joue plus de rôle comme contrepoids.

Si un tour représente par exemple 10 m. la charge du côté de la cage montante a diminué de 10 p. (p étant le poids d'un mètre de câble), et celle du côté de la cage descendante a augmenté de 10 p. au total la différence est 20 p. Pendant ce temps, la longueur de chaîne pendue, qui fait contrepoids, a diminué de 5 m. seulement, et son poids de 5 p. Mais comme $P = 4p$, l'équilibre subsiste.

Au lieu de donner au tambour auxiliaire le même rayon R qu'au tambour principal, on peut lui donner un rayon r. Si L est la profondeur du puits, l la longueur de la chaîne, on a les deux formules

$$p\,LR = P\,lr$$
$$4p \times 2\pi R^2 = P \times 2\pi r^2$$

qui permettent de déterminer deux des variables P, l, r à condition d'avoir choisi la troisième.

§ 3. — Câble sans fin et système Kœpe.

79. Câble unique. — L'équilibrage au moyen d'un câble de
retour de poids égal aux câbles principaux constitue, ainsi qu'on l'a
vu plus haut, la solution la plus simple
du problème, mais il ne permet pas l'extraction à plusieurs niveaux, et donne lieu
à des efforts exagérés au moment des
changements de vitesse.

On a eu l'idée d'employer un câble
unique, formant une boucle au fond du
puits et le long duquel la cage peut être
amarrée à un endroit quelconque, qu'on
peut modifier rapidement pour permettre
de régler la position des cages pour l'extraction à un niveau différent. Il faut
pour cela que le câble traverse la cage et
que celle-ci soit fixée par un dispositif
qui empêche tout glissement. Telle est
l'*attache Baumann (fig. 131)* dans laquelle
le câble A est serré entre trois coins C en
métal tendre qui sont eux-mêmes comprimés par une boîte conique B sur
laquelle repose la cage D.

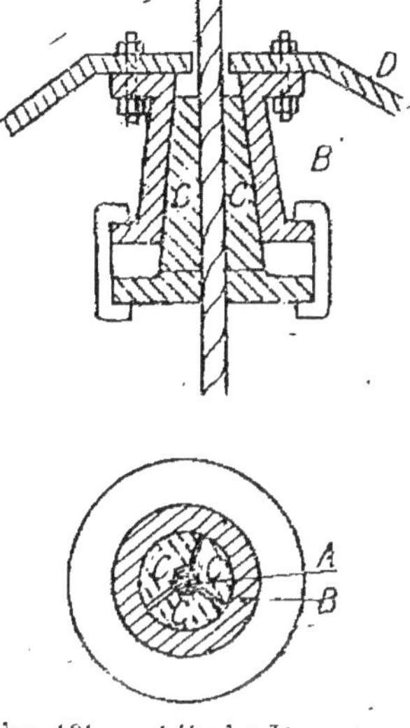

Fig. 131. — Attache Baumann.

Les coins portent en creux des rai-
nures hélicoïdales qui se moulent sur les saillies des torons.

Le serrage des coins et de la boîte est maintenu au moyen de
vis, qu'on défait lorsqu'on veut changer la cage de place.

Ce système n'est applicable qu'avec des cages assez larges pour
que la partie centrale soit libre, c'est-à-dire contenant deux berlines
côte à côte, ou deux files de deux berlines. Il n'a été que rarement
adopté.

80. Système Kœpe. — Le système Kœpe, au contraire, a pris
un grand développement, malgré certains inconvénients qui ont
amené au début des difficultés et des accidents.

Il repose sur l'emploi d'un câble unique, enroulé, non plus sur
tambours, mais sur une poulie. Les deux molettes sont alors dans
le même plan que cette dernière et ne peuvent par conséquent être
placées au même niveau dans le chevalement (*fig. 132*).

Cette dernière disposition n'est pas absolument obligatoire. Si la poulie est assez loin du puits, on peut placer les deux molettes côte à côte, mais en les orientant vers la poulie. Cette solution est très rarement appliquée.

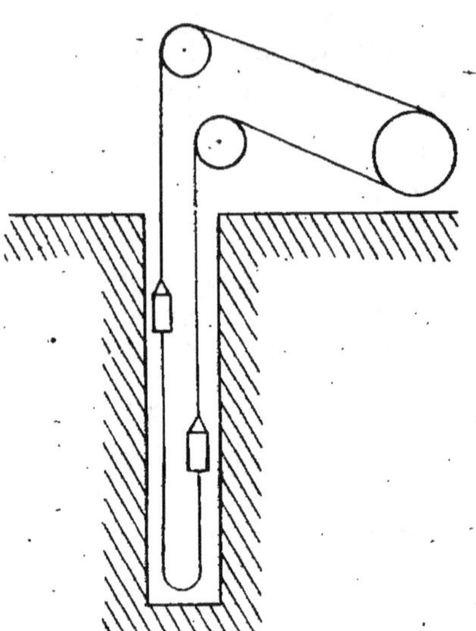

Fig. 132. — Système Kœpe (schéma).

Les deux cages sont réunies par un câble d'équilibre, semblable au câble principal, de telle sorte qu'on peut considérer l'ensemble comme constituant un câble sans fin. C'est même réellement le cas lorsqu'on adopte des cages traversées par le câble et amarrées par des attaches du type Baumann.

L'équilibrage est parfait, mais il est utile de décrire avec plus de détails les installations et d'examiner les avantages et inconvénients du système, et les conditions dans lesquelles son emploi est particulièrement indiqué.

81. Adhérence du câble sur la poulie. — Le câble n'embrasse la poulie que sur la moitié environ de sa circonférence. On peut donc se demander si l'adhérence peut être suffisamment assurée pour éviter des glissements du câble, qui provoqueraient des secousses sur les cages, capables d'entraîner la rupture du câble.

La formule (1) donnant les conditions d'adhérence d'un câble sur une poulie est

$$\frac{T}{t} \leqslant e^{f\alpha}$$

dans laquelle.

T désigne la tension la plus forte, c'est-à-dire du brin arrivant à la poulie
t —   —   faible   —   quittant la poulie
f le coefficient de frottement
α l'angle embrassé.
f est égal (pour un câble en acier) à 0,129 sur la fonte
                                 0 158 sur le chêne
                                 0,163 sur le cuir,

---

(1) HATON DE LA GOUPILLIÈRE ; *Traité des Mécanismes.*

La tension T est égale au poids de la moitié du câble, plus la cage chargée montante, *t* au poids de la moitié du câble, plus la cage vide descendante.

En remplaçant dans la formule ci-dessus T et *t* par leur valeur en fonction de la profondeur du puits, on constate que l'angle α peut être d'autant plus faible que la profondeur est plus grande, mais doit au contraire être d'autant plus fort que la charge utile est plus élevée.

En fait, on donne à la poulie un diamètre de 6 à 8 m. et on augmente l'adhérence en garnissant sa jante d'une fourrure en bois. On arrive ainsi à supprimer les risques de glissement, à condition toutefois que le puits soit assez profond et que la charge n'ait pas une valeur trop forte relativement au poids du câble.

L'enroulement sur une demi-circonférence laisse une marge de sécurité suffisante, si ces conditions sont observées.

On doit cependant éviter de graisser trop fortement le câble, contrairement à ce que demanderait sa bonne conservation.

82. Installations. — La construction de la poulie n'a rien de très spécial, en dehors de son grand diamètre. Signalons toutefois qu'on garnit généralement la jante d'une fourrure, dont nous avons expliqué l'utilité.

Au puits n° 2 du siège n° 5 des mines de Marles (Pas-de-Calais) cette fourrure a une épaisseur de 150 $^m/_m$ (*fig. 133*) et une largeur de 160 $^m/_m$, pour un câble de 55 $^m/_m$ de diamètre ; elle est fixée au moyen de boulons.

Peu à peu, sous l'effet du frottement le bois s'use,

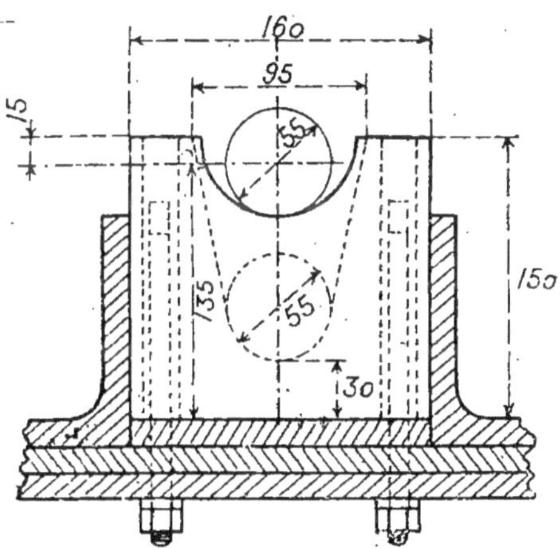

Fig. 133.
Fourrure en bois pour poulie Kœpe.

la gorge s'approfondit. La fourrure est remplacée lorsque son épaisseur minima est tombée à 30 $^m/_m$ environ. A ce moment l'ouverture de la gorge au sommet est de 95 $^m/_m$.

La fig. 126, au chapitre précédent, montre l'aspect général d'une machine d'extraction avec poulie Kœpe.

83. Câble d'équilibre. — Le câble d'équilibre assure un équilibrage parfait, s'il est de même poids que le câble-tête, et il ne supporte qu'un effort très réduit. Ainsi qu'on l'a vu plus haut, on peut employer un câble plat, de même poids au mètre courant.

Le câble ne subissant pas d'à-coups au démarrage, on a moins à craindre de secousses, et par suite de ruptures qu'avec les machines à tambours. Au besoin on peut d'ailleurs intercaler des ressorts entre le câble d'équilibre et les cages.

84. Réglage du câble. — La position des deux cages doit être réglée avec précision, d'autant plus qu'on fait reposer l'une des cages, de préférence celle du fond, sur des taquets, tandis qu'on laisse l'autre libre, à moins qu'on ne supprime entièrement les taquets.

Or le câble, au moment de son entrée en service, s'allonge sensiblement, par exemple de 1 m. ou $1^m,50$ le premier jour, puis de quelques centimètres par jour. On doit donc intercaler entre le câble et les cages des éléments de chaîne à maillons de longueurs inégales, ce qui permet un réglage exact, facile à renouveler rapidement lorsque le besoin s'en fait sentir. On peut également faire usage de tendeurs à vis.

85. Influence de l'accélération. — Les masses en mouvement, par suite du grand diamètre de la poulie et de la présence du câble d'équilibre, exigent, si l'on veut atteindre une accélération aussi rapide qu'avec une machine à tambours, un effort plus grand du moteur, ce qui diminuerait le bénéfice provenant de l'équilibrage parfait. On est donc conduit à diminuer l'accélération au départ, en la limitant par exemple à 1 m. pour de faibles profondeurs (moins de 350 m.) et $0^m,50$ pour des profondeurs dépassant 500 m. On peut par contre admettre une vitesse moyenne élevée.

On peut parer à cet inconvénient en admettant, pour des profondeurs faibles, des cages lourdes, qui facilitent le passage rapide de l'arrêt à la vitesse normale. Si on se reporte à la formule donnant les conditions à satisfaire pour réaliser l'adhérence, on constate d'ailleurs qu'il est avantageux d'avoir des cages lourdes, qui diminuent l'influence de la charge utile.

On peut encore employer un autre procédé, qui est de donner au câble d'équilibre un poids au mètre supérieur à celui du câble-tête ; ce moyen améliore les conditions d'adhérence en même temps qu'il permet une accélération plus rapide sans exiger un moteur plus puissant. Il semble que cette dernière solution, qui rend évidemment un peu moins bon l'équilibrage, est à recommander lorsque la profondeur devient notable.

86. Avantages et inconvénients du système Kœpe. — Les avantages du système Kœpe ressortent des indications que nous avons données en décrivant son principe et sa réalisation, mais il n'est pas inutile de les résumer à nouveau :

1° L'équilibrage des câbles est parfait ; si l'on emploie un câble d'équilibre de poids supérieur pour faciliter l'accélération au démarrage, il est facile de rester dans des limites telles que l'influence de cette inégalité sur la régularisation des moments soit pratiquement négligeable.

2° Les deux cages étant solidaires et le câble restant constamment tendu, il n'y a pas de coups de fouet au démarrage. La fatigue du câble est donc beaucoup moindre, en particulier à la patte.

3° La longueur totale des câbles est sensiblement la même qu'avec les machines à tambours, c'est-à-dire deux fois la profondeur du puits, jusqu'aux molettes, plus deux fois la distance de ces dernières à la machine. Mais le câble d'équilibre ne supporte pas d'efforts comparables à ceux du câble-tête, et on peut employer, pour le constituer, un tronçon déjà usé. Tout compte fait, la dépense en câbles neufs est plutôt moindre, surtout si l'on tient compte de la suppression de la réserve à enrouler sur les tambours pour parer aux coupages à la patte et assurer l'adhérence sur les tambours eux-mêmes.

4° La mise aux molettes, par fausse manœuvre au départ, est impossible. En effet, la cage du fonds repose sur les taquets et si le machiniste voulait, par inadvertance, soulever la cage du jour, celle-ci n'étant plus équilibrée par celle du fond, la tension sur le câble serait telle que ce dernier glisserait sur la poulie sans être entraîné.

Ce manque d'adhérence, lorsque la cage du fond repose sur les taquets, empêche de faire les manœuvres au jour en soulevant à chaque fois la cage ; il faut décharger tous les étages simultanément, à moins d'intercaler au-dessus de la cage un fort ressort. Lorsqu'une cage est sur les taquets du fond, le ressort qui la surmonte maintient une tension suffisante du câble pour permettre la manœuvre de la cage au jour. Avec les cages à plusieurs étages, on peut d'ailleurs opérer une manœuvre au moyen des taquets du fond, en laissant la cage du jour pendue librement. On reçoit par exemple la cage du fond, par son 3ᵉ étage, sur les taquets, de façon à encager les 1ᵉʳ et 3ᵉ étages, puis on soulève la cage d'un étage, on la reçoit par le 4ᵉ étage et on encage les 2ᵉ et 4ᵉ étages. Pendant ce temps, au jour, on a décagé d'abord les 2ᵉ et 4ᵉ étages, puis les 1ᵉʳ et 3ᵉ lorsque la cage est descendue par suite de la manœuvre sur les taquets du fond.

Les *inconvénients* du système Kœpe sont les suivants :

1° Impossibilité de faire les manœuvres indépendamment au jour et au fond.

2° Impossibilité d'effectuer l'extraction à des étages différents.

3° Réglage plus lent du câble au moment de sa mise en service et nécessité de le répéter périodiquement pour conserver une distance constante entre les cages.

4° Impossibilité de pratiquer des coupages à la patte ; ceux-ci ne sont pas indispensables, ainsi qu'on l'a vu, mais ils fournissent des tronçons sur lesquels on peut faire des essais. La surveillance du câble doit donc être plus minutieuse ; il en est de même pour le câble d'équilibre.

5° La longueur du câble étant limitée, on ne peut faire l'épuisement par bennes, puisqu'on ne peut faire descendre ces dernières au-dessous de la recette inférieure.

6° Le câble d'équilibre a tendance à balloter et à frotter contre les parois du puits. Cet inconvénient devient sérieux à grande profondeur.

7° En cas d'avarie qui empêche la circulation à deux cages, on ne peut faire l'extraction par une seule cage.

8° Les conséquences d'une rupture de câble sont particulièrement graves, puisque les deux cages sont projetées au fonds du puits. Ce danger peut être écarté par une surveillance très sévère du câble, et par l'emploi de parachutes solides. Il importe cependant de remarquer que le fonctionnement de ces derniers n'est jamais sûr, et que l'augmentation des masses en mouvement dans le puits est de nature à rendre leur action plus difficile.

9° Le câble doit avoir la même section sur toute sa longueur, ce qui rend impossible l'emploi de câbles diminués. Aux très grandes profondeurs, ce dernier inconvénient rend le système Kœpe peu avantageux et conduit à préférer la régularisation par tambours spiraloïdes.

En résumé, le système présente encore divers inconvénients ; ils ont été surmontés pour la plupart, de telle sorte que son emploi s'est beaucoup généralisé. Il se prête en effet particulièrement bien à l'adoption de la machine d'extraction électrique, grâce à la constance de l'effort et exigé au faible encombrement en largeur de la poulie. Il permet en outre de faire tourner à plus grande vitesse l'arbre de la machine, car la fatigue du câble est moindre.

La poulie a de plus l'avantage de présenter une masse beaucoup moins volumineuse que les tambours, et de diminuer le prix des installations.

Il est cependant à noter que plusieurs mines du Nord de la France, détruites pendant la guerre, qui avaient adopté le système Kœpe, sont revenues aux machines à tambour lors de leur reconstruction.

§ 4. — RÉGULARISATION PAR L'APPAREIL D'ENROULEMENT.

a) *Bobines.*

87. Variation des moments résistants. — Pendant une cordée, le câble montant s'enroule progressivement sur la bobine, les spires successives se déposant les unes sur les autres. Leur épaisseur est égale à l'épaisseur e du câble, leur rayon part d'un minimum r pour arriver au maximum R quand la cage atteint la recette supérieure (*fig. 134*).

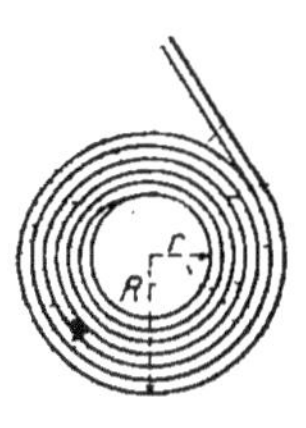

En même temps le câble descendant se déroule, depuis le rayon maximum R jusqu'au rayon minimum r, pendant le même nombre n de tours.

FIG. 134.

Soit ρ le rayon moyen $\dfrac{R + r}{2}$, qui correspond au point de rencontre des cages.

A cet instant, le *moment résistant* est égal à $Q\rho$, Q étant la charge utile. En effet les poids des câbles déroulés dans le puits et les poids morts q s'équilibrent.

Pour que là régularisation de l'extraction soit parfaite, il faudrait que pendant toute la durée d'une cordée, le moment résistant soit constant et égal au moment moyen $Q\rho$.

Or, ce moment dépend de plusieurs éléments : le rayon d'enroulement, les poids utile Q et mort q (cage et berlines vides), enfin poids de câble pendu de chaque côté.

Après un nombre m de tours, la longueur de câble enroulée sera égale à $2\,\pi r'me$. r' étant la moyenne entre les rayons à la rencontre (ρ) et après m tours.

En effet en considérant la figure 134, on voit que $R = r + me$ et que la surface latérale du câble enroulé (de longueur l) peut s'exprimer par les deux expressions $\pi\,(R^2 - r^2)$ et le

$$\text{d'où} \quad le = \pi\,(R^2 - r^2) = \pi\,(R + r)\,(R - r) = 2\,\pi\,\frac{R + r}{2}\,me.$$

On peut donc dire que la longueur enroulée entre deux rayons extrêmes R et r, en un nombre m de tours, est égale à m fois la circonférence de rayon moyen $\dfrac{R + r}{2}$

Soit L la longueur en mètres des câbles au moment de la rencontre

et p le poids du mètre de câble. Après m tours les rayons extrêmes sont devenus :

câble montant : ρ et $\rho + me$
câble descendant ρ et $\rho - me$.

En appliquant la formule ci-dessus, on voit que les longueurs de câbles sont devenues :

câble montant : $L - 2\pi \dfrac{\rho + \rho + me}{2}\, m = L - \pi m\,(2\rho + me)$

câble descendant :

$$L + 2\pi \dfrac{\rho + \rho - me}{2}\, m = L + \pi m\,(2\rho - me).$$

A cet instant le moment résistant (égal à la différence des moments des cages montante et descendante) est :

$$M = \Big(Q + q + p\big[L - \pi m(2\rho + me)\big]\Big)(\rho + me) - \Big(q + p\big[L + \pi m(2\rho - me)\big]\Big)(\rho - me)$$

d'où

$$(1) \qquad M - Q\rho = m\left[\big(Q + 2q + 2pL\big)\,e - 4\pi p\rho^2 - 2\pi p e m^2\right]$$

Le moment résistant ne sera égal au moment moyen que pour trois positions des cages, correspondant d'une part à la rencontre ($m = o$) et d'autre part aux nombres de tours m tels que

$$(2) \qquad (Q + 2q + pL)\,e - 4\pi p\rho^2 - 2\pi p e m^2 = o$$

Cette dernière équation, du deuxième degré, admet les deux solutions :

$$m = \pm \sqrt{\dfrac{(Q + 2q + 2pL)\,e - 4\pi p\rho^2}{2\pi p e^2}}$$

Il faut, bien entendu, pour que ces deux solutions soient réelles, que $(Q + 2q + 2pL)\,e - 4\pi p\rho^2$ soit positif.

On s'arrange, en général, pour que les valeurs de m satisfaisant à la formule ci-dessus soient telles que les moments soient égaux au départ, à la rencontre et à l'arrivée. Les valeurs de Q, q, L, e, p sont connues. On choisit R et r de façon à réaliser la condition ci-dessus.

Le calcul est simple puisqu'il faut que $m = \dfrac{n}{2}$.

On a alors $L = 2\pi \dfrac{\rho + \rho + \dfrac{n}{2} e}{2} \cdot \dfrac{m}{2} = 2\pi \left(\rho + \dfrac{ne}{4}\right) \dfrac{n}{2}$

Or on a $L' = 2\pi\rho n$, L' représentant la longueur de câble déroulée entre les deux recettes extrêmes

d'où
$$\rho = \frac{L'}{2\pi n}.$$

En portant cette valeur de ρ dans l'équation (2) qui donne L,

on a
$$L = \frac{L'}{2} + \frac{\pi n^2 e}{L}.$$

En remplaçant L et m par leur valeur dans l'équation (2) on obtient une équation de 2e degré en ρ. Connaissant ce rayon moyen, on peut en déduire R et r.

La valeur du rayon minimum r est déterminée par la condition de ne pas descendre en dessous du rayon d'enroulement admissible d'après la nature du câble. Avec les câbles en aloès, cette condition est facile à remplir. Au contraire, avec des câbles plats métalliques, pour lesquels r doit être égal à 2.000 fois le rayon des fils élémentaires, on peut être conduit à trouver pour R une valeur trop grande pour la pratique. Il n'est donc pas toujours possible de réaliser l'équilibrage des câbles métalliques par la variation du rayon d'enroulement.

88. Ecarts maxima des moments résistants. — On peut se demander de combien les moments résistants s'écartent de la valeur moyenne au départ, à la rencontre et à l'arrivée.

En se reportant à la formule qui donne M — Q et en cherchant ses maxima, on constate que l'écart maximum, en plus et en moins, est égal à $0,3\,p\,e^2\,n^3$.

89. Câbles à section variable. — Les calculs ci-dessus s'appliquent à des câbles de section constante. Si l'on veut chercher les valeurs de R et r applicables à des câbles à section variable (câbles logarithmiques, coniques, câbles légers Vertongen) le calcul est beaucoup plus compliqué et on n'arrive à la solution la meilleure que par des tâtonnements. Nous ne nous étendrons pas sur ces problèmes, que l'on trouvera traités dans des études spéciales (1).

b) *Tambours spiraloïd. s.*

90. Equilibrage des câbles ronds. — L'équilibrage des câbles ronds au moyen de l'appareil d'enroulement ne se fait pas au moyen

---

(1) Voir HATON DE LA GOUPILLIÈRE ET BÈS DE BERC, *Cours d'Exploitation des Mines*, IIe volume, pages 1332 et suiv.

des bobines, sur lesquelles on ne peut penser à les enrouler, mais de tambours, sur lesquels les spires, de rayon variable, sont juxta-posées et non superposées. En choisissant convenablement les rayons minimum et maximum, on peut arriver au même résultat, en appli-quant la même méthode de calcul que pour les câbles plats et les bo-bines. Comme la différence entre les rayons de deux spires succes-sives n'est pas forcément égale à l'épaisseur du câble, mais peut-être plus ou moins grande, on peut arriver à une régularisation plus complète. On peut même, avec les tambours spiraloïdes à gorges en-roulées suivant une courbe déterminée, obtenir en chaque point du câble un rayon tel que le moment résistant soit rigoureusement égal au moment moyen. En pratique, cette solution se heurte souvent à des difficultés de construction qui la font écarter. Mais elle reste possible en théorie.

Nous passerons rapidement en revue les tambours coniques à spires accolées, puis les tambours spiraloïdes à gorges rapportées, coniques ou cylindro-coniques.

91. Tambours coniques. — Sur un tambour conique à jante lisse, sur laquelle les spires se juxtaposent, le rayon d'enroulement augmente, d'une spire à la suivante, de la quantité $d \sin \alpha$, d étant le diamètre du câble et α l'angle que fait la jante du tambour co-nique avec son axe (*fig. 135*).

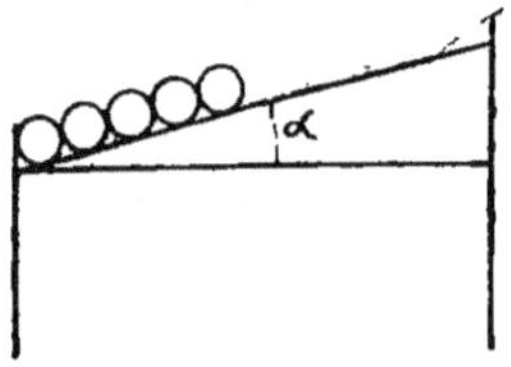

Les formules du n° 87, relatives aux bo-bines, s'appliquent encore dans le cas pré-sent, en remplaçant e par $d \sin \alpha$. Mais il faut remarquer que $d \sin \alpha$ reste nettement infé-rieur à d, car α ne peut dépasser une quin-

Fig. 135.

zaine de degrés. Dans beaucoup de cas on n'arrive pas à un équilibrage satisfaisant, car la différence entre les rayons extrêmes est trop faible.

L'emploi de tambours coniques n'est donc qu'une solution ap-prochée, admissible pour les profondeurs modérées.

92. Tambours spiraloïdes. — Avec les tambours dans lesquels le câble repose dans une gorge fixée sur une charpente, on peut chercher quelle doit être la variation du rayon qui réalise l'équili-brage parfait.

Les différentes variables qui entrent en ligne de compte sont nombreuses, mais on en fixera arbitrairement un certain nombre, en se basant sur les conditions exigées par la flexibilité du câble, sur la vitesse maxima admissible dans le puits, etc...

Soit H la profondeur du puits

P le poids total du câble (supposé uniforme

Q la charge utile

q le poids mort (cage et berlines vides)

r le rayon minimum

R le rayon maximum

ρ le rayon moyen

n le nombre de tours d'une cordée.

Les quantités H, P, Q, q sont connues, r, R, ρ, n à déterminer.

Pour que le moment soit le même au début et à la fin de la cordée, on doit avoir

$$(1) \qquad \frac{R}{r} = \frac{Q+2q+2P}{Q+2q}$$

$$(2) \qquad 2\rho = R + r$$

$$(3) \qquad n = \frac{H}{2\pi\rho}$$

soit trois relations entre les quatre inconnues ; en choisissant arbitrairement l'une d'elles, r par exemple, on calculera facilement les trois autres.

Connaissant r, ρ et R, il faut maintenant déterminer le profil du tambour.

Sans entrer dans le détail du calcul, indiquons seulement qu'en prenant pour origine l'extrémité du rayon moyen ρ, pour axe des x une parallèle à l'axe du tambour et pour axe des y une perpendiculaire à celui-ci, et en appelant d la distance d'axe en axe des spires successives, ce profil est donné par l'équation :

$$\frac{x^2}{d^2} = \frac{H^2}{16\pi^2\rho^2} \times \frac{1 + \left(\dfrac{Q+2q+P}{P}\right)^2}{1 + \dfrac{\rho^2}{y^2}}$$

c'est une courbe du 4e degré présentant un point d'inflexion à l'origine.

Un semblable tambour *spiraloïde* est d'une construction délicate, aussi se contente-t-on, le plus souvent, de déterminer les rayons extrêmes, et de les réunir par une surface conique, sur laquelle on enroule régulièrement la gorge destinée à recevoir le câble. Le tambour est devenu *tronconique*. La régularisation n'est plus qu'approximative, mais elle suffit d'autant plus que la charge n'est jamais constante, et qu'en particulier on a souvent à prévoir des cordées avec des berlines soit vides, soit chargées de remblais ou de matériaux.

Le rayon minimum est déterminé par l'équation :

$$r = \frac{\varepsilon d}{2 t}$$

ε étant le coefficient d'élasticité du métal (environ 30.000 kg. par $^m/_{m^2}$ pour l'acier).

d le diamètre d'un fil élémentaire.

t la tension admissible (10 à 15 kg. par $^m/_{m^2}$).

D'une façon générale, on peut dire que r doit être environ 2000 fois le rayon du fil élémentaire.

Quant au rayon maximum, on l'aura en écrivant que le moment au départ est égal au moment moyen

$$(Q + q + P)\,r - q\,R = Q\,\frac{R + r}{2}.$$

$$Q = \text{poids de la charge}$$
$$q = \text{poids mort}$$
$$P = \text{poids du câble.}$$

Si le câble, au lieu d'une section constante, a une section diminuée, le calcul devient beaucoup plus compliqué. Comme pour les câbles plats, on n'arrive à la solution que par des tâtonnements successifs.

93. Tambours cylindro-coniques. — Les formules précédentes conduisent, pour les plus grandes profondeurs, qui exigent des câbles épais, à des tambours énormes, qui seraient très encombrants et très lourds. On renonce alors à obtenir une régularisation complète, et on remplace la partie la plus large du tambour par une partie cylindrique, sur laquelle les spires se disposent l'une à côté de l'autre. On a alors un tambour *cylindro-conique*, moins volumineux, et donnant encore un équilibrage très suffisant dans la pratique s'il est bien étudié.

Pour diminuer la largeur, on peut même, ainsi que nous l'avons signalé au chapitre IV, diminuer de moitié les parties cylindriques des deux tambours accolés, qui sont occupées successivement par les deux câbles. On n'a plus alors qu'un seul cylindre. Si l'on veut en garder deux, pour permettre le réglage des câbles, notamment pour l'extraction à divers niveaux, il faut adopter des dispositifs spéciaux pour empêcher le câble de se coincer entre les deux tambours.

94. Tambours bicylindro-coniques. — Une dernière disposition consiste à constituer le tambour (unique ou divisé en deux) par deux parties coniques comprises entre des parties cylindriques, l'une commune et de rayon maximum, les autres de rayon minimum. On a ainsi un tambour *bicylindro-conique* (*fig. 136*), dans lequel l'enroulement se fait à rayon constant au début et à la fin de la cordée, à rayon variable seulement pendant le milieu de la cordée. On diminue ainsi l'encombrement, mais au prix d'une diminution de l'équilibrage. Celle-ci serait fâcheuse pour de très grandes profondeurs, mais elle reste très admissible pour des profondeurs moyennes.

Cette solution, comparée à la poulie Kœpe, se recommande par divers avantages, entre autres la possibilité d'employer des câbles diminués, la facilité plus grande des démarrages, la faculté de graisser mieux les câbles, la simplicité du chevalement où les molettes sont l'une à côté de l'autre, la possibilité d'extraction à divers niveaux.

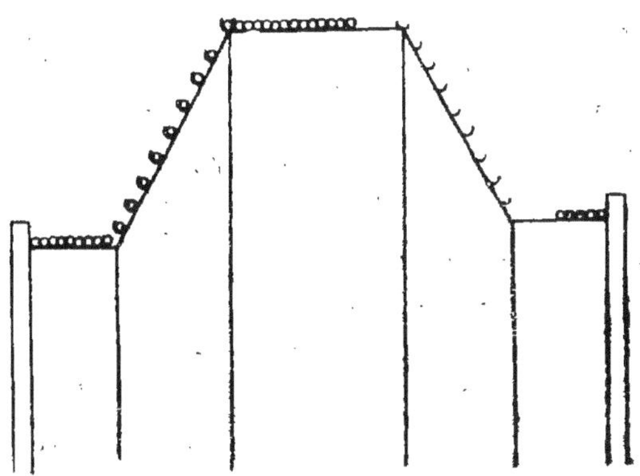

Fig. 136. — Tambour bicylindro-conique.

95. Résumé.

— Le moment résistant que la machine d'extraction doit surmonter pendant le cours d'une cordée n'est pas constant, si le diamètre d'enroulement sur la poulie ou les tambours est invariable. Au début, le poids du câble entre les recettes supérieure et inférieure se trouve entièrement du côté de la cage pleine qui commence à monter. A la fin, il est au contraire du côté de la cage vide qui arrive au bas du puits.

Si la profondeur est grande et le poids du câble élevé, le moment résistant devient négatif, ce qui oblige à marcher avec le frein serré, ou même à contrevapeur, c'est-à-dire dans de très mauvaises conditions. Les cages en mouvement risquent de s'emballer et de provoquer un accident.

On doit donc chercher à rétablir, autant que possible, la constance du moment résistant, c'est-à-dire à *régulariser l'extraction*, en *équilibrant les câbles*.

Divers moyens permettent d'atteindre ce résultat.

Le premier consiste à réunir les cages par un *câble d'équilibre*, de même poids que les câbles principaux, qui passe au fond du puits sur une poulie de renvoi. L'équilibrage est parfait, mais on augmente les masses en mouvement, et la présence de ce câble supplémentaire est une source d'ennuis.

On a recours à ce système en adoptant un câble sans fin, sur lequel les cages sont fixées au moyen d'une amarre spéciale (Baumann ou autre). Le câble passe alors sur une poulie actionnée par la machine d'extraction.

Dans le *système Kœpe*, on a conservé cette poulie, mais on remplace en général le câble sans fin par un câble d'équilibre.

La poulie doit être assez grande pour que l'adhérence soit suffisante ; les deux molettes sont le plus souvent l'une au-dessus de l'autre, dans le même plan que la poulie.

Ce système, qui se prête particulièrement bien à l'emploi de moteurs électriques, s'est beaucoup développé dans ces dernières années ; il fatigue moins le câble, constamment tendu, supprime les coups de fouet au démarrage, rend les mises aux molettes presque impossibles et assure un équilibrage excellent. On lui fait cependant diverses objections : il ne permet pas l'extraction à plusieurs niveaux, ne comporte pas de coupages à la patte, ce qui exige une surveillance plus attentive du câble, rend impossible l'emploi de câbles diminués. La présence du câble d'équilibre donne parfois des ennuis, et les conséquences d'une rupture sont graves, puisque les deux cages sont précipitées au fond si les parachutes ne fonctionnent pas.

Malgré ces inconvénients, ses avantages le font adopter dans de nombreuses installations.

Les dispositifs d'équilibrage par *chaînes contrepoids*, pendantes ou amarrées, ne se rencontrent qu'exceptionnellement.

La régularisation peut être obtenue, sans câble d'équilibre, au moyen de la *variation du rayon d'enroulement* sur l'appareil moteur.

Avec les *bobines*, ce résultat est toujours réalisé, au moins approximativement, puisque les spires successives du câble se placent les unes sur les autres et que le rayon change constamment.

On s'arrange, en choisissant les rayons minimum et maximum, pour que les moments résistant au départ et à l'arrivée soient les mêmes qu'à la rencontre des cages. Entre ces points, on a des variations dont l'importance est faible. Mais si l'épaisseur du câble est réduite, ce qui est le cas avec les câbles plats métalliques, on arrive difficilement à déterminer des rayons extrêmes qui donnent la solution cherchée.

Avec les câbles ronds, qui s'enroulent sur des *tambours*, le problème est le même en théorie, mais sa réalisation pratique est plus difficile. Le câble se dépose dans une gorge spéciale, enroulée sur la charpente du tambour.

L'équilibrage parfait exige un profil compliqué, dessinant une courbe du 4e degré, aussi ces tambours *spiraloïdes* sont-ils rarement appliqués. On se contente d'une solution approchée en déterminant exactement les rayons extrêmes, et en remplaçant le profil courbe par une méridienne en ligne droite. On a alors des *tambours tronconiques*.

Ces derniers, pour de grandes profondeurs, doivent avoir un rayon maximum exagéré. On renonce donc à l'équilibrage complet en remplaçant la partie la plus large du tambour par une partie cylindrique (tambours *cylindro-coniques*). Pour des profondeurs moyennes, on admet même des parties cylindriques au début et à la fin de la cordée (tambours *bicylindroconiques*), ce qui réduit d'une façon notable les dimensions et le poids des tambours.

CHAPITRE VI

INSTALLATION DES RECETTES

SOMMAIRE

§ 1. — ACCROCHAGES AU FOND.

96. Disposition des voies au fond. — Le puits d'extraction doit recevoir à la base de l'étage (ou de chacun des étages) en exploitation, les berlines chargées venant des divers quartiers. En échange de celles-ci, les berlines vides sont décagées et formées en convois pour être dirigées vers ces quartiers. De même pour les berlines chargées de remblais, de bois, de matériaux, etc.

Parfois ces divers services se font à des niveaux différents, ou plutôt dans des puits distincts, au voisinage l'un de l'autre ou au contraire placés à grande distance.

Toute cette disposition des voies doit être étudiée de façon à rendre les manœuvres faciles et rapides, à éviter tout embouteillage et tout retard qui gêneraient l'exploitation. Mais il faut tenir compte en outre des nécessités de l'aménagement du circuit d'aérage, et se préoccuper de la tenue des terrains, qui s'oppose parfois à l'adoption des solutions les plus satisfaisantes en théorie.

Le nombre de cas qui peuvent se présenter est considérable, et nous ne pourrons en donner que quelques exemples, dont l'examen permettra de comprendre comment peuvent être remplies, sans dépenses exagérées de creusements, les conditions du problème.

97. Exemples. — Si le puits ne doit desservir qu'une seule direction, l'accrochage est en cul de sac si les berlines pleines et vides sont encagées et décagées du même côté. Mais cette disposition ralentit les manœuvres, d'autant plus que les berlines pleines doivent être garées à une certaine distance pour qu'on puisse sortir les vides de la cage et les engager sur la voie correspondante.

On trouve cependant ce type d'accrochage dans les mines métalliques où l'extraction se fait au moyen de wagonnets lourds et de grandes dimensions, de telle sorte que les cordées ne se succèdent pas à intervalles très rapprochés.

Dès que l'extraction devient plus intense, il est nécessaire d'adopter les *recettes passantes* dans lesquelles les berlines pleines sont introduites dans la cage pendant que les vides sortent de l'autre côté. Si la manœuvre se fait simultanément à deux étages, une balance réunit les deux recettes. Nous reviendrons plus loin sur les dispositifs de la recette elle-même, et ne nous arrêtons pour l'instant que sur le tracé des galeries au niveau principal de roulage.

La fig. 137 représente le type le plus simple d'une recette passante. Le roulage par chevaux se fait jusqu'à la bifurcation. Les berlines pleines sont amenées sur les voies devant le puits, tantôt d'un côté, tantôt de l'autre, suivant la position de la cage qui va arriver à la recette.

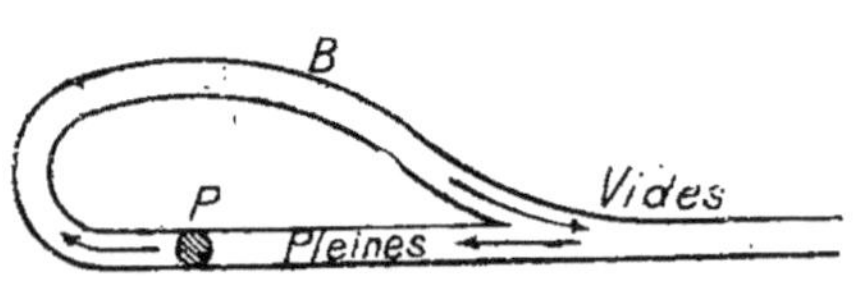

Fig. 137. — Recette passante.

Les berlines vides sont roulées à la main du puits P jusqu'à la bifurcation, où le convoi est repris par les chevaux. On préfère souvent disposer une pente descendante, de P en B, pour faciliter ce roulage. Il faut alors une pente montante, de B à la bifurcation, pour rattraper la différence de niveau, et les chevaux sont attelés en B.

Si l'on veut réaliser l'encagement et le décagement automatiques, les voies avant et après le puits ont une inclinaison de 30 à 50 $^m/_m$ par mètre; il devient alors nécessaire d'installer des taquets qui arrêtent les berlines pleines avant le puits.

La fig. 138 représente l'accrochage d'un puits qui doit desservir deux travers-bancs T et T'.

La gare du côté des berlines pleines est en général plus développée que du côté des vides, car il faut pouvoir y accumuler un plus grand nombre de berlines, tandis que les vides sont évacuées au fur et à mesure dans les galeries CA et CA'.

Si les convois sont amenés jusqu'en C par des chevaux, et que

les galeries de contour ont un grand développement, il serait lent et
pénible de faire le roulage à la main sur tout le trajet CA (ou CA'),
On perce, dans ce cas, de petites galeries BD, B'D' qui permettent

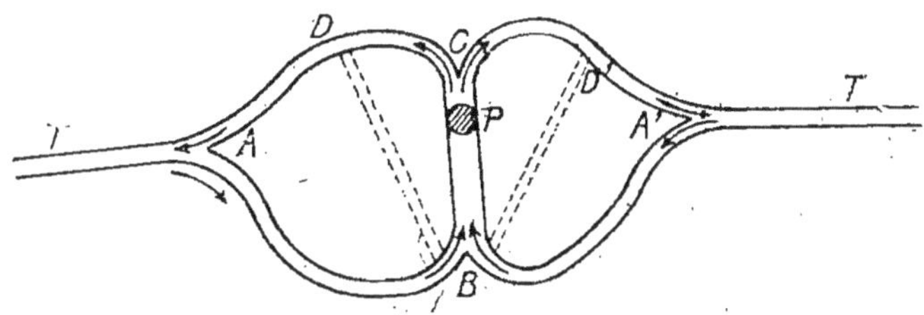

Fig. 138. — Accrochage double desservant deux directions.

au cheval qui a amené un convoi de berlines pleines de venir
reprendre un convoi de berlines vides dans la galerie de contour.

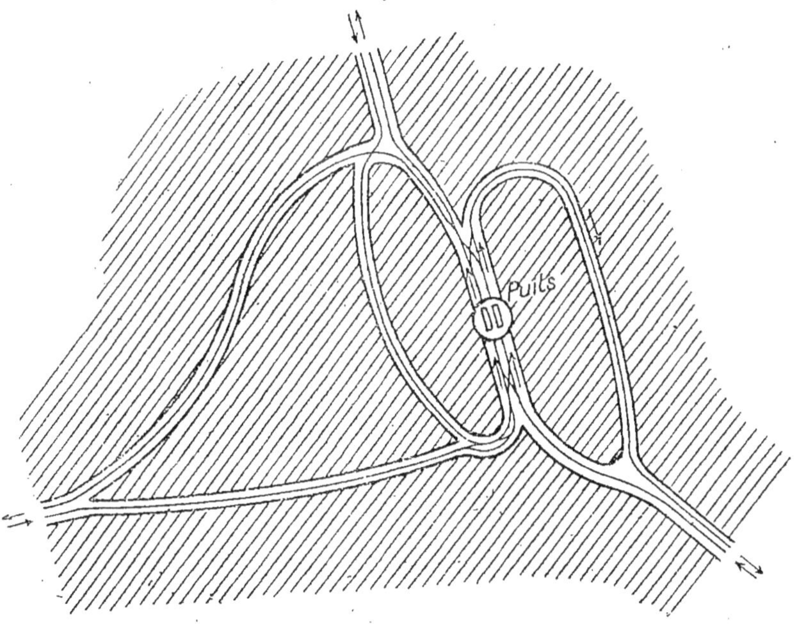

Fig. 139. — Accrochage double desservant trois directions.

La fig. 139 montre le réseau de galeries qu'il a fallu creuser
pour desservir, au moyen d'un seul puits, trois directions différentes.

Les trois travers-bancs et les gares près du puits sont à double voie, les galeries de contour à simple voie ; une bonne organisation du roulage est nécessaire pour éviter les encombrements qui empêcheraient en particulier les chevaux qui ont amené les berlines

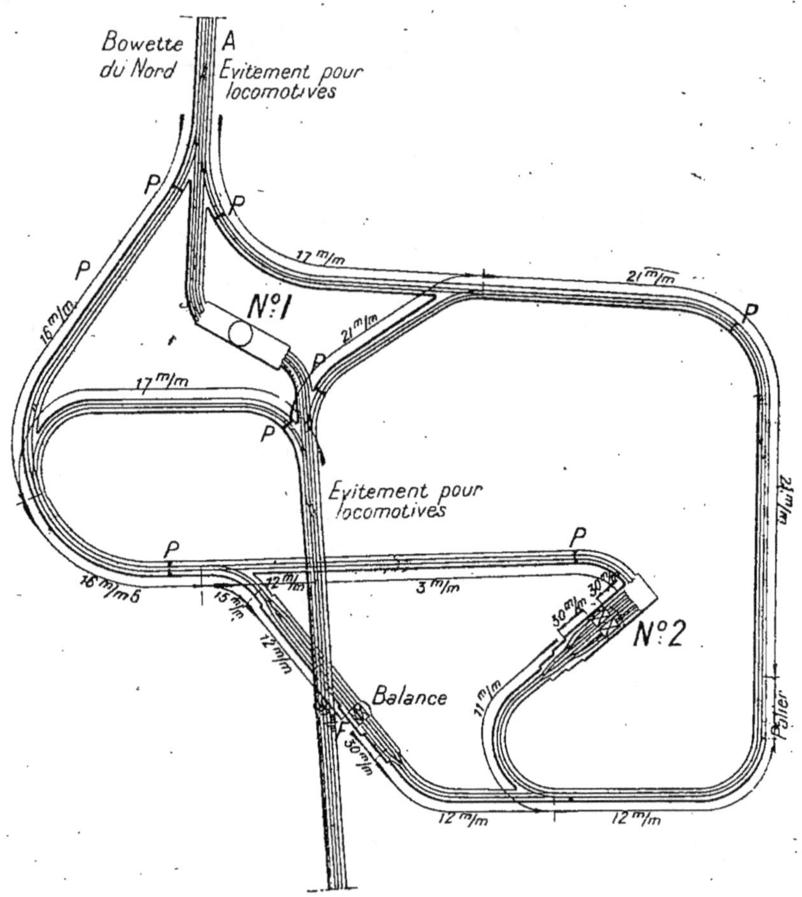

FIG. 140. — Accrochage du niveau 407. — Fosse Vieux Condé n° 2.

pleines jusqu'au voisinage du puits de revenir par les galeries de contour jusqu'aux travers-bancs pour reprendre les convois de vides.

Il est également à noter que si les terrains sont mauvais, les galeries circulaires devront être tracées à plus grande distance du puits pour éviter d'affaiblir le pilier de protection de ce dernier.

Enfin la fig. 140 représente l'accrochage du niveau 407 de la fosse Vieux Condé (mines d'Anzin), pour deux puits desservis par des locomotives à air comprimé (1910).

On remarquera que les galeries conduisant au puits 2 et à la balance F (407-500) passent sous le travers-bancs allant au puits 1, avec une différence de niveau de 2 m. environ, qui est rattrapée par des pentes de 15 à 17 $^m/_m$ par mètre, le long desquelles les berlines circulent par leur propre poids. Au contraire les berlines sont remontées de l'autre côté au niveau du puits 1, par les locomotives, sur une rampe de 21 $^m/_m$ par mètre.

§ 2. — RECETTES ET TAQUETS.

98. Immobilisation des cages aux recettes. — Pour pouvoir encager et décager rapidement les berlines aux recettes, on immobilise la cage, dans la plupart des cas, en la recevant sur des taquets, qui arrêtent son plancher au niveau même des voies d'arrivée ou de départ des berlines. Si la manœuvre se fait simultanément à plusieurs étages, les taquets assurent cette correspondance des niveaux en face de chacun de ces étages.

Pendant que la cage repose sur les taquets, le câble n'est plus en tension ; les chaînes d'attelage, et parfois même la patte du câble viennent se déposer sur le toit de la cage.

On remarquera de suite qu'un tel procédé n'est pas applicable lorsque l'extraction se fait par câble sans fin, ou par le système Kœpe. Dans ce cas une seule des cages peut être ainsi immobilisée. La correspondance des étages de l'autre avec les voies de la recette dépend d'un réglage exact du câble.

Cette difficulté de recevoir simultanément les deux cages sur des taquets se retrouve avec d'autres systèmes et il arrive fréquemment qu'une des cages, par exemple au jour, étant reçue sur taquets, l'autre est simplement arrêtée, pendue au câble, en face de la recette ; un plancher mobile permet l'encagement et le décagement.

D'autres systèmes de taquets, au contraire, se prêtent à des manœuvres, au jour et au fond, indépendantes du câble ; au lieu de la cage, ce sont les recettes qui sont mobiles.

99. Taquets par suspension. — Un premier type de taquets supporte les cages, non par le plancher inférieur, mais par le cadre supérieur, sous le toit. La charpente de la cage travaille ainsi à la traction et non à l'écrasement, par conséquent dans des conditions plus voisines de celles pour lesquelles elle est calculée. Les taquets sont normalement effacés et ne sont avancés que lorsque la cage arrive à la recette. A la surface, il faut même qu'elle ait légèrement dépassé sa position définitive. Un tel système n'est applicable que lorsque les divers étages de la cage sont chargés ou déchargés simultanément, sinon on rentre dans le type ordinaire des taquets, ceux-ci agissant sous un des planchers intermédiaires de la même façon que sous le plancher inférieur.

100. Taquets à verrous. — Le système le plus simple consiste à recevoir la cage sur des verrous, disposés de chaque côté du puits, qu'on maintient effacés pendant la cordée et qu'on avance, au moyen d'un levier, lorsque la cage montante a légèrement dépassé la recette ; le machiniste la laisse ensuite redescendre doucement pour la poser sur les taquets.

Si tous les étages sont vidés simultanément, la recette du fond peut comporter des taquets fixes. Au contraire s'il faut une manœuvre pour amener en face de la recette d'autres étages de la cage, les taquets inférieurs doivent s'effacer comme au jour. Mais une difficulté se présente. Au moment où l'on soulève la cage du jour pour effacer les verrous, celle du fond reste sur ses taquets et le câble prend seulement un peu de mou ; il faudra une manœuvre spéciale pour relever légèrement cette cage inférieure. Cette double opération prendrait trop de temps, aussi préfère-t-on le plus souvent se contenter, au fond, de planchers mobiles.

En pratique les taquets, à verrous ou autres, ne se trouvent donc guère qu'à la recette supérieure, ou aux recettes intermédiaires. Au fond on utilisera des taquets hydrauliques, dont on trouvera la description plus loin, ou des planchers mobiles.

L'inconvénient des verrous est de présenter un obstacle contre lequel vient heurter brutalement la cage, s'ils n'ont pas été effacés. Il peut en résulter une destruction de ces pièces ou, ce qui est plus grave, une rupture de câble.

101. Taquets à relèvement. — On a donc imaginé des taquets qui restent en position dans le puits, mais qui sont mobiles autour d'un axe horizontal, de telle façon qu'ils soient effacés par la cage montante et retombent en place après son passage, prêts à la recevoir lorsque le machiniste fait machine en arrière pour faire reposer la cage sur eux. Au moment du départ, ou pour les manœuvres, on les efface au moyen d'un levier commandé par le *receveur* ou *moulineur*.

Comme les verrous, ces taquets ont l'inconvénient d'exiger un soulèvement de la cage avant chaque manœuvre, ce qui prend du temps et fatigue le câble, successivement détendu et remis en tension, avec des à-coups qui amènent une usure rapide de la patte.

102. Taquets à effacement. — Une autre classe de taquets supprime cette obligation. Ils sont encore soulevés par la cage montante, mais ils peuvent être effacés sans qu'il soit nécessaire de soulever d'abord la cage. On voit qu'une précaution s'impose dans ce cas ; c'est de ne jamais les retirer si le câble n'est pas en tension au-dessus de la cage, sinon cette dernière tombe brusquement d'une certaine hauteur et il peut en résulter une rupture de câble.

Les appareils de ce genre sont nombreux. L'un des plus anciens, encore très répandu, le taquet *Stauss*, fait comprendre comment ce problème peut être résolu (*fig. 141*).

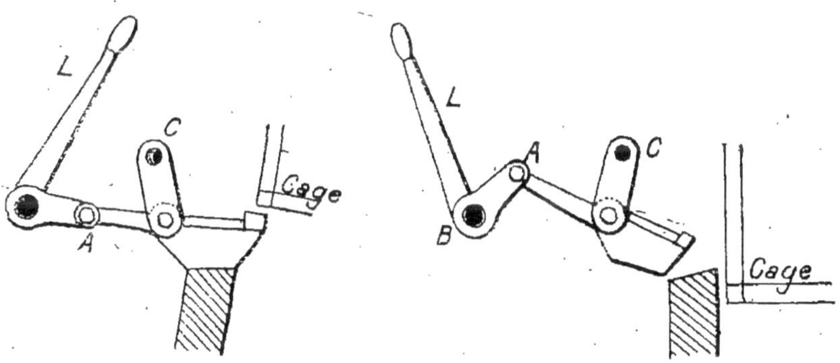

Fig. 141. — Taquets Stauss.

Les taquets, pivotant autour d'un axe horizontal, sont soulevés par la cage montante et retombent ensuite sur leur siège.

Au départ, lorsqu'on manœuvre le levier L, l'axe A se lève (les deux points B et C sont fixes) et retire le taquet, qui glisse sur un plan incliné. Le puits est dégagé et la cage peut descendre librement.

On peut également employer des *taquets à excentriques* (*fig. 142*). Le taquet soulevé par la cage tourne autour d'un bloc B, claveté sur un axe A, auquel ce bloc est excentré. Le levier de commande est fixé à ce même axe A. En le manœuvrant, on fait reculer le taquet, qui dégage l'entrée du puits.

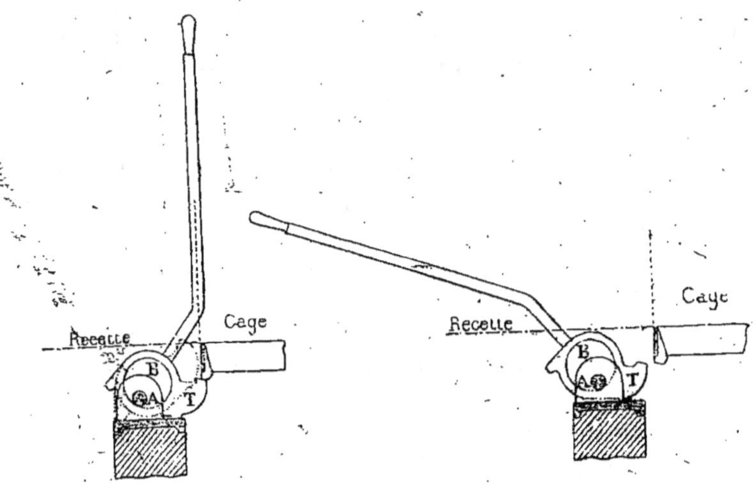

Fig. 142. — Taquets Reumaux à excentriques.

D'autres systèmes, usités en Westphalie (*Beien, Haniel et Lueg*) sont basés sur le même principe que les taquets Stauss.

103. Planchers mobiles. — Le fonctionnement des planchers mobiles, à la recette inférieure, se comprend facilement. Ils sont mobiles autour d'un axe horizontal, et sont munis de verrous que l'on avance à l'arrivée de la cage ; la liaison étant ainsi établie, on peut procéder aux opérations de décagement et d'encagement ; dès qu'elles sont terminées, on retire les verrous qui appuient sur le plancher de la cage.

Le plancher doit avoir une longueur assez grande pour que sa pente ne soit pas trop forte si le réglage des câbles n'est pas parfait et que la cage est arrêtée à plusieurs centimètres au-dessus ou au-dessous de la recette. Un contrepoids équilibre le plancher pour faciliter ses mouvements.

104. Taquets hydrauliques. — Dans tous les systèmes précédents, les manœuvres au fond dépendent du machiniste à la surface, auquel des signaux doivent être envoyés. On a imaginé de rendre les manœuvres indépendantes en recevant la cage sur un taquet monté sur un piston hydraulique. Une fois l'étage inférieur de la cage chargé, le moulineur manœuvre le robinet R et laisse écouler une partie de l'eau contenue dans le piston. La cage descend, et on arrête son mouvement, en refermant le robinet, lorsque le second étage est arrivé en face de la recette.

On continue ainsi pour chaque étage, sans s'occuper des manœuvres qui se font pendant ce temps à la recette du jour. Le moulineur n'a plus qu'à donner le signal de départ lorsque tous les étages ont été successivement chargés.

Les taquets hydrauliques peuvent également être appliqués à la recette supérieure, mais leur utilité y est moindre, car le machiniste reçoit plus facilement les signaux. On les a cependant adoptés dans certaines mines pour diminuer la fatigue du câble et accélérer les manœuvres.

En Belgique, on a obtenu les mêmes résultats en faisant reposer la cage sur un plancher maintenu par des contrepoids calculés de telle sorte que le remplacement des berlines vides par des berlines pleines fait descendre le plancher d'un étage. Pour des cages à plusieurs étages, il faut une série de contrepoids entrant successivement en action.

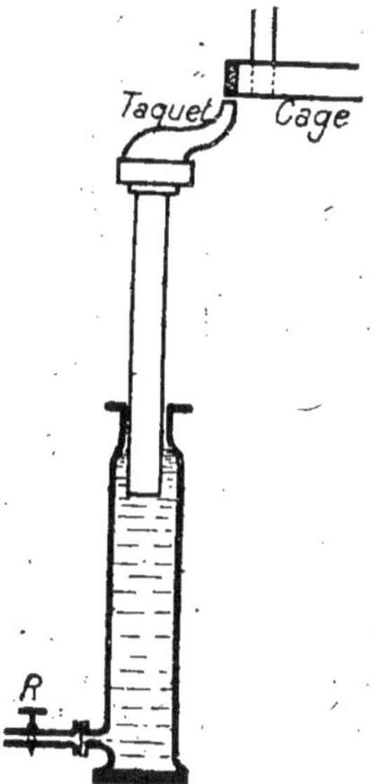

Fig. 143.
Taquet hydraulique
(schéma).

105. Recettes multiples.

— Avec des cages à plusieurs étages, il serait trop long de faire autant de manœuvres qu'il y a d'étages. On disposera donc les recettes, tant au jour qu'à la surface, pour encager simultanément plusieurs étages (deux en général). La fig. 114 montre schématiquement la succession des manœuvres dans le cas de cages à 6 étages chargées 2 par 2.

Dans une première opération, on décharge et recharge les étages 1 et 2 au jour, 5 et 6 au fond (I). Puis on remonte la cage du jour par le câble, en laissant descendre celle du fond au moyen des taquets, et on fait l'encagement et décagement pour les étages 3 et 4, au jour comme au fond (II) ; une dernière manœuvre permet d'opérer de même pour les étages 5 et 6 au jour, 1 et 2 au fond (III).

Si la cage n'a que quatre étages, on peut opérer simultanément pour les étages un et trois, deux et quatre, ce qui permet de laisser plus d'intervalle entre les planchers des recettes.

Des balances permettent de descendre les berlines pleines, amenées au fond au niveau de roulage, qui correspond au plancher supérieur, jusqu'au plancher inférieur, en même temps qu'on remonte

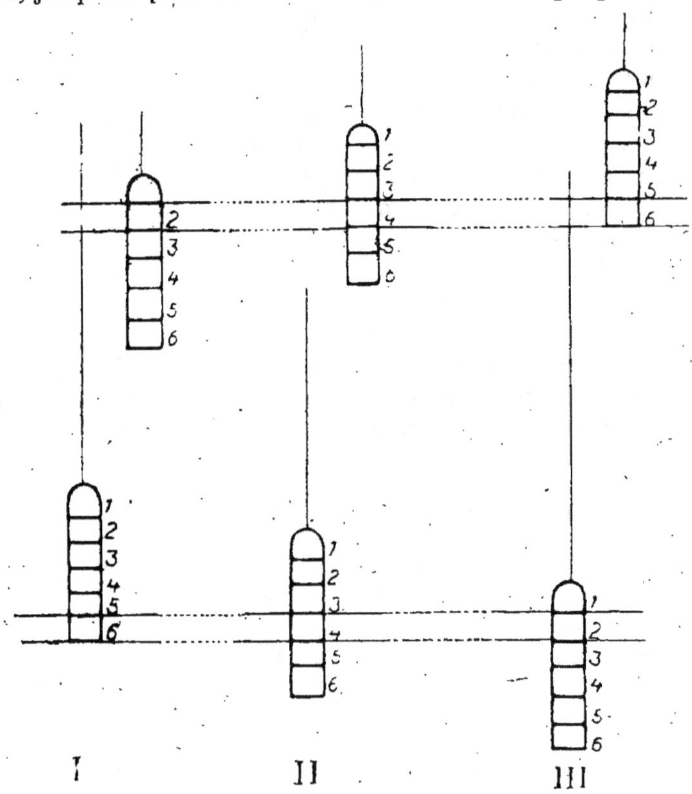

Fig. 144. — Manœuvres successives pour cages à 6 étages déchargées 2 par 2.

à ce niveau les berlines vides décagées sur le plancher inférieur.

Au jour, pour profiter ainsi du poids des berlines pleines, on fait correspondre le niveau principal avec le plancher inférieur.

Bien entendu, si l'on doit introduire des berlines de terres, on ne peut se contenter de balances, et il faut disposer de monte-charges, à moins qu'on ne rattrape les différences de cote par des rampes de longueur suffisante.

Dans le procédé indiqué par la fig. 114, les étages supérieurs de la cage sont les premiers dans lesquels se fait l'échange des berlines. Il est en effet avantageux de ne pas augmenter la fatigue de la cage, qui repose sur les taquets, en conservant des berlines pleines à la partie supérieure plus longtemps qu'à la base, où elles se trouvent en dessous du point de suspension. Cet inconvénient n'existe pas, si la cage reste pendue au câble et qu'on fait usage de planchers mobiles au lieu de taquets.

Pour rendre les manœuvres plus rapides, on va parfois jusqu'à décager simultanément tous les étages, mais ce moyen n'est possible, avec des recettes fixes, que si le nombre de ceux-ci n'est pas exagéré.

106. Recettes mobiles. — Un moyen plus radical consiste à

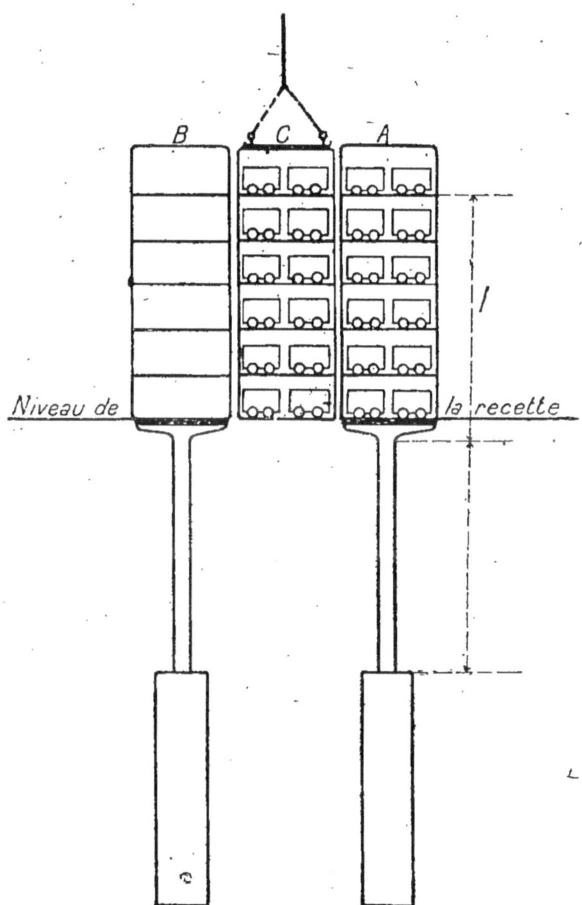

Fig. 145. — Recette multiple système Tomson (schéma).

supprimer entièrement les manœuvres de la cage, en rendant mobile toute la recette, qui comporte alors un nombre d'étages égal à celui de la cage.

Dans ce but, la recette comporte, de chaque côté, un monte-charge supporté par un piston hydraulique (ou tout autre moyen de suspension). L'un de ces monte-charges, destiné à recevoir les berlines sortant de la cage, aura ses planchers libres au moment de l'arrivée de celle-ci. L'autre contient au contraire, sur chaque plancher, les berlines à encager. La cage une fois arrêtée, on pousse simultanément toutes les berlines du monte-charge A dans la cage C, en chassant de celle-ci les berlines qu'elle contient, qui sont reçues dans le monte-charge B (*fig. 145*); on peut ensuite faire repartir la cage.

Pendant la cordée, on descend les monte-charges en agissant sur les pistons hydrauliques, pour recevoir successivement au niveau de la recette les berlines contenues dans le monte-charge B, et pour regarnir l'autre en vue de la manœuvre suivante.

Ce système accélère beaucoup l'extraction, surtout s'il est complété par un dispositif d'encagement automatique. Mais il a par contre quelques inconvénients : encombrement et coût des installations, difficulté de réception des ouvriers ou des matériaux n'entrant pas dans les berlines. Enfin, un déraillement au moment de l'encagement amène un arrêt prolongé, car il est difficile d'aller remettre sur les rails les berlines qui en sont sorties.

§ 3. — Encagement et décagement automatiques.

107. Appareils d'encagement. — L'effort nécessaire pour chasser les berlines de la cage en les poussant au moyen des berlines à encager exige un personnel assez nombreux ; il est fatigant, surtout par suite de sa répétition fréquente. Le démarrage est pénible si les roues sont mal graissées ou les voies couvertes de terre ou de charbon. Il ne doit pas être brutal, sinon des déraillements se produisent.

On a cherché à remplacer le travail à bras par celui d'un appareil qui pousse les berlines et surmonte facilement les résistances, réalisant ainsi la manœuvre d'encagement en temps très court.

Un premier procédé consiste à employer comme *encageur* un piston hydraulique. Mais cet appareil est encombrant ; on a plutôt recours à des chaînes, munies de taquets d'entraînement qui poussent les berlines par leur essieu.

La fig. 146 représente le dispositif qui existait, avant la guerre, à la recette du jour de la fosse 11 des mines de Béthune.

Le taquet est disposé de telle sorte que le choc contre l'essieu est supporté, non par la chaîne, mais par une pièce en U qui sert à la fois de gorge pour le guidage de la chaîne et de surface de glissement pour le taquet d'entraînement.

La vitesse de circulation est de 10 à 12 m. par minute.

Ces chaînes permettent de faire franchir aux berlines des rampes accentuées, par lesquelles sont rattrapées les différences de niveau entre les étages de la recette. En outre, grâce à cette possibilité de

Elévation

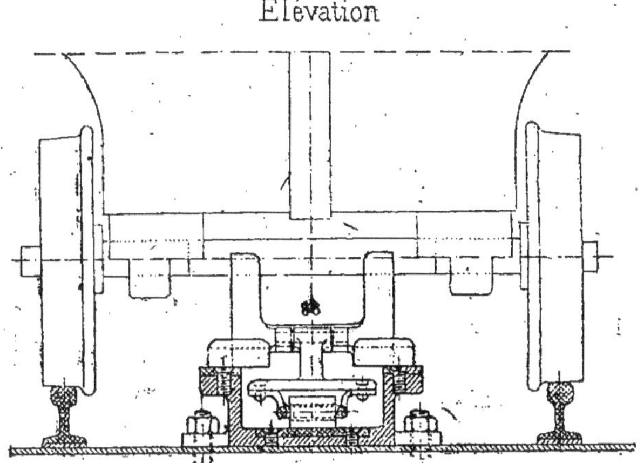

Coupe longitudinale

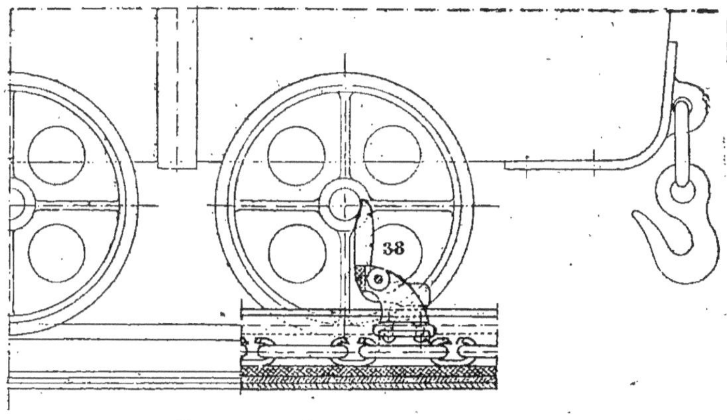

Fig. 146. — Chaîne d'entraînement.

faire remonter les berlines, on peut donner une pente favorable aux voies des deux côtés de la cage, ce qui facilite et accélère les manœuvres.

Nous étudierons au § 4 la disposition générale des voies de la recette, et nous indiquerons les applications qui peuvent être faites de semblables procédés de traînage mécanique. Lorsque les voies par lesquelles les berlines sont amenées devant le puits sont en pente vers ce dernier, il est indispensable d'installer des taquets qui arrêtent les berlines et qui ne sont effacés par le moulineur qu'au moment où il ouvre la barrière du puits et met en marche la chaîne d'encagement.

108. Planchers oscillants. — Les systèmes précédents font intervenir une force motrice, tout en laissant fixes les planchers de la recette et de la cage.

Dans une autre catégorie d'installations, l'encagement et le décagement sont obtenus par l'action de la gravité. À l'arrivée sur les taquets, le plancher de la cage se soulève d'un côté et les berlines sortent d'elles-mêmes de la cage. En même temps, les berlines préparées sur la voie de la recette, qui est inclinée, pénètrent dans la cage en roulant le long de la pente.

Cette solution peut être appliquée de différentes façons. On peut par exemple (mine de *Clifton* en Angleterre), provoquer le soulèvement du plancher de la cage autour d'une charnière (placée naturellement du côté de la sortie) et relever en même temps au moyen d'un piston hydraulique le plancher de la recette sur lequel sont préparées les berlines à encager ; après ce soulèvement, la recette se trouve inclinée vers la cage, et dans le prolongement du plancher de celle-ci.

Au départ, le plancher de la cage retombe, et on abaisse celui de la recette pour y amener de nouvelles berlines.

Il semblerait plus simple de donner au plancher de la cage une inclinaison fixe, mais ce procédé déséquilibre la cage chargée et risque d'amener des accidents : les berlines ont tendance à sortir de la cage, et il faut toujours craindre un défaut de fonctionnement des arrêts destinés à s'opposer à ce danger.

Une installation d'encagement et décagement automatiques intéressante a été réalisée en 1900 à la recette supérieure de la fosse d'Arenberg (mines d'Anzin) (1).

Les cages d'extraction sont à 12 berlines (3 étages de 4 berlines). Elles sont supportées, à la recette supérieure, par des taquets hydrauliques qui les reçoivent sous le cadre supérieur (*fig. 147*). Les pièces d'appui, du côté des berlines vides agissent en même temps sur des tiges T qui provoquent le relèvement des planchers.

Ces derniers sont amenés successivement au niveau de la recette

---

(1) Voir Darphin : Installation d'un nouveau siège à la Compagnie des Mines d'Anzin (*Bulletin de la Société de l'Industrie minérale*, 3° série, tome xv, 1901).

en commençant par le plancher inférieur. Dans ce mouvement, l'extrémité des taquets, du côté du décagement, vient buter contre un levier L, qui provoque leur effacement ; les berlines pleines, roulant sur le plancher incliné, sortent de la cage. En même temps grâce à un levier M, sur lequel repose le plancher, le taquet t, qui retient les berlines vides, s'abaisse et les deux premières berlines peuvent pénétrer dans la cage, tandis qu'un autre taquet t_2, qui s'est relevé, arrête les suivantes.

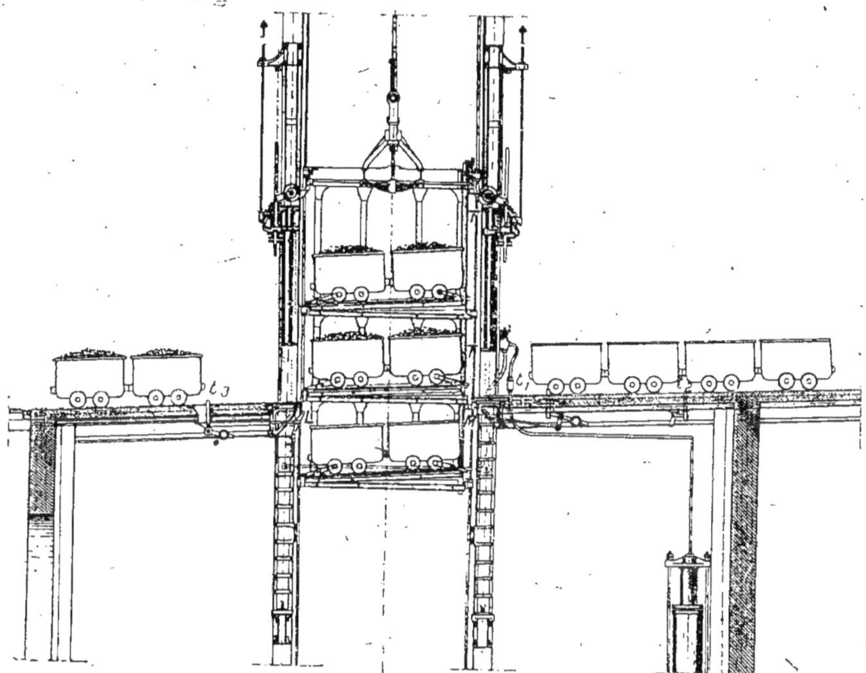

Fig. 147. — Encagement et décagement automatiques des mines d'Anzin
(fosse d'Arenberg, recette supérieure). —

Les berlines qui sortent rencontrent un levier t_3 dont l'abaissement amène la remise en place des taquets, dans la cage, contre lesquels viennent buter les berlines vides.

Toutes les manœuvres sont donc automatiques. A la recette inférieure, pour permettre l'interruption de l'encagement, les taquets t_1 et t_2 sont commandés par un levier à main et non plus par le levier M, qui est supprimé.

La fig. 148 représente une installation du même genre, mais plus simple, réalisée par un constructeur français pour une houillère du Sud de la Russie.

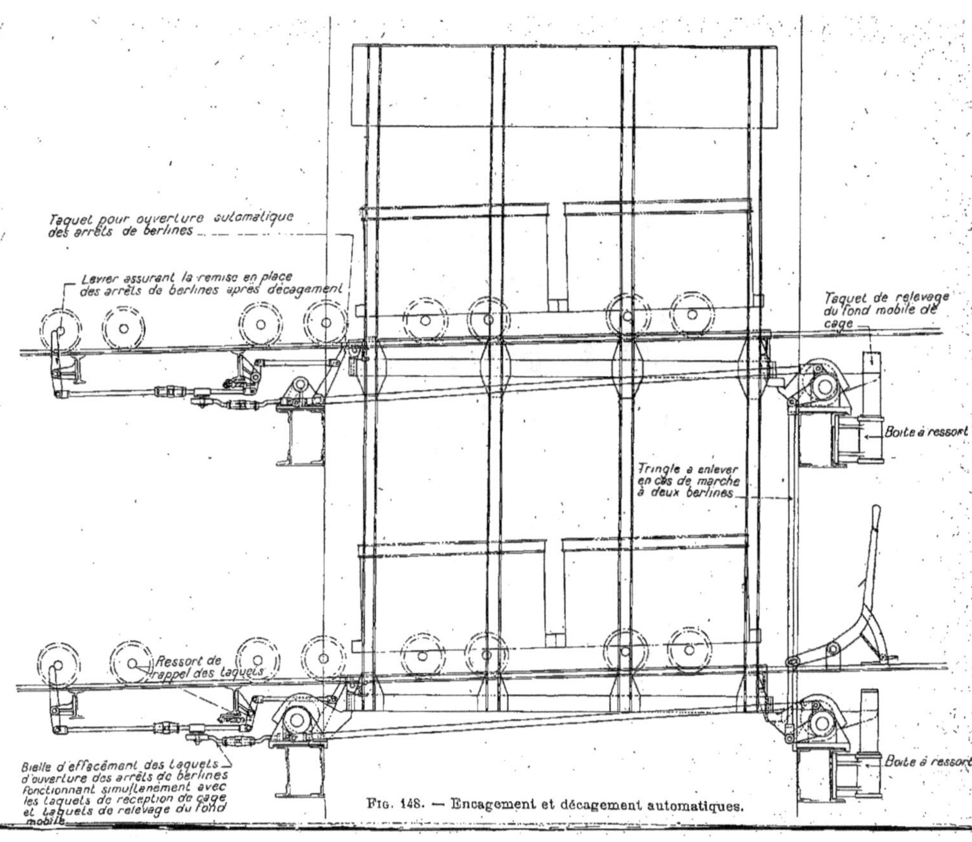

Fig. 148. — Encagement et décagement automatiques.

§ 4. — Culbuteurs et installations a la recette supérieure.

109. Culbuteurs. — Les berlines pleines, décagées à la recette supérieure, sont vidées soit directement dans les wagons, soit plus souvent dans des trémies au dessus de l'atelier de triage ou des emplacements réservés pour la mise en stock.

Cette opération se fait en retournant la berline dans un *culbuteur*, où elle se vide d'un seul coup. On la dirige ensuite sur les voies de retour vers le puits, pour être encagée à nouveau, à moins qu'elle ne soit dirigée vers la carrière à remblais ou tout autre atelier.

Les culbuteurs les plus simples (*fig. 149*) sont constitués par

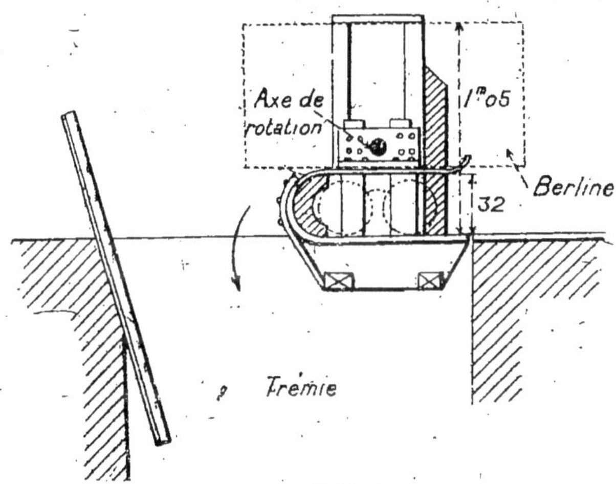

Fig. 149. — Culbuteurs.

une bascule dont le centre de gravité, lorsqu'elle est vide, est juste au-dessous de l'axe de rotation. Lorsqu'on y introduit une berline pleine, le centre de gravité est au contraire bien au-dessus de l'axe. L'équilibre devient instable et le culbuteur se renverse. Lorsque la berline est vidée, le centre de gravité est de nouveau très voisin de l'axe de rotation et il suffit d'un petit effort pour redresser le culbuteur et retirer la berline. Un fer plat, recourbé au-dessus des roues de la berline, retient celle-ci lorsqu'elle se trouve retournée les roues en l'air.

Cet appareil est simple, mais brutal. Les chocs usent les berlines et le culbuteur lui-même. D'autre part, il oblige à retirer la berline en arrière, ce qui est plus long que de lui laisser continuer son trajet dans le même sens après l'avoir vidée.

On préfère donc, en général, les appareils qui se vident par renversement latéral, ce qui a de plus l'avantage de permettre l'établissement de plusieurs culbuteurs en prolongement les uns des autres. Si certains d'entre eux sont calés au moyen des taquets de manœuvre, la berline peut les traverser sans difficulté.

Les *culbuteurs latéraux* sont constitués par un châssis cylindrique en fers plats et profilés, terminé aux deux extrémités par des cercles roulant sur des galets. On ne peut, en effet, conserver l'axe de rotation qui empêcherait l'entrée de la berline.

Dans le système *Guinotte (fig. 150)*, la rotation du culbuteur est commandée par une poulie P.

Un galet G, placé à l'extrémité d'un levier L (mobile autour de l'axe O)

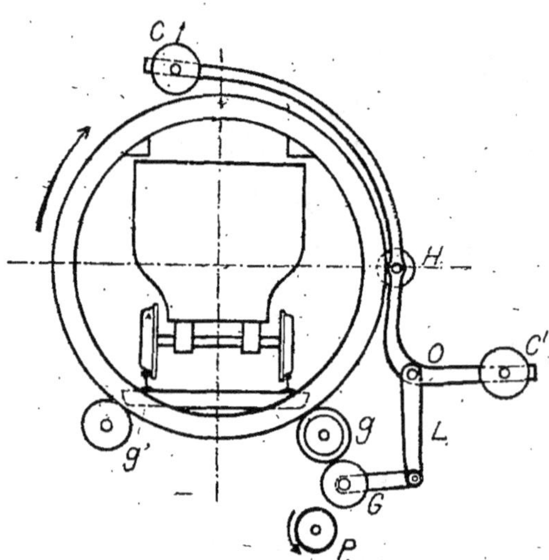

peut être amené au contact de la poulie P. Dans la position de repos, il en est écarté par le contrepoids C, également mobile autour de l'axe O et équilibré en partie par un deuxième contrepoids C'.

En soulevant le contrepoids C, on amène le galet G au contact de la poulie P et du galet de roulement g. Un mouvement d'entraînement se produit et le culbuteur se met à tourner dans le sens indiqué par la flèche. Lorsque la rotation est terminée, on laisse retomber le contrepoids C et le galet G quitte la poulie motrice. En même temps, lorsque le

Fig. 150. — Culbuteur.

contrepoids reprend sa place, un galet H se trouve appliqué contre le cercle du culbuteur et l'immobilise.

110. Disposition de la recette. — Nous ne nous arrêterons pas, pour le moment, à la description des dispositifs de chargement en wagon et de mise en stock, qui trouveront leur place dans la XIIe partie du Cours (Installations de surface). Nous donnerons seulement (*fig 151*) un exemple de l'installation d'ensemble d'une re-

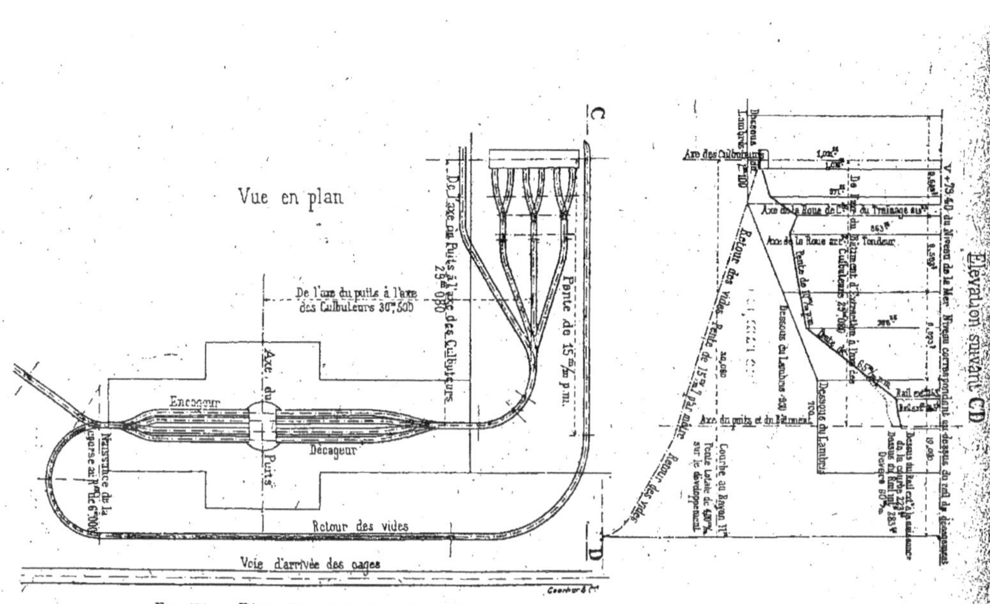

Fig. 151. — Disposition des voies à la recette supérieure d'un puits (n° 11 des mines de Béthune).

cette au jour (Fosse 11 des mines de Béthune, avant la guerre).

L'encagement et le décagement sont automatiques, avec des chaînes d'entraînement qui ont été décrites plus haut (nº 107); les cages sont à 4 berlines par étage (en 2 files) avec planchers oscillants. Les quatre voies de décagement se réunissent en une seule, également avec chaîne, continuée par trois voies en pente conduisant aux culbuteurs rotatifs. De là, les berlines descendent par une voie, en pente de $15^m/_m$, arrivent à un ralentisseur à câble flottant, puis sont remontées par une chaîne, sur une rampe de $84^m/_m$, jusqu'à l'aiguille placée à l'entrée des quatre voies d'encagement.

Une voie en dérivation, passant à côté des culbuteurs, permet d'évacuer les berlines pleines vers le terri sans les faire passer par les culbuteurs. Enfin, une autre voie, arrivant avant l'aiguille du côté de l'encagement, permet d'amener au puits des berlines vides venant du terri.

§ 5. — Extraction par le puits de sortie d'air.

111. Fermeture de la recette. — Dans les mines de quelque importance, où l'on doit assurer l'aérage par des moyens mécaniques, la circulation du courant d'air est provoquée par un ventilateur aspirant, placé sur l'un des puits.

La galerie conduisant de ce dernier aux ventilateurs est à quelques mètres sous terre, et l'orifice du puits est fermé pour éviter toutes rentrées d'air ; la dépression, mesurée en millimètres d'eau, est en effet très sensible : 100 ou 200 $^m/_m$ par exemple, parfois davantage.

On voit de suite que si l'on veut faire l'extraction par un puits d'aérage, on se heurte à de sérieuses difficultés ; pendant la circulation des cages, on peut concevoir que le puits reste fermé (sauf un orifice nécessaire pour le passage du câble), mais lorsque la cage sera à la recette, il faudra empêcher les rentrées d'air par des moyens appropriés.

112. Clapets Briart. — Un premier système consiste à couvrir chaque compartiment du puits d'un couvercle (clapet percé au centre d'une ouverture pour le passage du câble, assez large pour que les oscillations latérales du câble ne déplacent pas le clapet).

Pour éviter les rentrées d'air par cette ouverture, on la ferme au moyen d'un clapet plus petit, percé d'une ouverture juste assez grande pour que le câble ne frotte pas, et qui peut suivre les mouvements transversaux de ce dernier (*fig. 152*).

Lorsque la cage arrive au jour, elle soulève le couvercle. A ce moment l'air pénétrerait dans le puits, s'il n'était pas fermé par un autre dispositif. C'est la cage elle-même qui forme bouchon. Les deux compartiments du puits sont séparés au dessous de la recette par une cloison étanche et enveloppés d'un revêtement tel que chaque compartiment laisse juste passage à la cage dont le fond joue le rôle d'obturateur.

Ce système est très simple et permet de disposer la recette comme pour un puits ordinaire. Mais il donne lieu à de grandes pertes par rentrées d'air 7-8°/₀ au moins, souvent 12 ou 15 °/₀.

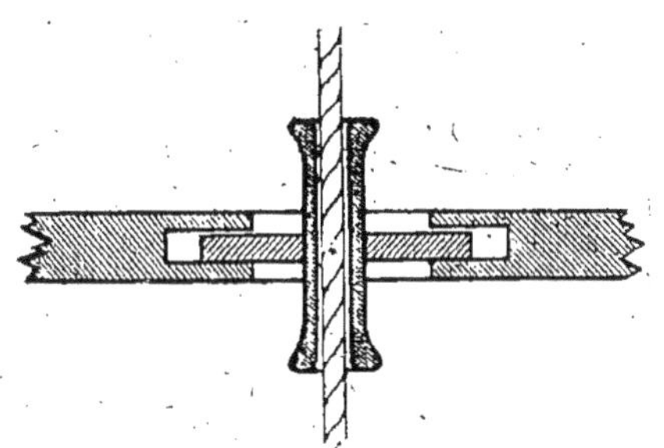

FIG. 152. — Clapet Briart.

En outre les clapets usent les câbles et produisent un choc à l'arrivée de la cage, même s'ils sont équilibrés par des contrepoids.

113. Sas à air. — Un système plus compliqué, mais beaucoup plus étanche, est celui du *sas à air*. La recette et le guidage au-dessus du puits, jusqu'à la hauteur maxima que puisse atteindre les cages, sont entourées d'un sas parfaitement étanche, en bois ou mieux en tôle, percé de fenêtres à l'intérieur, la pression est la même que dans le puits. Ce sas a une longueur suffisante pour que toutes les manœuvres d'encagement et de décagement s'y fassent commodément. Pour en sortir ou y rentrer, les berlines doivent traverser des chambres, comprises entre deux portes formant écluses.

Une disposition plus complète encore consiste à renfermer dans le sas à air tout le bâtiment de triage, dont les berlines n'ont pas à sortir, au moins en cas de marche normale.

On arrive ainsi à rendre possible une extraction tout aussi intense que sur un puits d'entrée d'air, mais au prix d'installations coûteuses.

Les trémies où s'emmagasinent les menus sont étanches, dès que ces derniers présentent une épaisseur suffisante. Pour les gros charbons et les déchets pierreux, il faut prévoir, à la base des tours, une fermeture hydraulique, et un enlèvement par une toile sans fin pénétrant dans la couche d'eau.

Ce dispositif, réalisé en Westphalie (mine *Neumühl*) a permis de réduire les pertes à moins de 2 1/2 °/₀, au moins dans les premiers mois de la mise en service de l'installation. Avec des sas à air limités à la recette elle-même, on arrive d'ailleurs à des chiffres presque aussi faibles.

114. Ventilateurs au fond du puits. — On peut supprimer toute installation particulière sur un puits de sortie d'air en plaçant le ventilateur au fond du puits, qui ne joue plus que le rôle d'une cheminée d'évacuation.

Mais ce système, séduisant à première vue, est à peu près abandonné, car il présente plusieurs inconvénients graves :

Il faut déplacer le ventilateur à chaque approfondissement des travaux, ou creuser un bure spécial d'aérage. Le ventilateur ne peut être actionné que par un moteur électrique, ce qui n'est pas sans danger dans une atmosphère grisouteuse. En cas d'accident, le ventilateur est plus difficilement abordable. Enfin, la présence d'air vicié peut gêner le travail à la recette et le rendre dangereux.

115. Résumé. — La disposition de la recette inférieure du puits (*accrochage*) doit être étudiée de façon à rendre les manœuvres faciles et rapides, tout en réduisant au minimum les creusements de galeries qui affaiblissent les terrains autour de la base du puits.

Presque toujours, dans les puits de quelque importance, les recettes sont *passantes*. Il faut donc, au moyen de galeries de contour, amener les berlines pleines, venant des diverses directions, du même côté de l'accrochage, et distribuer dans ces directions les berlines vides reçues du côté opposé. Le tracé du réseau de galeries est assez compliqué, si plusieurs travers-bancs viennent aboutir au puits. On cherche à faciliter les manœuvres en donnant aux galeries des pentes favorables.

Aux recettes, la cage doit être immobilisée par des taquets pour permettre les manœuvres d'encagement et de décagement. Avec des câbles sans fin, qu'il n'est pas possible de régler avec une précision absolue, on se contente, à l'une des recettes, de *planchers mobiles*. Il en est de même lorsqu'on ne veut pas laisser les câbles prendre trop de mou, pour éviter les coups de fouet au départ.

Les taquets supportent les cages, soit par la partie supérieure du châssis, soit par la base. Les taquets à *verrous* ou *à relèvement* obligent à soulever la cage pour permettre leur effacement. Au contraire les taquets du type *Stauss* ou *Reumaux* (à *effacement*) peuvent être réalisés sans déplacement de la cage.

Les *taquets hydrauliques* permettent de rendre les manœuvres de passage d'un étage à l'autre indépendantes du machiniste. Pour activer les manœuvres, lorsque les cages sont à plusieurs étages, on installe des *recettes multiples*, parfois même des *recettes mobiles* du système *Tomson* ; avec ces dernières on vide et regarnit en une seule fois tous les étages.

Enfin, on peut accélérer l'entrée et la sortie des berlines au moyen d'appareils d'encagement et de décagement automatiques, pistons ou plutôt chaînes d'entraînement, fréquemment combinés avec l'emploi de *planchers oscillants* dans les cages.

Les berlines, décagées à la recette supérieure, sont vidées soit dans des wagons, soit aux emplacements où sont constitués les stocks, soit plus généralement dans des trémies à la partie haute de l'atelier de triage.

Les *culbuteurs* frontaux ont l'inconvénient de nécessiter, presque toujours, le retour de la berline vide par la voie d'arrivée, ce qui nuit à la rapidité des manœuvres. Aussi emploie-t-on plutôt des *culbuteurs latéraux*, à la sortie desquels les berlines continuent leur trajet dans la même direction et qu'elles peuvent même traverser sans s'arrêter lorsqu'ils sont immobilisés. Dans certains systèmes, la rotation du culbuteur est obtenue automatiquement.

Une fois vidées, les berlines vides retournent au puits, du côté de l'encagement, à moins qu'on ne les charge d'abord de remblais dans une carrière, ou de matériaux divers.

Lorsque l'extraction doit se faire par un *puits de sortie d'air*, il est nécessaire de fermer l'orifice de ce dernier par des clapets (du type Briart par exemple), qui ne s'ouvrent qu'à l'arrivée au jour de la cage qui obture le compartiment d'extraction, pour éviter toute rentrée d'air.

Un système plus sûr, au point de vue de la suppression de ces rentrées d'air, consiste à transformer la recette, ou même tout le bâtiment du triage, en un *sas à aire* muni de doubles portes qui ne peuvent pas s'ouvrir simultanément.

CHAPITRE VII

APPAREILS DE SÉCURITÉ ET CONDUITE DE L'EXTRACTION

SOMMAIRE

§ 1. Parachutes. — Principe. — Inconvénients. — Résultats obtenus. — Divers types de parachutes. — Parachutes à action instantanée. — Parachute à action graduelle — Parachutes pour guidages par câbles.

§ 2. Evite-molettes. — Principe. — Resserrement du guidage. — Evite-molettes à déclics. — Evite-molettes de position. — Evite-molettes modérateurs à commande par la vapeur ou l'air comprimé. — Evite-molettes à commande mécanique.

§ 3. Barrières. — Fermeture des recettes. — Exemples. — Barrières des cages.

§ 4. Signalisation. — Exécution des manœuvres. — Signaux. — Signaux depuis une cage en marche.

§ 5. Circulation du personnel dans les puits. — Echelles. — Fahrkunst. — Circulation par câbles. — Résumé.

1. — PARACHUTES.

116. Principe. — La gravité des conséquences d'une rupture de câble, qui entraîne la chute de la cage au fond du puits, est telle qu'on a été conduit à rechercher les moyens de parer à cet accident, au moyen de dispositifs qui immobilisent la cage si le câble se rompt.

C'est évidemment pendant les transports de personnel que les chutes de cage sont le plus à craindre, mais leurs conséquences sont aussi très fâcheuses lorsqu'elles se produisent pendant l'extraction. Non seulement la cage vient se briser dans le puisard avec les berlines qu'elle contient, formant un amas difficile à enlever, mais elle risque d'arracher des guides et des moises, et de détruire l'armement du puits sur une hauteur plus ou moins grande, mettant ainsi ce dernier hors service pendant toute la durée des réparations.

Le seul moyen pour arrêter la descente de la cage consiste à munir celle-ci d'un appareil, maintenu ouvert par la tension du câble, qui vienne s'accrocher sur le guidage, par arc-boutement ou par friction, si cette tension vient à disparaître.

117. Inconvénients des parachutes. — En théorie, les avantages des parachutes sont si évidents que leur adoption ne semble pas discutable. En pratique, ils présentent des inconvénients qui font parfois hésiter sur leur emploi, au moins pour la marche au charbon.

Ils ne sont jamais d'un fonctionnement certain, même s'ils sont constamment surveillés et maintenus en bon état. Ils risquent de n'apporter qu'une sécurité trompeuse de nature à relâcher la vigilance des agents chargés de l'inspection des câbles.

Lorsque c'est le câble montant qui se rompt, la cage ralentit et s'arrête avant de tomber ; on se trouve donc dans les meilleures conditions de bon fonctionnement de l'appareil ; au contraire, la rupture d'un câble au-dessus d'une cage descendante entraîne seulement une accélération progressive de la course de cette dernière. Le parachute doit immobiliser une masse considérable, lancée à grande vitesse. Il risque donc de ne pas avoir assez de force, ou d'occasionner un arrachement des guides et des moises soumises brusquement à un choc violent.

Souvent le câble s'est brisé loin au-dessus de la cage et le tronçon resté attaché à celle-ci, en fouettant contre les parois du puits, garde une tension suffisante pour paralyser l'action du parachute, au moins s'il s'agit d'une cage descendante. De plus, en retombant sur la cage immobilisée, ce tronçon peut lui donner une secousse suffisante pour la remettre en mouvement.

Le parachute doit être assez sensible pour agir sans retard, dès que la tension du câble ne se fait plus sensible. Mais s'il se produit des irrégularités dans la course, qui amènent une diminution de cette tension, il peut arriver que le parachute fonctionne intempestivement. La secousse amènera alors une rupture du câble.

Pour ces diverses raisons, on préfère souvent ne laisser le parachute en état de fonctionnement que pour les transports de personnel, et le caler pendant la marche au charbon. Mais il faut, dans ce cas, avoir soin de s'assurer, avant de laisser entrer des hommes dans la cage, que l'appareil est décalé.

Il est d'ailleurs à noter que, pendant les cordées de personnel, la vitesse est toujours notablement réduite. On a donc beaucoup plus de chances de voir fonctionner utilement l'appareil en cas de rupture d'un câble au-dessus d'une cage descendante.

118. Résultats obtenus. — Quelques chiffres montreront clairement l'accroissement de sécurité par l'adoption des parachutes.

De 1890 à 1903, il y a eu, dans le district de Dortmund (West-phalie) 180 cas de rupture de câbles. Dans 126 cas (70 %) le parachute a fonctionné ; dans 54 cas il est resté sans effet.

Par types d'appareils les résultats ont été les suivants :

	Cas où le parachute	
	a fonctionné	n'a pas fonctionné
A arrêt brusque par pénétration ou arc-boutement	99	46
A arrêt progressif avec frein	27	8
	126	54

119. Divers types de parachutes. — On peut classer les parachutes en plusieurs catégories, suivant leur mode d'action.

1º A action instantanée ;

2º A action graduelle { par pénétration ou arc-boutement
par friction.

3º Pour guidage par câbles.

Nous ne décrirons pas les nombreux types d'appareils imaginés, nous bornant à en donner quelques exemples qui en feront comprendre le fonctionnement (1).

120. Parachutes à action instantanée. — Les premiers appareils imaginés comportaient des verrous, effacés par la tension du câble et faisant brusquement saillie en dehors de la cage, si cette tension cesse. Les verrous venaient se prendre dans une crémaillère formant guide, ou au-dessus d'une moise. L'arrêt était alors instantané, ce qui n'est d'ailleurs pas sans danger pour les hommes placés dans la cage, mais trop souvent les verrous se cisaillaient ou le guidage cédait.

On a essayé de remédier à la brutalité du fonctionnement en complétant l'appareil par un frein, mais le perfectionnement est insuffisant et on a dû renoncer à ce système.

121. Parachutes à action graduelle. — Dans les appareils modernes, l'action est progressive, et on munit même le parachute d'un ressort spécial pour l'empêcher d'être trop brusque. La prise peut se faire par pénétration dans le guide ou par friction.

Parmi les *parachutes par pénétration*, l'un des plus anciens est celui de *Fontaine* (*fig. 153*).

---

(1) On trouvera des descriptions détaillées dans l'ouvrage de M. H. SCHMERBER : *La sécurité dans les Mines.*

La cage est portée par une traverse A, à l'extrémité de laquelle sont les mains courantes m, et qui est reliée à une seconde traverse B, percée d'une rainure dans laquelle passent les barres C terminées par des griffes g.

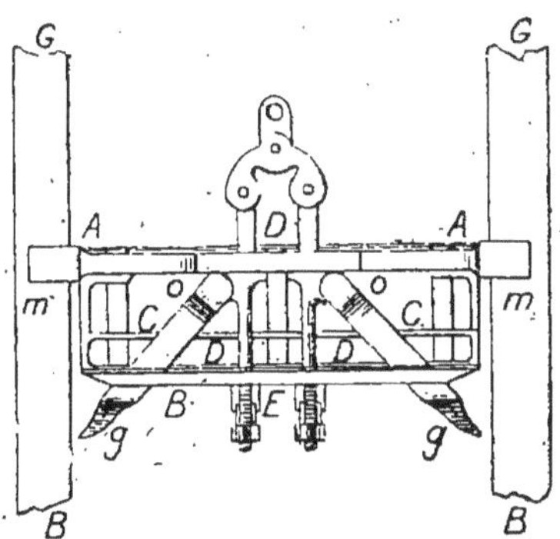

Fig. 153. — Parachute Fontaine.

Ces bras sont mobiles autour des axes O portés par une pièce D attachée au câble.

La pièce D supporte la traverse B, et par suite la cage, par l'intermédiaire des ressorts à boudin E.

Si le câble se rompt, les ressorts E, qui ne sont plus comprimés par la tension du câble, se détendent. La pièce D descend brusquement et les bras C prennent une position plus horizontale, car ils butent contre la traverse B, qui n'est pas évidée dans sa partie centrale. Les griffes g tendent donc à s'écarter et pénètrent dans le guide lorsque la masse de la cage, portée par la traverse A, vient buter sur les extrémités des bras c.

Ce type de parachutes ne fonctionne qu'avec des guides en bois.

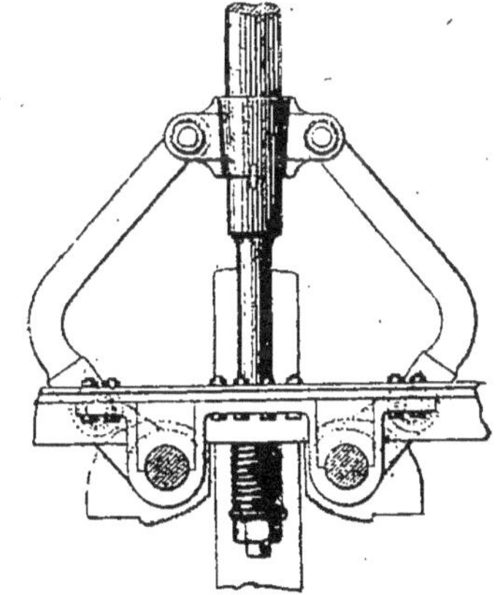

Fig. 154. — Parachute Micha.

Dans le *parachute Micha* (*fig. 154*), auquel ressemblent plusieurs autres appareils, la cage est encore supportée par l'intermédiaire d'un ressort à boudin. La tige de suspension de la cage porte un collier avec deux axes autour desquels pivotent des leviers coudés.

Aux extrémités de ceux-ci sont des pièces excentrées munies de dents pour mieux assurer la prise.

En cas de rupture du câble, le ressort à boudin ramène brus-

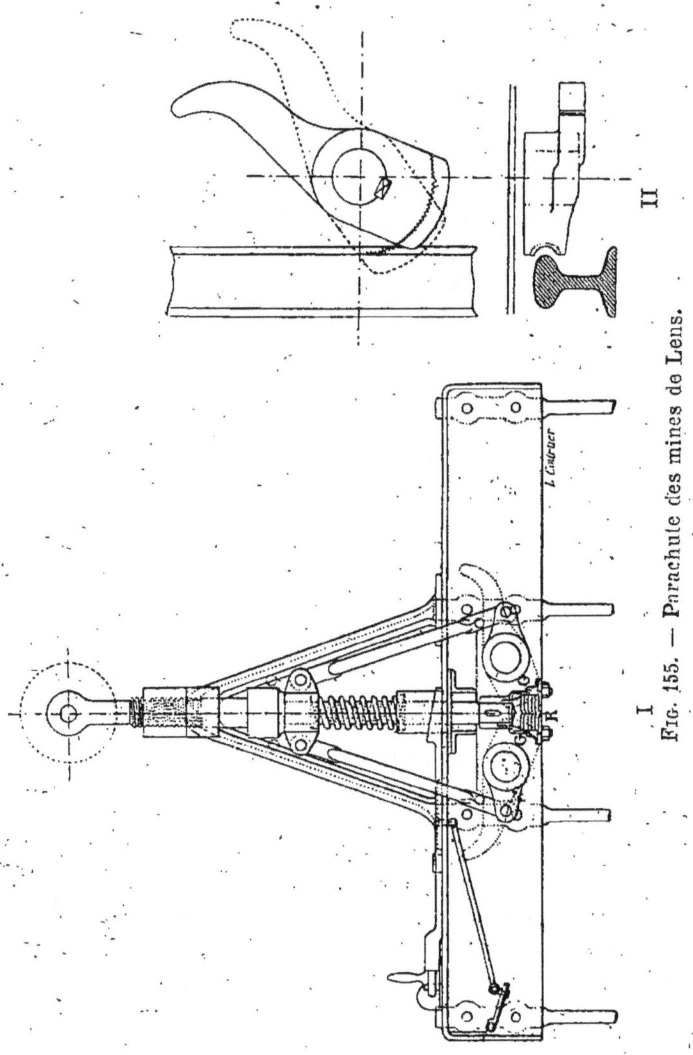

Fig. 155. — Parachute des mines de Lens.

quement le collier vers le bas ; les leviers font tourner les pièces excentrées et les appliquent contre les côtés du guide. La pression exercée par le poids de la cage assure un coincement d'autant meil-

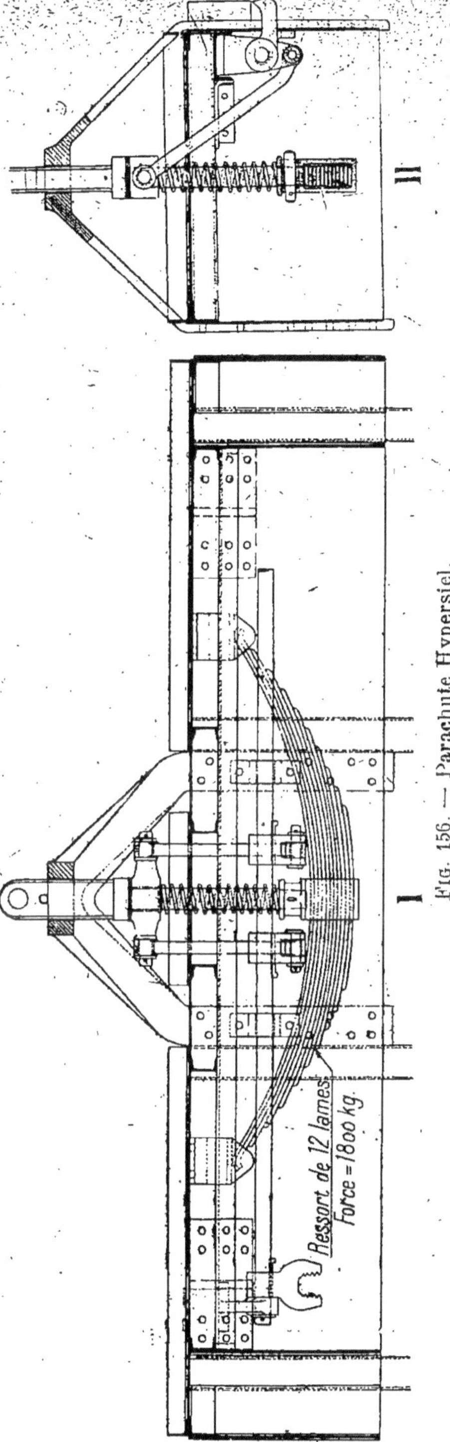

Fig. 156. — Parachute Hypersiel.

leur que cette dernière est déjà lancée avec une vitesse plus grande. Il est toutefois à craindre, dans les appareils de ce type, comme dans ceux du type Fontaine, que le choc ne soit trop brusque.

On préfère donc généralement les parachutes qui agissent par *friction*, dont l'action est plus lente et par suite plus sûre.

Les appareils basés sur ce principe sont très nombreux et parfois compliqués (1).

La suppression de la tension du câble met en contact avec le guidage des pièces qui se coincent progressivement, sans pénétration. Pour assurer la prise, on garnit cependant la surface de ces pièces de stries ou de cannelures.

Ce principe de l'arrêt par friction est le seul qui convienne avec les guidages métalliques, mais on préfère parfois pour éviter l'arrachement des rails, faire agir le parachute sur des guides spéciaux en bois installés parallèlement aux rails.

---

(1) Voir *Bulletin de l'Industrie minérale*, 3ᵉ série, tome III, 1889, et SCHMERBER ouvrage cité, ainsi que les revues techniques françaises ou étrangères.

Comme exemples simples d'appareils par friction, nous citerons les deux suivants :

Dans le *parachute des mines de Lens (fig. 155)*, imaginé par M. Reumaux, le ressort à lames R, en se détendant, amène les griffes G au contact du rail avec un angle tel que le coincement se produise rapidement. Il est d'ailleurs facilité par des stries sur les griffes. La fig. 155 II montre que ces griffes agissent sur le côté du champignon.

Dans le parachute *Hypersiel (fig. 156)* la griffe a la forme d'une fourche striée. En marche normale, la fourche pend verticalement. Sous l'action du ressort, elle se redresse, embrassant les côtés du champignon du rail. Au moment où le coincement est complet, elle a pris une position horizontale. Le mouvement d'abaissement du ressort, à la rupture du câble, est transmis à la fourche par des leviers articulés sur un collier porté par la tige de suspension de la cage.

122. Parachutes pour guidages par câbles. — Avec les guidages par câbles on ne peut agir que par coincement. Une série d'anneaux, portés par des bras, embrassent le câble-guide, entre les mains courantes. En marche normale ces bras sont horizontaux et les anneaux sont dans le prolongement des mains courantes, de sorte que le câble-guide reste rectiligne.

En cas de rupture du câble, un ressort déplace brusquement ces bras, et les anneaux qu'ils portent prennent une position inclinée. Le câble-guide se tord pour passer successivement dans les mains courantes et les anneaux qui ne sont plus en prolongement. Le coincement ainsi produit arrête la cage.

Si la cage est trop lourde, ou lancée à grande vitesse, il est à craindre que le câble-guide ne se rompe.

§ 2. — Evite-molettes.

123. Principe. — La distance entre la recette supérieure et les molettes n'est jamais que de quelques mètres. Une inadvertance du mécanicien, ou un mauvais fonctionnement de la machine, risque de causer un grave accident. La cage, continuant trop longtemps sa course, vient s'écraser contre la molette et l'endommager. Le plus souvent le câble se rompt et la cage retombe brutalement sur les taquets.

Il est donc nécessaire d'installer, soit dans le guidage, soit sur la machine, un dispositif qui empêche automatiquement un tel accident. Les appareils employés sont appelés *Evite-molettes*.

On peut mettre en œuvre des principes très différents :

1° On peut donner au guidage un dessin tel que la cage se coince avant d'arriver aux molettes. Ce n'est là qu'un moyen rudimentaire, peu efficace, et sans intervention d'un évite-molettes proprement dit.

2° On peut supprimer la liaison du câble et de la cage pour que celle-ci continuant un instant par la vitesse acquise, retombe sur des taquets spéciaux.

3° Les appareils modernes, seuls efficaces, agissent sur la machine et non sur le câble.

On distingue les *évite-molettes de position* provoquant le serrage du frein s'ils sont heurtés par la cage, et les *évite-molettes modérateurs* qui assurent le ralentissement de la cage à l'approche de la recette et au besoin le déclenchement du frein. Ces derniers peuvent être à commande par la vapeur ou l'air comprimé, ou à commande mécanique.

Nous passerons en revue rapidement ces divers types, en donnant un ou deux exemples caractéristiques (1).

124. Resserrement du guidage. — Le procédé le plus simple qui vient à l'esprit, pour éviter la mise aux molettes, consiste à resserrer peu à peu les guides, au-dessus de la recette, de telle sorte que la cage se coince avant d'atteindre la molette. On complète l'installation par des taquets qui s'effacent lorsque la cage monte et la retiennent si elle retombe, dans le cas très fréquent où le câble est rompu sous l'effet de la secousse.

Ce système donne lieu à des chocs très violents si la vitesse de la cage est grande. Pour être efficace, il exige même que l'on adjoigne aux guides ordinaires une véritable charpente qui agisse sur le châssis de la cage.

On ne peut donc considérer ce procédé comme assurant une sécurité suffisante.

125. Evite-molettes à déclic. — Un moyen plus perfectionné

---

(1) On trouvera des études détaillées des divers systèmes d'évite-molettes dans un article de M. Kuss publié par les *Annales des Mines*, 10ᵉ série, tome III, 1903 et dans l'ouvrage de M. Schmerber : *La sécurité dans les Mines.*

consiste à interposer, entre le câble et la cage, un dispositif qui supprime brusquement la liaison si une pièce saillante, dont il est muni, vient buter contre un arrêt placé à hauteur voulue au-dessus de la recette. La cage, lancée à une certaine vitesse, continue sa course, mais n'étant plus tirée par le câble, elle s'arrête bientôt et retombe sur des taquets qu'elle a effacés pendant sa montée.

Ces appareils risquent de se briser, au lieu de fonctionner, si le choc est trop brutal. D'autre part, il est imprudent d'affaiblir ainsi la connexion entre la cage et le câble, car on risque un fonctionnement intempestif. En outre, le câble est forcément lancé à grande vitesse, par dessus la molette et vient s'abattre sur le toit du bâtiment de la machine, où il peut causer des avaries sérieuses et même des accidents de personnel.

Remarquons enfin que l'évite-molettes, bien que son nom ne fasse penser qu'au danger provenant d'une montée au-dessus de la recette supérieure, doit également parer à un autre inconvénient qui est celui d'une arrivée trop brutale sur les taquets du fond. Chaque fois que l'une des cages dépasse en vitesse la recette au jour, l'autre arrive au fond sans être suffisamment ralentie et risque de s'écraser sur les taquets.

Le seul moyen d'éviter ce double danger est d'agir sur la machine, de façon à limiter, en temps voulu, le mouvement des appareils d'enroulement. Tous les appareils modernes sont basés sur ce principe, mais les uns se bornent à provoquer le déclenchement du

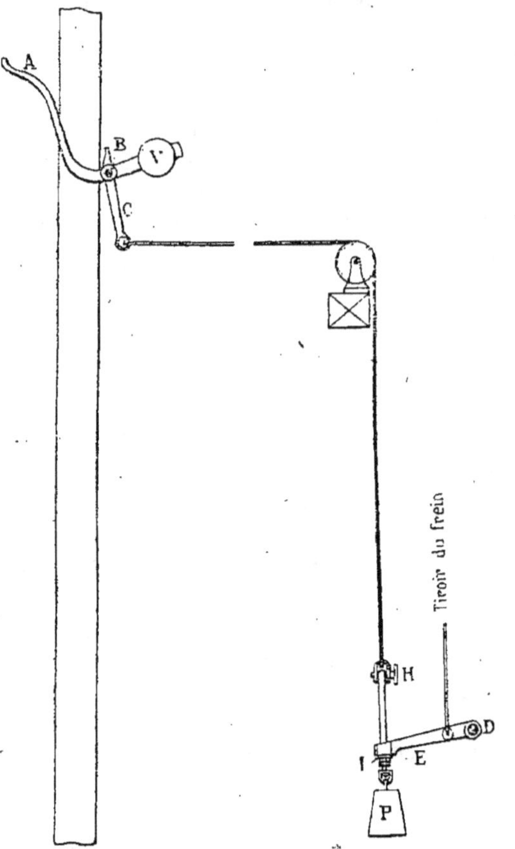

Fig. 157. — Évite-molettes Charly.

frein, les autres commencent par assurer le ralentissement de la course des cages à l'approche des recettes.

126. Évite-molettes de position. — Dans ce type d'évite-mo lettes, la cage, si elle dépasse une position donnée, vient buter contre un arrêt faisant saillie dans le guidage ; cet arrêt pivote autour d'un axe, entraînant un levier qui agit sur le frein, et en même temps sur l'admission de vapeur.

L'appareil *Charly* (*fig. 157*) adopté par la Compagnie d'Anzin à la fin du XIXe siècle, fait comprendre le principe de ce système.

La cage heurte le levier A, placé à 1^m,50 au-dessus de la recette ; en le relevant, elle provoque le déplacement du levier C, mobile autour de l'axe B et par suite le soulèvement du levier E, qui commande l'arbre D. Ce dernier, en tournant, déclenche le frein.

Cet appareil, très simple et peu coûteux d'installation, s'est montré efficace en plusieurs occasions.

Mais comme tous ceux basés sur le même principe, il est brutal et agit trop tard pour empêcher le choc de la cage descendante sur les taquets du fond.

127. Évite-molettes modérateurs à commande par la vapeur ou l'air comprimé. — Parmi les évite-molettes modérateurs dont la commande est obtenue au moyen de la vapeur ou de l'air comprimé, l'un des plus connus est celui imaginé par M. *Reumaux*, directeur général des mines de Lens.

Il est construit de façon à assurer automatiquement (1) :

1° La fermeture de la conduite de vapeur au moment où le mécanicien doit la faire normalement pour se rendre maître de la vitesse un moment avant l'arrivée de la cage au jour (obturation).

2° Le serrage du frein et la fermeture définitive de la conduite de vapeur pour le cas où le mécanicien aurait réadmis la vapeur en trop grande quantité après l'obturation et où, par suite, la cage aurait dépassé notablement les taquets de la recette.

3° Le serrage du frein en cas de chute de pression par explosion du générateur, rupture de la conduite de vapeur ou même fuite importante.

En outre, pour une position déterminée du levier de frein, cet appareil produit :

4° Le serrage modéré du frein lors de la descente du personnel,

---

(1) Kuss, article cité.

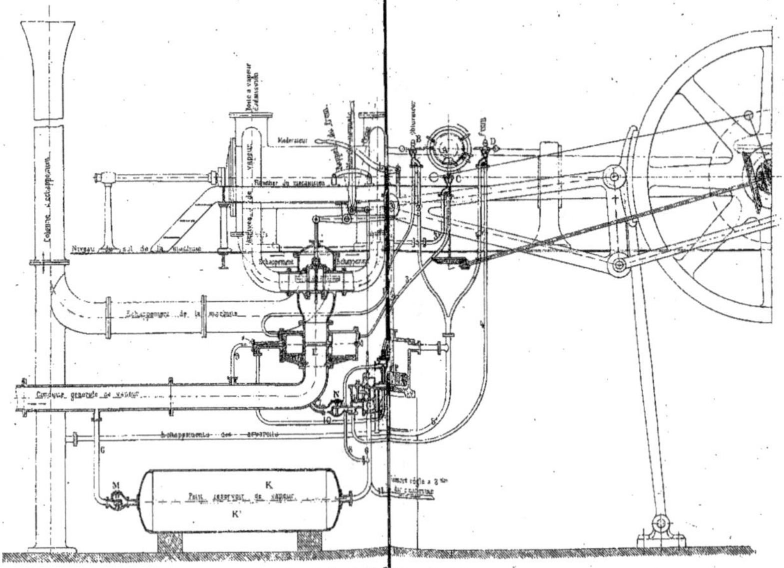

Fig. 158. — Evite-molettes Prt (ensemble de l'installation).

au moment où la cage descendante arrive à peu de distance du fond.

5° Le serrage du frein par un dispositif spécial appliqué dans le cas où, lors du fonctionnement de l'obturateur, la position des cages et leur charge sont telles que le moment soit négatif.

Ces différents effets sont obtenus en produisant des différences de pressions sur des pistons dont les deux faces sont normalement soumises à des pressions égales.

La fig. 158 montre l'ensemble de l'installation.

Les diverses opérations sont commandées par un disque A, dont la rotation est produite par l'arbre de la machine, et qui porte une série de doigts agissant sur des soupapes B, C, D de formes spéciales. La soupape B est reliée à l'*obturateur* E, destiné à provoquer la fermeture de la conduite de vapeur (1° de l'énumération ci dessus des effets de l'évite-molettes).

La soupape D est reliée au cylindre F contenant un piston qui actionne le tiroir de frein (2° de l'énumération indiquée).

La soupape C (appelée soupape d'intensité réglée) est reliée au sommet du cylindre H dont on verra plus loin le fonctionnement (4° *dito*).

Une soupape I, reliée à l'obturateur par la conduite 1 est actionnée par le levier du modérateur.

Ces soupapes sont reliées d'autre part avec la conduite générale de vapeur par les conduites 1' 2' 3' 4' 5'.

Enfin, un clapet M, disposé à la sortie d'un petit réservoir de vapeur K se ferme, en cas de chute brusque de pression (3° *dito*). Le réservoir K reste plein de vapeur ; au contraire le clapet N s'ouvre et une dépression s'établit sous le cylindre de frein. Ce dernier se serre. Si on dispose d'air comprimé, on remplace le réservoir K par une conduite de vapeur K' (figurée en pointillé) sur laquelle on branche une conduite d'air 11 portant un clapet O. Normalement c'est la vapeur qui agit, mais si sa pression baisse trop dans la conduite générale, le clapet O se soulève et l'air comprimé vient agir à la place de la vapeur, assurant le serrage du frein.

L'*obturateur* contient deux pistons solidaires ; celui de gauche est plus large que le diamètre de la conduite générale de vapeur, celui de droite plus étroit. Toute dépression derrière le petit piston amène le déplacement des pistons vers la droite et l'obturation de la conduite ; inversement toute dépression derrière le grand piston provoquera la réouverture de la conduite. L'obturation étant produite automatiquement par la soupape B, le machiniste, averti par la sonnerie d'approche de la cage, agit sur le levier du modérateur pour supprimer l'arrivée de vapeur. Dans ce mouvement, le levier appuie sur la soupape I qui met à l'échappement l'espace derrière le grand piston de l'obturateur et ramène ce piston à gauche en rouvrant la conduite.

Lorsque le grand piston se déplace vers la droite, il provoque l'ouverture d'une soupape *s* ; en même temps que l'obturateur se ferme, la vapeur arrive par les conduites 9 et 10 au cylindre du frein. Le serrage de ce dernier est donc assuré par la vapeur, même si le moment est négatif à l'instant de la fermeture de l'obturateur.

Ainsi que nous l'avons dit plus haut, la soupape C d'intensité réglée est reliée au cylindre H. Lorsqu'elle s'ouvre, le dessus de ce cylindre est mis en communication avec l'échappement ; le piston s'élève, sa course est limitée par des vis formant butoirs ; sur ce piston est une soupape qui s'ouvre et la vapeur s'écoule, en quantité réglée, vers le cylindre de frein, ce qui assure un serrage modéré et progressif. Dès que le doigt porté par le disque A quitte la soupape C, la pression se rétablit dans le cylindre H, grâce à un petit trou percé dans le piston ; ce dernier s'abaisse et referme la soupape ; le ressort à boudin placé au-dessus facilite cette fermeture.

L'évite-molette Reumaux est d'un fonctionnement très sûr, mais il est assez compliqué et demande un entretien soigné. Il est donc difficilement adopté par les mines qui ne disposent que de mécaniciens peu expérimentés.

D'autres appareils, dans lesquels la commande exige l'emploi de la vapeur ou de l'air comprimé, ont été imaginés. Mais ce sont les appareils à commande purement mécanique qui sont les plus répandus.

128. Evite-molettes modérateurs à commande mécanique. — Comme exemple, nous citerons d'abord l'*évite-molettes Baumann*, très usité en Allemagne (*fig. 159*).

Le déclenchement des dispositifs de sécurité est produit ici par les index de l'indicateur de position des cages.

Le régulateur de la machine déplace un sabre denté a, en le rapprochant de l'indicateur lorsque la vitesse augmente. Le sabre porte un levier C, mobile autour de l'axe O, et produisant le déclenchement du levier c qui actionne le frein.

Le mouvement du sabre, qui entraîne ce déclenchement, se produit 1° si l'une des dents est heurtée par l'index i monté sur l'indicateur de position des cages (lorsque le ralentissement de la vitesse est insuffisant enfin de course) ; 2° si le levier courbe d, qui prolonge le sabre, vient heurter le levier c par en-dessous (lorsqu'à un moment quelconque la vitesse dépasse un maximum fixé d'avance).

Le taquet figuré en p n'agit que pendant la descente du personnel. Il permet de réduire le chemin à parcourir par le levier d pour soulever le levier c. Le déclenchement du frein se produit donc pour une vitesse moins grande de la machine.

Au sabre est relié une tige l portant un crayon qui trace les courbes de vitesse sur l'enregistreur m.

Le déclenchement du levier c se traduit par un coup de crayon transversal sur la courbe des vitesses.

L'appareil est réglé de telle sorte que la cage étant à 40 m. de la recette, l'index i est en face de la première dent du sabre, qu'il heurte si la vitesse n'a pas déjà été réduite au dessous de la limite fixée. Chaque dent correspond ainsi à une vitesse particulière, l'avant dernière à celle de 1 ou 2 m. par seconde; la dernière agit toujours,

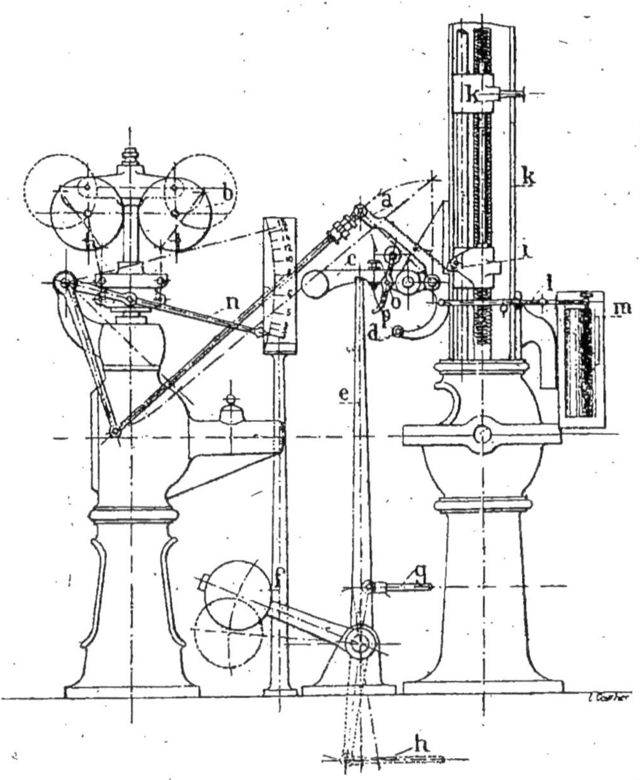

FIG. 159. — Evite-molettes Baumann.

et correspond au moment où la cage du jour a dépassé la recette de 1 m.

L'évite-molettes Baumann est simple, d'un fonctionnement très sûr et on le trouve dans beaucoup de mines allemandes.

D'autres appareils (Rœmer, Muller, Schlüter, etc...) sont également à commande entièrement mécanique.

D'autres, de plus en plus employés au fur et à mesure que se répandent davantage les machines d'extraction électriques, sont à *commande électrique*. Tels sont les appareils Sohm (des mines de

Bruay), Siemens-Schuckert, Karlik-Witte, etc... Grâce à la souplesse de la commande par l'électricité, on arrive à une précision et à une sûreté remarquables. Certains d'entre eux utilisent les index de l'indicateur de position des cages, d'autres (Siemens-Schuckert) limitent automatiquement la vitesse, aux divers points de la course, en agissant sur le rhéostat ; en effet le levier, que manœuvre le machiniste pour commander le rhéostat, est lié à une tige qui l'empêche de dépasser la position voulue et le ramène même automatiquement en arrière en cas d'inadvertance du machiniste.

L'évite-molettes *Karlik-Witte* utilise un appareil particulier, le tachymètre enregistreur Karlik, dont le principe est le suivant :

Un tube à trois branches (*fig. 160*), l'une verticale au centre, les deux autres recourbées suivant un profil calculé, contient du mercure, jusqu'au niveau *ab* lorsque l'appareil est au repos.

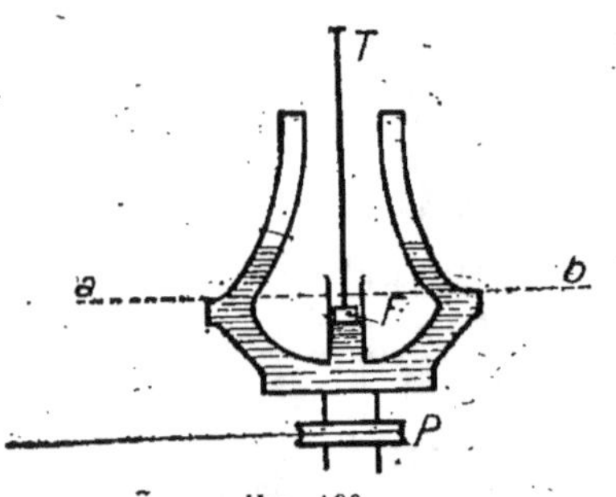

Fig. 160.
Schéma du tachymètre Karlik.

Par l'intermédiaire de la poulie P, le tachymètre est animé d'un mouvement de rotation proportionnel à la vitesse de la machine. Sous l'effet de la force centrifuge, le mercure baisse dans le tube central et monte dans les branches latérales. Un flotteur F, surmonté d'une tige T, suit les mouvements du mercure dans le tube central. Le profil des branches recourbées a été calculé de telle façon que les déplacements du flotteur soient proportionnels à la vitesse de la machine.

On peut donc utiliser ces déplacements pour tracer sur un enregistreur la courbe des vitesses. Mais eu même temps on peut s'en servir pour déclencher les appareils de sécurité. Il suffit pour cela de faire mouvoir une came, par un dispositif approprié (en liaison avec l'indicateur de position) placé au-dessus de l'extrémité de la tige T, celle-ci entrant en contact avec la came si la vitesse dépasse certaines limites. Ce contact ferme un circuit électrique qui déclenche le frein.

En pratique on s'arrange pour que cet effet ne se produise qu'en fin de cordée ; pendant la majeure partie de celle-ci, un signal acoustique prévient seulement le machiniste que la vitesse limite est dépassée. Avec les machines électriques, on peut agir, à tout moment, sur le rhéostat.

§ 3. — BARRIÈRES.

129. Fermeture des recettes. — Nous avons indiqué précédemment les appareils employés pour la fermeture des recettes des plans inclinés. Il est plus essentiel encore d'assurer la fermeture des recettes des puits, tant au jour qu'au fond, pendant tout le temps où elles ne sont pas occupées par les cages.

On se contente parfois de chaînes ou de barrières que les receveurs manœuvrent à la main ; mais une négligence est toujours à craindre, aussi doit-on employer des barrières automatiques.

On peut admettre que le receveur soit obligé d'ouvrir la barrière. Il est indispensable par contre que celle-ci se referme d'elle-même au départ de la cage.

130. Exemples. — Les systèmes proposés sont extrêmement nombreux, et on en imagine chaque année de nouveaux. Nous nous contenterons d'en donner quelques exemples, qui suffiront à faire comprendre comment le problème peut être résolu.

Si l'on admet que la fermeture seule soit automatique, on peut par exemple monter la barrière sur des galets roulant sur un rail incliné. Le receveur la repousse pour dégager l'entrée de la cage ; celle-ci maintient, pendant qu'elle est à la recette, un taquet qui empêche la barrière de retomber. Au départ de la cage la barrière, roulant le long du rail, revient en place.

On peut aussi monter la barrière à guillotine, avec un contrepoids qui rende faible l'effort nécessaire pour la soulever. Pour plus de sûreté, ce mouvement est empêché par un taquet, que la cage efface à son arrivée. Le receveur ne peut donc ouvrir la barrière que lorsque la recette est fermée par la cage. Au départ de celle-ci, la barrière retombe d'elle-même.

Dans le système de *Montrambert*, la barrière coulisse aussi verticalement. Le contrepoids se continue par une tige pénétrant dans un cylindre à air comprimé. Le distributeur de ce cylindre est maintenu normalement fermé par un contrepoids. En soulevant ce dernier, le receveur introduit l'air au-dessus du piston du cylindre ; ce piston en s'abaissant (aidé par le contrepoids) soulève la barrière. En même temps une came est abaissée. Tant que la cage est à la recette, cette came est empêchée de se relever, immobilisant ainsi le contrepoids du distributeur d'air comprimé, que le receveur peut donc abandonner pour faire les manœuvres. Au départ de la cage, la came est libérée, le contrepoids du distributeur retombe, ouvrant l'échappement du cylindre. Les barrières retombent.

Parmi les systèmes dans lesquels l'ouverture et la fermeture sont également automatiques, le plus simple est celui d'une barrière à guillotine portant des verrous avançant dans le puits ; la cage les soulève en arrivant. Mais les chocs sont toujours assez violents, malgré l'interposition de ressorts.

On peut rendre les secousses moins brusques en équilibrant, presque complètement, les barrières par un contrepoids. La fatigue imposée à celles-ci est donc diminuée et la fermeture est moins brutale.

On peut atteler la barrière au piston d'un cylindre hydraulique placé au-dessus d'elle. A son arrivée, la cage, par un moyen quelconque, provoque l'ouverture du tiroir d'admission du cylindre et par conséquent le soulèvement de la barrière. Au départ, le tiroir reprend sa position d'échappement et la barrière retombe.

Dans certaines installations, on relie le système de fermeture des barrières aux appareils destinés à transmettre les signaux au machiniste. Aux mines de Lens on avait adopté, par exemple, pour les barrières des accrochages au fond un dispositif tel que le receveur ne pouvait sonner si les barrières étaient fermées ; de plus les barrières ne pouvaient être maintenues ouvertes que si le levier de sonnerie occupait la position dans laquelle les taquets du jour étaient immobilisés et si la cage était à l'accrochage.

131. Barrières des cages. — On a vu plus haut comment les berlines étaient immobilisées dans les cages au moyen de taquets, complétés par des barres rabattues à hauteur de la caisse.

Pour la circulation du personnel, il est indispensable qu'une fermeture soit ajoutée à ces dispositifs, pour éviter qu'une secousse, ou tout autre incident, n'amène la chute d'un homme hors de la cage.

On peut se contenter de barrer les deux entrées de la cage au moyen de chaînes ou de tringles assez rapprochées, mais leur installation cause une sérieuse perte de temps. Des portes mobiles, en tôle perforée, sont plus vite mises en place, puisqu'il suffit de les engager dans les gonds et de les refermer. Mais ce système comme le précédent a le grand inconvénient de laisser aux ouvriers la tentation de ne pas l'installer pour gagner du temps. En outre, lorsque les portes s'ouvrent vers l'extérieur, on risque des accidents si cette ouverture se fait intempestivement pendant la marche ; lorsqu'elles s'ouvrent à l'intérieur, on est obligé de réduire le nombre des ouvriers occupant la cage.

Il paraît donc préférable d'adopter des barrières à rideaux qui ont le grand avantage de s'ouvrir en se repliant sur elles-mêmes, soit vers un côté de la cage, soit de bas en haut. Le premier dispositif ne peut rester en place, pendant la marche au charbon, que si la barrière repliée n'offre qu'un faible relief et laisse assez de place pour le passage des berlines. Le second est meilleur à cet égard, car les étages ont toujours une hauteur supérieure à celle des berlines, tandis que la largeur est souvent à peine supérieure à celle de la caisse.

§ 4. — SIGNALISATION.

132. Exécution des manœuvres. — Dans les installations de peu d'importance, la machine d'extraction n'est pas loin de la recette et celle-ci est assez dégagée pour que le mécanicien voie ce qui s'y passe. Il lui est donc possible de suivre l'exécution des manœuvres et de voir le signal de départ que lui donnera le receveur (ou moulineur). Des marques sur le câble ou sur les tambours de la machine lui permettent pendant la cordée de se rendre compte de l'approche de la cage. Un indicateur de position lui montre, à tout moment, à quelle hauteur les cages se trouvent dans le puits.

Dans les installations plus importantes, comme le sont les grandes fosses modernes, le machiniste ne voit pas la recette. Il doit donc exécuter toutes les manœuvres en se guidant simplement sur les signaux qu'il reçoit du moulineur. Les indicateurs de position perfectionnés, les enregistreurs de vitesse, les appareils de sécurité tels que les évite-molettes, des repères placés sur les tambours et soigneusement réglés d'après l'allongement du câble lui permettent d'opérer aussi sûrement que s'il voyait la cage à la recette. Mais une bonne organisation des signaux est nécessaire pour éviter toute fausse manœuvre.

133. Signaux. — Les communications entre le receveur du jour et le machiniste se font en général au moyen d'une sonnerie électrique, parfois de signaux à vue. Il est utile d'installer en outre un téléphone pour les communications qui ne sont pas prévues par le code de signaux ; celui-ci doit en effet rester simple, limité à quelques ordres courants, afin d'éviter les erreurs.

Lorsque la distance n'est pas trop grande, le receveur transmet ses indications au moyen d'un tuyau acoustique.

Les *signaux entre le fond et le jour*, qui permettent de faire connaître au receveur du jour que les manœuvres sont terminées au fond et la cage prête à partir, sont plus difficiles à assurer.

Dans les puits peu profonds, on se contente le plus souvent d'une installation rudimentaire. Un marteau, manœuvré du fond par l'intermédiaire d'un fil de fer, frappe sur une cloche un nombre de coups convenu suivant les cas.

Mais la profondeur des recettes est souvent trop grande pour qu'on puisse conserver ce système. Le fil de fer ne reste pas bien tendu, et le receveur du fond n'est pas certain de la transmission correcte de ses signaux. Les coups frappés par le marteau peuvent être trop faibles et ne pas attirer l'attention du receveur du jour ; ils risquent aussi d'être mal interprétés s'ils ne sont pas assez forts et qu'on ne soit pas sûr du nombre de coups.

On a donc recours, de plus en plus, à des signaux (acoustiques ou optiques) actionnés par un courant électrique.

L'installation doit être faite avec soin, pour éviter les courts-circuits qui empêcheraient le fonctionnement, ou qui provoqueraient un fonctionnement intempestif. Il est donc préférable d'éviter le retour du courant par la terre et de l'assurer par une canalisation spéciale bien isolée de celle qui réunit le dispositif de commande au fond et le signal au jour.

Les signaux doivent être reproduits au fond en même temps qu'à la surface, pour que le receveur du fond soit certain que ses signaux sont bien reçus tels qu'il les a lancés.

Si la communication entre la recette du jour et la machine d'extraction se fait également par sonnerie électrique, il faut que le timbre de celle-ci soit nettement différent de celui de la sonnerie reliant le fond et le jour, sinon le machiniste risque de confondre les signaux. Lorsque le receveur du jour doit recevoir non seulement les indications du fond, mais encore celles des autres étages de la recette supérieure, il est bon que ces derniers signaux soit optiques, afin qu'aucune erreur ne soit possible.

Comme pour les communications à la surface, on emploie de plus en plus fréquemment le téléphone entre les accrochages et la recette supérieure. L'installation de ces appareils demande un soin particulier par suite de la présence de poussières, de l'humidité, des difficultés d'entretien. Dans les puits grisouteux il faut en outre supprimer tout danger d'étincelle, notamment dans la sonnerie et dans l'appareil d'appel. Il existe maintenant des appareils donnant toute sécurité à cet égard, non seulement pour les communications par les puits d'extraction (qui sont généralement d'entrée d'air), mais même pour celles que l'on installe dans les galeries de fond (1).

---

(1) M. Feder : *Téléphone du fond. Bulletin de l'Industrie minérale*, octobre 1912.

Pour empêcher toute fausse manœuvre, on dispose parfois les appareils de signalisation, de façon à immobiliser, par un enclenchement approprié, les taquets du jour tant que le receveur du fond n'a pas donné le signal de départ.

On a d'abord appliqué ce système avec des transmissions par fil de fer, mais la commande électrique permet d'assurer facilement un semblable enclenchement.

134. Signaux depuis une cage en marche. — La possibilité de lancer un signal d'une cage placée en un point quelconque du puits est utile dans deux cas distincts, soit lorsqu'un incident survient pendant la circulation du personnel, soit lorsque des ouvriers travaillant à une réparation du puits, dans la cage, entre deux recettes, désirent communiquer avec la surface.

Divers dispositifs ont été imaginés pour réaliser ce desideratum. Les plus récents sont basés sur l'emploi d'un circuit électrique, indépendant de la cage et installé de façon à éviter tout contact intempestif, auquel on peut relier un appareil placé dans la cage et permettant d'actionner soit un timbre, soit un téléphone.

Le contact établi avec les fils, par l'appareil manœuvré de la cage, doit être doux, pour éviter l'arrachage de ces fils aux grandes vitesses.

§ 5. — CIRCULATION DU PERSONNEL DANS LES PUITS.

135. Echelles. — Dans les mines anciennes, la circulation du personnel dans les puits se faisait surtout par échelles. Celles-ci ont disparu dans les puits modernes, sauf à titre de moyen de secours, mais elles existent encore fréquemment dans les beurtiats, aussi dirons-nous quelques mots sur leur installation.

Les échelles en bois ont 30 à 35 cm. de largeur, avec des montants rectangulaires (12 à 15 cm. sur 4 à 5 cm.) ou ronds (4 à 5 cm), espacés de 20 à 25 cm. Elles sont légères et peu coûteuses, mais s'usent vite et pourrissent dans une atmosphère humide.

Les échelles en fer ont une largeur de 25 cm., avec montants plats (5 à 7 cm. sur 6 à 10 $^m/_m$) ou ronds (2 cm. 1/2) avec emmanchement carré ou ovale. Plus lourdes et plus coûteuses, elles sont beaucoup plus durables. Elles sont plus fatigantes pour les mains, et deviennent très pénibles au voisinage du jour dans les pays où les hivers sont froids.

On donne aux échelles une inclinaison de 70 à 80°, en les interrompant par des paliers assez rapprochés. Il est préférable que les tronçons successifs soient parallèles et non croisés.

La circulation par échelles est lente et fatigante, aussi doit-on la limiter à des hauteurs verticales restreintes.

136. Fahrkunst. — Un moyen mécanique assez fréquemment employé vers le milieu du XIXe siècle est le *fahrkunst* (*man-engine* en Angleterre, *waroquières* en Belgique).

Il se compose d'une tige T, munie de paliers distants d'une longueur d (*fig. 161*), et animée d'un mouvement de va et vient vertical dont l'amplitude est égale à d. Contre la paroi du puits sont des paliers fixes, également séparés par la même distance d (4 m. par exemple). On voit de suite que le mouvement de la tige T amène le palier p_1 successivement devant les paliers fixes p'_1 et p'_2.

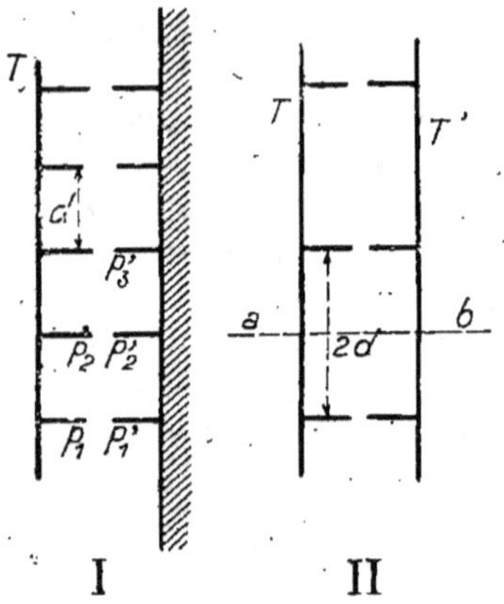

L'ouvrier placé sur p'_1 passe sur p_1 au moment où la tige est au bas de sa course. Quand p_1 vient en face de p'_2, cet ouvrier passe sur le palier. Il attend ensuite que le palier mobile p_2 vienne en face de p'_2 et se fait de même transporter en p'_3 et ainsi de suite.

Fig. 161. — Fahrkunst.

Au lieu d'une seule tige mobile, on peut en avoir deux, animées d'un mouvement contraire (*fig. 161-II*). Les paliers, distants de $2d$, seront un moment en face l'un de l'autre, au niveau ab. L'ouvrier passera alternativement d'un palier mobile à l'autre. Le débit du fahrkunst sera plus grand, sans être toutefois double, car la vitesse doit être moindre, le passage entre deux paliers mobiles étant plus délicat que d'un palier mobile à un palier fixe ou inversement.

Ces appareils ont rendu des services, mais ils sont dangereux et ont été remplacés par la circulation au moyen des câbles.

137. Circulation par câbles. — Sans nous arrêter aux moyens anciens de descente sur des sièges accrochés au câble, ou à la circulation dans les bennes non guidées, nous indiquerons seulement les précautions à prendre pour la circulation par cages guidées.

Les câbles, cages et leur attelage, appareils de sécurité doivent être l'objet d'une surveillance particulièrement attentive.

On n'emploie un câble neuf pour la descente du personnel qu'après l'avoir essayé pendant assez longtemps au charbon pour être sûr de sa solidité. On le visite en tous cas avant chaque poste et il est prudent de faire une cordée ou deux au charbon avant de commencer la descente du personnel.

Le coefficient de sécurité doit être plus grand que pour l'extraction du charbon.

Les câbles épissés ne peuvent être employés.

Les cages sont munies de parachutes. Elles doivent être disposées de telle sorte qu'il soit impossible d'en tomber ; en particulier, elles sont munies de barrières.

Il est interdit de faire circuler simultanément des hommes et des berlines chargées. Le nombre d'hommes à introduire par cage est limité et ils ne doivent entrer ou sortir que sur les ordres des receveurs.

Les codes de signaux doivent être fixés de manière à éviter les fausses manœuvres. Avant de laisser pénétrer un homme dans la cage, le receveur du fond doit faire répéter par celui du jour, et inversement, le signal précédant toute circulation de personnel.

La vitesse est réduite, et le machiniste doit avoir à côté de lui un aide prêt à prendre les leviers en cas d'indisposition subite de son camarade.

Grâce à toutes ces précautions et à une discipline sévère, la circulation par les cages permet un grand débit, et comporte très peu de risques et d'accidents. On verra d'ailleurs dans la XIVe partie du cours le texte des règlements relatifs à cette circulation.

138. Résumé. — La gravité des accidents qui surviennent au cours de l'extraction ou de la circulation du personnel dans les puits, a conduit à imaginer divers appareils de sécurité dont l'emploi est actuellement général.

Les *parachutes* sont destinés à empêcher la chute d'une cage au fond en cas de rupture d'un câble. Celle-ci se traduit par une brusque diminution de la tension du câble. On munit la cage d'un appareil capable de l'immobiliser, en créant une liaison avec le guidage, par pénétration ou par coincement, cet appareil n'entre en jeu que lorsqu'un fort ressort, comprimé par le câble tendu, se détend au moment de la rupture de celui-ci.

Les parachutes n'agissent pas toujours si le cage est lancée à grande vitesse et présentent des risques de fonctionnement intempestif. Néanmoins ils ont permis d'éviter de graves accidents. Les meilleurs sont ceux qui agissent progressivement, par friction.

Les *évite-molettes* empêchent qu'une inattention du machiniste provoque l'ascension de la cage jusqu'aux molettes du puits. On a cherché à résoudre le problème en resserrant les guides au dessus de la recette, ou en supprimant la liaison du câble et de la cage, si celle-ci dépasse un certain niveau. Mais le seul moyen efficace consiste à agir sur le frein de la machine d'extraction. Dans les appareils *de position*, le déclenchement du serrage est obtenu automatiquement dès que la cage atteint une certaine position dans le guidage. Mais l'action est brutale, et on n'évite pas l'arrivée en vitesse de l'autre cage sur les taquets du fond.

Les évite-molettes *modérateurs* commencent par assurer la diminution de la vitesse à l'approche des recettes, et ne déclenchent le frein qu'au dernier moment. Les uns sont à commande par l'air comprimé ou la vapeur (appareil Reumaux par exemple), les autres à commande entièrement mécanique, utilisant notamment les index de l'appareil indicateur de position des cages. Ces évite-molettes modérateurs sont, en général, assez compliqués, mais ils augmentent considérablement la sécurité de l'exploitation.

D'autres mesures sont encore nécessaires pour écarter les autres risques d'accidents.

Les recettes doivent être fermées par des *barrières*, que l'on s'attache à rendre automatiques, au moins pour leur fermeture. Dans certains systèmes l'ouverture est empêchée par un taquet, tant que la cage n'est pas en face de la recette.

Les *cages* sont également munies de barrières pendant la circulation du personnel. Lorsque les dimensions de la cage le permettent, il y a avantage à installer ces barrières à poste fixe, de peur qu'on néglige de les placer avant de laisser pénétrer les hommes dans la cage.

Les indications pour les manœuvres sont transmises au machiniste, qui ne voit généralement pas la recette dans les mines importantes, au moyen de *signaux*. De même, les receveurs du fond préviennent le receveur du jour, par des signaux convenus, que la cage est prête à partir. On utilise de plus en plus pour ces signaux les transmissions électriques, et au besoin le téléphone. Il est même possible, avec certains appareils, de communiquer entre une cage placée en un point quelconque du puits et la surface.

La *circulation du personnel* dans les puits ne se fait plus qu'exceptionnellement par échelles. On emploie presque toujours les cages, mais des précautions spéciales doivent être prises, tant en ce qui concerne la visite de tous les organes, câbles, cages, guidage, etc..., qu'en ce qui concerne la réglementation de cette circulation : limitation du nombre d'hommes, emploi de parachutes et de barrières dans les cages, signalisation, réduction de la vitesse de marche, doublement du machiniste par un aide, etc...

TABLE DES MATIÈRES

CHAPITRE IV

Traction par moteurs fixes.

§ 1. — GÉNÉRALITÉS.

§ 2. — CABLE-TÊTE-CABLE-QUEUE.

§ 3. — CHAÎNE TRAÎNANTE.

§ 4. — CHAÎNE FLOTTANTE.

§ 5. — CABLE TRAÎNANT.

§ 6. — CABLE FLOTTANT.

§ 7. — COMPARAISON DES DIVERS SYSTÈMES.

CHAPITRE V

Plans inclinés et beurtiats.

§ 1. — GÉNÉRALITÉS.

§ 2. — PLANS INCLINÉS AUTOMOTEURS.

§ 3. — PLANS ARMÉS D'UN TREUIL.

§ 4. — BEURTIATS.

CHAPITRE VI

Organisation générale du roulage et mesures de sécurité.

§ 1. — ORGANISATION GÉNÉRALE DU ROULAGE.

§ 2. — CIRCULATION DANS LES GALERIES.

§ 3. — CIRCULATION DANS LES PLANS INCLINÉS.

§ 4. — MESURES DE SÉCURITÉ.

HUITIÈME PARTIE

EXTRACTION

CHAPITRE I

Généralités.

CHAPITRE II

Armement du puits.

CHAPITRE III

Câbles.

CHAPITRE IV

La machine d'extraction.

CHAPITRE VII

Appareils de sécurité et conduite de l'extraction.

§ 1. — PARACHUTES.

Vannes. — Imprimerie LAFOLYE frères et Cⁱᵉ. 607-21.

COURS ET INSTRUCTIONS remis aux Auditeurs et Correspondants *(Suite)*.

Cours d'Aviation :
Livre I. Appareils d'aviation et propulseurs. — *Livre II*. Moteurs d'aéronautique.

Cours de Description des appareils évaporatoires, moteurs et auxiliaires :
1re *Partie*. Chaudières et accessoires. — 2e *Partie*. Machines alternatives. — 3e *Partie*. Turbines à vapeur. — 4e *Partie*. Moteurs à explosion et à combustion.

Cours de Conduite, entretien, avaries, reparations, montage des appareils évaporatoires, moteurs et auxiliaires.
1re *Partie*. Phénomènes physiques et chimiques. — 2e *Partie*. Conduite. — 3e *Partie*. Entretien, avaries et réparations. — 4e *Partie*. Montage.

Cours élémentaire d'Electricité théorique et pratique.

Principes de Physique et de Mécanique.

Cours de Régulation.

Cours de Législation et de réglementation maritimes.

X. — Droit, Législation.

Notions élémentaires de Droit civil.

Eléments de Droit administratif et de Droit pénal.

Droit administratif : Pouvoirs publics. Domaine public. Voirie et travaux publics.

Commentaires des clauses et conditions générales imposées aux entrepreneurs.

Cours de Législation des Routes et chemins.

Cours de Législation des Chemins de fer.

Cours de Législation des Chemins de fer métropolitains.

Cours de Législation des Eaux.

Cours de Législation de l'Electricité.

Cours de Législation des Mines.

Législation du Travail et Prévoyance sociale (M. Massé).

Cours de Législation du Travail et notions de Législation ouvrière et industrielle :
Livre I. Lois appliquées par les inspecteurs du travail. — *Livre II*. Notions de Législation ouvrière.

Cours de Législation du Bâtiment :
Livre I. Le Constructeur. — *Livre II*. La Construction.

Cours de Législation et d'Economie rurales à l'usage des géomètres :
Livre I. Le Bornage. — *Livre II*. Compléments de Droit. Economie rurale. — *Livre III*. Remembrement.

Cours de Droit commercial et de transports par chemins de fer.

Notions de Droit pénal.

Notions sur l'Instruction criminelle.

Cours de Droit commercial et Introduction à la pratique des affaires.

XI. — Exécution des Travaux.

Notions de Pratique des travaux et de pratique du service.

Cours de Pratique des travaux :
1re *Partie*. Matériaux de construction. — 2e *Partie*. Préparation et mise en œuvre des matériaux. — 3e *Partie*. Procédés généraux de construction. — 4e *Partie*. Outillage général des chantiers de travaux publics.

Cours de Pratique des travaux et de rédaction des projets. Guide de l'Ingénieur :
1re *Partie*. Matériaux de construction. Maçonneries. — 2e *Partie*. Exécution des travaux de terrassements. Ouvrages d'art. Fondations. — 3e *Partie*. Instructions générales sur la rédaction des projets.

Cours de Pratique des travaux et de rédaction des projets. Annexes.

Organisation générale d'une entreprise de travaux publics.

XII. — Routes, Voirie, Navigation intérieure, Travaux maritimes.

Cours de Routes, Chemins vicinaux et Voies ferrées sur chaussées.

Cours de Voirie urbaine et assainissement.

Cours pratique de Voirie vicinale.

Notions de Navigation intérieure.

Navigation intérieure :
1re *Partie*. Rivières à courant libre. — 2e *Partie*. Rivières canalisées. Barrages. — 3e *Partie*. Ecluses. — 4e *Partie*. Canaux.

Notions de Travaux maritimes.

Cours de Travaux maritimes :
Livre I. Notions générales. Outillage et exploitation.

Etude du plan d'un port. — *Livre II*. Etude des différents ouvrages d'un port maritime. — *Livre III*. Côtes, fleuves et canaux maritimes, outillage, administration.

XIII. — Topographie et Tachéométrie.

Notions de Topographie.

Cours de Topographie :
1re *Partie*. Topométrie. — 2e *Partie*. Topographie générale. — 3e *Partie*. Opérations souterraines.

Cours de Tachéométrie.

Levés d'études à la planchette.

Calcul numérique des contenances.

Calcul graphique des contenances.

XIV. — Organisation Administrative et Industrielle, Tenue des bureaux.

Cours de commerce industriel : *Livres I et II*.

Cours de Douane.

Cours de Finance et de Comptabilité dans l'industrie.

Cours de Pratique du Service des Ponts et Chaussées (*Texte et modèles*).

Organisation des travaux du géomètre.

Cours de Service postal :
Livre I. Organisation du service. Correspondance postale. — *Livre II*. Services accessoires de la poste. Caisse et Comptabilité. Contentieux et réclamations.

Service Télégraphique.

Service Téléphonique.

XV. — Électricité et Applications.

Cours pratique d'Electricité théorique et industrielle :
Livre I. Notions d'Electricité théorique. — *Livre II*. Applications industrielles.

Cours élémentaire d'Electricité théorique et industrielle :
Livre I. Electricité théorique. — *Livre II*. Machines électriques. — *Livre III*. Applications industrielles de l'Electricité.

Cours moyen d'Electricité industrielle :
Livre I. Electricité théorique. — *Livre II*. Dynamos et moteurs à courant continu. — *Livre II*. Dynamos et moteurs à courants alternatifs. Transformateurs. Applications industrielles de l'Electricité.

Cours d'Electricité industrielle :
Livre I. Lois et formules fondamentales de l'Electricité. Etude des dynamos génératrices et des moteurs à courant continu. — *Livre II*. Appareils et tableaux de distribution à courant continu. Distribution par courant continu. Accumulateurs. — *Livre III*. Lois des courants alternatifs. Transformateurs. Alternateurs. — *Livre IV*. Distribution par courants alternatifs. Lignes et appareillage pour courants alternatifs Alternomoteurs.

Installation à haute tension et usines centrales.

Cours de Traction électrique :
Livre I. Matériel roulant. — *Livre II*. Voie électrique. — *Livre III*. Mouvement des trains sur les voies ferrées.

Cours de Mesures électriques :
Livre I. Essais de laboratoire. Description des méthodes et des appareils. — *Livre II*. Essais de machines.

Cours de Construction des machines électriques :
Livre I. Matériaux de construction. Organes des machines. Bobinages — *Livre II*. Construction des machines électriques (*avec atlas*).

Cours d'Eclairage électrique.

Dangers des courants électriques.

XVI. — Bâtiment. Architecture.

Notions sur la construction des Bâtiments.

Cours raisonné et détaillé du Bâtiment :
1re *Partie*. Fondations. — 2e *Partie*. Maçonneries. — 3e *Partie*. Echafaudages. Outillages de chantier. Etaiement et reprises en sous-œuvre. — 4e *Partie*. Notions sur la Résistance des matériaux spécialement appliquée au bâtiment. — 5e *Partie*. Bois et fers. Petite charpente et menuiserie. — 6e *Partie*. Charpente en bois et en fer. — 7e *Partie*. Travaux complémentaires. Couverture, vitrerie, peinture. — 8e *Partie*. Alimenta-

tion en eau et installations sanitaires. — 9e *Partie.* Chauffage et ventilation. — 10e *Partie.* Distribution et installation d'ensemble d'un bâtiment. — 11e *Partie.* Détermination du mode de construction et du parti architectonique. — 12e *Partie.* Instruction pour la rédaction d'un projet. — 13e *Partie.* Instruction pour le lever de bâtiment. — 14e *Partie.* Métré et estimation du bâtiment.
Ascenseurs et monte-charges.
Construction et installation des Bâtiments agricoles.
Construction des Usines et des établissements industriels.
Cours d'Architecture :
  Livre I. Éléments d'Architecture. — *Livre II.* Composition architecturale.

XVII. — Béton armé.

Précis pour le calcul des ouvrages en Béton armé.
Cours de Béton armé :
  Livre I. Procédés généraux de construction et calcul des ouvrages. — *Livre II.* Applications du Béton armé.

XVIII. — Chemins de fer.

Cours de Chemins de fer :
  1re *Partie.* Études et travaux d'infrastructure. — 2e *Partie.* Matériel fixe de la Voie. — 3e *Partie.* Superstructure et entretien de la Voie et des Bâtiments. — 4e *Partie.* Matériel roulant. — 5e *Partie.* Exploitation technique. — 6e *Partie.* Exploitation commerciale.
Cours de Tramways et de Chemins de fer métropolitains.
Cours de pratique du Service. Organisation du service de la voie dans les Compagnies de Chemins de fer.
Cours de Voies ferrées d'intérêt local :
  Livre I. Concession. — *Livre II.* Construction. — *Livre III.* Matériel roulant. Exploitation. Chemins de fer spéciaux.
Cours de Chemins de fer à crémaillère, funiculaires et transports aériens.
Notice sur les Enclenchements.

XIX. — Mécanique, Mines et Métallurgie.

Cours de Machines-Outils :
  Livre I. Étude générale des conditions de travail de l'outil et de fonctionnement de la machine. Machines opératrices de travail à chaud ou de gros travail à froid. — *Livre II.* Étude de détail des différentes machines-outils de travail à froid.
Cours d'Organisation des fabrications mécaniques :
  Livre I. Services de préparation. — *Livre II.* Étude d'ensemble et de détail du montage des fabrications mécaniques.
Notions sommaires sur l'Exploitation des Mines.
Cours d'Exploitation des Mines :
  Livre I. Géologie et gisements. Explorations par sondages. Abatage mécanique. —*Livre II.* Soutènement des galeries et des puits. Muraillements. — *Livre III.* Exploitation à ciel ouvert. Généralités sur l'exploitation souterraine. Fonçage des puits. — *Livre IV.* Méthode d'exploitation souterraine. Remblayage Transports souterrains. — *Livre V.* Extraction. Aérage. Éclairage. — *Livre VI.* Épuisement. Installations surface. Accidents et règlement des mines.
Cours de Prospections minières :
  Livre I. Prospection minière proprement dite. — *Livre II.* Étude spéciale des gîtes minéraux et métallifères.
Notions de Métallurgie.
Cours de Métallurgie :
  Livre I. La Fonte. — *Livre II.* Élaboration des Fers et des Aciers. — *Livre III.* Travail des Fers et des Aciers. — *Livre IV.* Essais mécaniques des Fontes, des Aciers et des Fers. — *Livre V.* Métallurgie des principaux métaux usuels autres que le Fer.

XX. — Rédaction des projets.

Notions sur le Métré (Cubature des terrasses et ouvrages d'art).
Cours de projet de Tracé et de terrassements *textes et planches*).
Cours d'Ouvrages d'art :
  1re *Partie.* DESCRIPTION ET MÉTRÉ : *Livre I.* Ouvrages en maçonnerie. — *Livre II.* Ouvrages en bois et en métal. — *Livre III.* Stéréométrie ou métré.
  2e *Partie.* RÉDACTION DES PROJETS : *Livre I.* Instruction sur la rédaction des projets. — *Livre II.* Ponts en maçonnerie. — *Livre III.* Ponts métalliques.
Cours de Ponts en maçonnerie :
  Livre I. Débouchés. Emplacement. Stabilité des voûtes. Piles et Culées. — *Livre II.* Étude des divers éléments des ponts en maçonnerie. — *Livre III.* Projet et exécution des ouvrages.
Cours de Constructions métalliques :
  Livre I. Généralités. — *Livre II.* Étude des assemblages et détails de constructions. — *Livre III.* Charpentes en fer. — *Livre IV.* Ponts métalliques. — *Livre V.* Montage et épreuves. Établissement d'une entreprise et estimation. — *Livre VI.* Étude des avant-projets de ponts métalliques à une seule travée.

XXI. — Hygiène et Accidents du travail.

Cours d'Hygiène professionnelle :
  Livre I. Hygiène générale des établissements. — *Livre II.* Hygiène professionnelle. — *Livre III.* Accidents.
Cours de Prévention des accidents du travail.
Hygiène du travail.

XXII. — Divers.

Conseils aux Candidats à la veille des examens :
  (Adjoint technique, Ingénieur-adjoint des Travaux publics de l'État, Commissaire du contrôle).
Cours de Mécanique et Physique industrielles :
  Combustion. — Fours — Industries textiles.
Formulaire mathématique et technique.
Le Rôle de l'Ingénieur et les travaux aux colonies.
Mécanique et Physique industrielles. Des Unités.
Table des moments d'inertie et renseignements divers pour calculs de résistance.
Problèmes de raccordements circulaires tangentiels des voies de chemins de fer.
La Taylorisation et son application aux conditions industrielles de l'après-guerre.
Le Problème commercial. Organisation rationnelle du Commerce Industriel.

XXIII. — École supérieure des Postes et des Télégraphes.

Cours de Construction de lignes télégraphiques et téléphoniques (2 volumes).
Cours d'Installations téléphoniques.
Cours d'Installations télégraphiques (2 volumes).
Cours élémentaire de Télégraphie sans fil.
Les derniers progrès réalisés en Télégraphie.
Principes d'Électricité.
Cours d'applications industrielles de l'Électricité (M. Maureau).
Cours d'Exploitation postale (2 volumes).
Cours de Comptabilité et de Droit budgétaire.
Moteurs thermiques.

Service spécial de rédaction et vérification de projets

Projets et Consultations pour MM. les Ingénieurs, Conducteurs, Architectes, Municipalités, etc.

Coulommiers. — Imp. PAUL BRODARD. — 222-3-22.

9 782329 197296